本书在国家社科基金一般项目"欧盟投资法院制度及中国应对研究"(17BFX147)结项成果的基础上修订而成。

The EU's Investment Court System

A Critique of the Judicialization of ISDS

欧盟投资法院体系研究

对司法化的反思

叶 斌 著

中国社会科学出版社

图书在版编目（CIP）数据

欧盟投资法院体系研究：对司法化的反思／叶斌著.
北京：中国社会科学出版社，2025. 5. -- ISBN 978-7
-5227-5128-3

Ⅰ．D996.4

中国国家版本馆 CIP 数据核字第 2025B3A987 号

出 版 人　赵剑英
责任编辑　赵　丽　夏大勇
责任校对　王　晗
责任印制　郝美娜

出　　版　中国社会科学出版社
社　　址　北京鼓楼西大街甲 158 号
邮　　编　100720
网　　址　http://www.csspw.cn
发 行 部　010-84083685
门 市 部　010-84029450
经　　销　新华书店及其他书店

印　　刷　北京明恒达印务有限公司
装　　订　廊坊市广阳区广增装订厂
版　　次　2025 年 5 月第 1 版
印　　次　2025 年 5 月第 1 次印刷

开　　本　710×1000　1/16
印　　张　18.75
字　　数　302 千字
定　　价　98.00 元

目　　录

缩略语

缩略词	全称	中译名
BIT	Bilateral Investment Treaty	双边投资协定
CAI	EU-China Comprehensive Agreement on Investment	《中欧全面投资协定》
CETA	EU-Canada Comprehensive Economic and Trade Agreement	《欧盟—加拿大全面经济与贸易协定》
CPTPP	Comprehensive and Progressive Agreement for Trans-Pacific Partnership	《全面与进步跨太平洋伙伴关系协定》
ECT	Energy Charter Treaty	《能源宪章条约》
EFILA	European Federation for Investment Law and Arbitration	欧洲国际投资法与仲裁协会
EMMGA	EU-Mexico Modernised Global Agreement	《欧盟—墨西哥新全球协定》
EUSFTA	EU-Singapore Free Trade Agreement	《欧盟—新加坡自由贸易协定》
EUSIPA	EU-Singapore Investment Protection Agreement	《欧盟—新加坡投资保护协定》
EVFTA	EU-Vietnam Free Trade Agreement	《欧盟—越南自由贸易协定》
EVIPA	EU-Vietnam Investment Protection Agreement	《欧盟—越南投资保护协定》
FET	Fair and Equitable Treatment	公平公正待遇
FTA	Free Trade Agreement	自由贸易协定
ICC	International Court of Arbitration	国际商会仲裁院
ICS	Investment Court System	投资法院体系
ICSID	International Centre for Settlement of Investment Disputes	国际投资争端解决中心
IIA	International Investment Agreement	国际投资协定
IPA	Investment Protection Agreement	投资保护协定
ISDS	Investor-State Dispute Settlement	投资者与国家间争端解决机制
JEEPA	Japan-EU Economic Partnership Agreement	《日本—欧盟经济伙伴协定》
MAI	Multilateral Agreement on Investment	多边投资协定

续表

缩略词	全称	中译名
MFN	Most-Favored-Nation Treatment	最惠国待遇
MIC	Multilateral Investment Court	多边投资法院
NAFTA	North American Free Trade Agreement	《北美自由贸易协定》
OECD	Organisation for Economic Co-operation and Development	经济合作与发展组织
PCA	Permanent Court of Arbitration	常设仲裁法院
RCEP	Regional Comprehensive Economic Partnership	《区域全面经济伙伴关系协定》
SSDS	State-State Dispute Settlement	国家间争端解决机制
TPP	Trans-Pacific Partnership Agreement	《跨太平洋伙伴关系协定》
TTIP	Transatlantic Trade and Investment Partnership Agreement	《跨大西洋贸易与投资伙伴关系协定》
UNCTAD	United Nations Conference on Trade and Development	联合国贸易和发展会议
UNCITRAL	United Nations Commission on International Trade Law	联合国国际贸易法委员会
USMCA	United States-Mexico-Canada Agreement	《美国—墨西哥—加拿大协定》
WIR	World Investment Report	世界投资报告
WTO	World Trade Organization	世界贸易组织

导　　论

一　研究背景

2015 年 5 月 5 日，欧盟委员会发布关于改革国际投资规则和投资者与国家间争端解决机制（Investor-State Dispute Settlement，ISDS）的概念文件，[①] 提出在其国际贸易或投资协定中增强东道国的规制权（right to regulate），将成员国长期采用的专设或临时（ad hoc）的"投资者诉国家仲裁"（investor-state arbitration）转变为具有初审法庭和上诉庭的"投资法院体系"（Investment Court System），[②] 并提议未来建立多边常设"国际投资法院"（International Investment Court）。同年 11 月，欧盟委员会首次公布"投资法院体系"的具体细节，即欧盟对《跨大西洋贸易与投资伙伴协定》（TTIP）投资章节所提出的建议稿。随后，欧盟在《欧盟—加拿大全面经济与贸易协定》（CETA）、《欧盟—越南投资保护协定》（EVIPA）、《欧盟—墨西哥新全球协定》（EMMGA）草案中均纳入了由法庭（the Tribunal）和上诉庭（the Appeal Tribunal）组成的投资法院体系。受"欧洲联盟法院第 2/15 号意见"[③] 的影响，为便于条约的批准，欧盟还与新加坡拆分已完成谈判的

① European Commission, "Concept Paper: Investment in TTIP and Beyond—The Path for Reform: Enhancing the Right to Regulate and Moving from Current Ad Hoc Arbitration towards an Investment Court", May 5, 2015.

② 欧盟官方政策文件与欧盟和第三国签署的国际投资协定中多使用"投资法院体系"（investment court system）术语，《欧盟—越南投资保护协定》第三章第 B 节第四小节使用"投资法庭体系"（investment tribunal system）术语。前者涵盖多边机制，后者主要指双边机制。为方便论述，本书除非特指，一般不加区别地使用这两个术语。

③ Opinion 2/15 (EU-Singapore Free Trade Agreement) of the Court (Full Court), 16 May 2017, ECLI: EU: C: 2017: 376.

2015 年版《欧盟—新加坡自由贸易协定》（EUSFTA），重新谈判《欧盟—新加坡投资保护协定》（EUSIPA），将原先的投资仲裁机制也修改为投资法院体系。2016 年 12 月，欧盟启动多边投资法院（MIC）计划。2017 年，联合国国际贸易法委员会（UNCITRAL）第三工作组启动"投资者与国家间争端解决改革"工作，欧盟在国际层面积极推广其多边投资法院方案。

欧盟提出的"投资法院体系"代表了将投资争端解决机制"公法化"和"司法化"以及国际投资规则范式转型的最新方案，它颠覆了建立在商事仲裁基础上的投资仲裁机制，更强调东道国的规制权，剥夺投资者对裁判者的自主选择权，相对弱化对投资者的保护，将对国际投资争端解决机制的条约制定与国际实践产生重要影响。

首先，近 30 多年的国际投资仲裁实践暴露出当前国际投资规则和 ISDS 的合法性危机，欧盟投资法院体系能否有效回应国际投资规则范式转型的呼声，能否有效平衡投资保护与监管权，是进步，还是倒退，或者成为新的利维坦？这些问题需要对国际投资仲裁理论与实践进行厘清，揭开 ISDS 正当性危机及其叙事的迷雾。

其次，欧盟投资法院体系引入新的程序规则，如建立上诉机制、指定法官与法庭构成规则、审理程序、透明度、第三方干预、裁决的效力和执行问题等，该体系明显借鉴 WTO 争端解决等国际司法裁判机制，与改良后的美国 BIT 范本或 CPTPP 中的 ISDS 相比各有什么利弊，新机制如何与《华盛顿公约》或《纽约公约》兼容，对改革当前 ISDS 以及未来建立多边的国际投资法院具有什么样的意义，也需要进行深入研究。

再次，在中国与欧盟、美国等贸易伙伴的双边投资协定谈判中，投资争端解决机制是谈判的重点和难点。尽管《中欧全面投资协定》（CAI）已于 2020 年年底原则上完成谈判，但是留下投资保护章节和 ISDS 议题，这仍需要中国对欧盟提出的投资法院体系作出应对。

最后，目前中国已从改革开放初期单向的投资目的国转变为双向的投资来源国与目的国，并且已经成为全球最大的外国直接投资来源国。在"一带一路"背景下，大量的中国海外资本亟须获得国际法和相关救济机制的有效保护。研究欧盟投资法院体系的优点、缺陷与特点，可为中国参与国际投资争端解决机制改革以及提出符合自身需要的争端解决机制提供借鉴，并为实务部门在处理国际投资争端时提供参考。综合以上思路，本书对欧盟投资法院体系进行系统和批判性的研究，并提出因应对策。

二　学术史梳理及研究动态

（一）国外学术史梳理

在欧盟提出投资法院体系之前，国外学者、国际机构与非政府组织对当前投资者诉国家仲裁所存在的问题进行了广泛与深入的探讨，就如何改革 ISDS 提出了不同的建议，并且在改革思路和方法上发生了激烈的论战。

1. 严厉批判国际条约仲裁机制与实践

Susan D. Franck 揭示国际投资法正面临正当性危机；[①] David Schneiderman 认为国际投资法律机制片面强调法治和保护投资者利益，忽视民主和国际经济新宪政；[②] Gus Van Harten 认为国际条约仲裁不同于其他形式的国际仲裁，它本应是公法领域的，却采用私法领域的商事仲裁，投资仲裁缺乏公开性和中立性，解决这些问题的最佳方案是建立投资法院；[③] George Kahale III 直接断言国际投资仲裁机制正在破产；[④] M. Sornarajah 认为国际投资法律机制陷入新自由主义失灵与国际经济新秩序回归前的失范状态，争端机制应重申适用东道国法并回归当地救济；[⑤] P. Eberhardt 和 C. Olivet 抨击律师、仲裁员和金融公司从国际投资仲裁案件牟利，呼吁建立独立、透明的裁判机制；[⑥] 有 48 位国际学者发表《关于国际投资体制的公

[①]　Susan D. Franck, "The Legitimacy Crisis in Investment Treaty Arbitration: Privatizing Public International Law through Inconsistent Decisions", *Fordham Law Review*, Vol. 73, No. 4, 2005, pp. 1558-1582.

[②]　David Schneiderman, *Constitutionalizing Economic Globalization: Investment Rules and Democracy's Promise*, Cambridge University Press, 27 March, 2008.

[③]　Gus Van Harten, *Investment Treaty Arbitration and Public Law*, Oxford University Press, 2007.

[④]　George Kahale III, "Is Investor-State Arbitration Broken?" *Transnational Dispute Management*, Vol. 7, No. 1, 2012

[⑤]　M. Sornarajah, *The International Law on Foreign Investment*, Cambridge University Press, 2010.

[⑥]　P. Eberhardt and C. Olivet, "Profiting from Injustice: How Law Firms, Arbitrators and Financiers are Fuelling an Investment Arbitration Boom", Corporate Europe Observatory and Transnational Institute, 2012.

共声明》，批评条约仲裁不是一个公正、独立和平衡解决投资争端的方法；① 联合国贸易和发展会议（UNCTAD）②、Pieter Jan Kuijper 等人③梳理了 ISDS 机制存在的问题，其中包括 ISDS 的正当性与透明度、裁决的一致性、仲裁员的独立性与公正性、仲裁程序耗时费钱等问题。

2. 对当前 ISDS 批评的回应

也有一些学者捍卫投资仲裁机制，如 Christoph Schreuer 认为国际条约仲裁机制同时代表了投资者与东道国的利益，虽然存在缺陷，但是对于解决投资争端的作用巨大，有关投资仲裁面临危机或浩劫的言论是夸大其词的；④ August Reinisch 等认为国际投资仲裁的缺陷并不是系统性的；⑤ Michael Waibel 等人质疑国际投资仲裁是否面临一场浩劫，认为改革是必要的，但是如果国家不愿意接受国际投资法院体系，仲裁机制则是一种次优的方案；⑥ Timothy G. Nelson 不同意当前投资体系是脆弱的观点，他认为历史经验表明，仲裁机制是经过历史检验的，它有能力克服经济与政治变迁的不利影响；⑦ Gloria Maria Alvarez 等人代表欧洲国际投资法与仲裁协会（EFILA）直接回应各界对投资仲裁的批评，认为对 ISDS 的指责不符合国

---

① "Public Statement on the International Investment Regime", 31 August, 2010, https：//www. osgoode. yorku. ca/public-statement-international-investment-regime-31-august-2010/.

② UNCTAD, Global Value Chains： Investment and Trade for Development, World Investment Report 2013, UNCTAD/WIR/2013, 27 June 2013.

③ Pieter Jan Kuijper, Ingolf Pernice, Steffen Hindelang, et al. , "Investor-State Dispute Settlement (ISDS) Provisions in the EU's International Investment Agreements, Volume 2-Studies", Directorate-General for External Policies of the Union, European Parliament, EXPO/B/INTA/2014/08-09-10, September 2014.

④ Christoph Schreuer, "The Future of Investment Arbitration", in Mahnoush H. Arsanjani, Jacob Katz Cogan, Robert D. Sloane and Siegfried Wiessner (eds.), *Looking to the Future： Essays on International Law in Honor of W. Michael Reisman*, Brill-Nijhoff, 2010, pp. 787-804.

⑤ Christina Binder, Ursula Kriebaum, August Reinisch, and Stephan Wittich (eds.), *International Investment Law for the 21st Century： Essays in Honour of Christoph Schreuer*, Oxford, 2009.

⑥ Michael Waibel, Asha Kaushal, Kyo-Hwa Liz Chung and Claire Balchin (eds.), *The Backlash against Investment Arbitration： Perceptions and Reality*, Kluwer Law International, 2010.

⑦ Timothy G. Nelson, "History Ain't Changed： Why Investor-State Arbitration Will Survive the New Revolution", in M. Waibel, et al. (eds.) *The Backlash Against Investment Arbitration*, Wolters Kluwer Law & Business, 2010.

际仲裁实践与案例法，ISDS 仍然是解决投资争端的最佳方式。[①]

3. 研究如何改革 ISDS

在前述批评中，不少学者提出了解决之道，一类学者建议摒弃投资仲裁机制，也有学者建议借鉴 WTO 争端解决机制，采用法院机制；另一类学者主张在现有仲裁机制上进行改革，包括精确定义实体性的投资保护规则，建立上诉机制，提升透明度，引入第三方干预等；也有学者认为应回归到本地救济。根据 UNCTAD 的梳理，大致有 5 种改革方式：（1）推动可替代争端解决机制；（2）修订国际投资协议中的现有机制；（3）限制投资者使用 ISDS；（4）引入上诉机制；（5）建立常设的国际投资法院。[②]

4. 学界对欧盟投资法院体系的回应

欧盟投资法院体系公布之后，国外学界一度反应冷淡。随着 ISDS 改革呼声白热化，陆续出现不少深入研究该机制的成果。学界对欧盟投资法院体系的态度不一。

Joseph H. H. Weiler 是最早对欧盟投资法院体系提出批评的著名学者之一，他严厉批评欧盟投资法院方案代表了欧洲的虚伪。[③] Doak Bishop 批评欧盟对 TTIP 中纳入 ISDS 的在线公共咨询的做法误导了公众，认为其中的大多数关切已得到仲裁机构的重视，指出 CETA 2014 版已很大程度上回应了这些关切，而欧盟"再发明"所谓的"可靠"机制，表现出对运行良好的仲裁规则和机制的"蔑视"。[④] 有学者对法院体系与上诉机制表示怀疑，如 Jonathan Bonnitcha 认为欧盟投资法院体系表面上值得欢迎，但是建立新的机制并非易事；如果要鼓励外国投资，这种法院和上诉机构不仅需要得到

[①]　Gloria Maria Alvarez, Blazej Blasikiewicz, Tabe van Hoolwerff, Keoplatra Koutouzi, Nikos Lavranos, Mary Mitsi, Emma Spiteri-Gonzi, Adrian Verdegay Mena and Piotr Willinski, "A Response to the Criticism against ISDS by EFILA", *Journal of International Arbitration*, Vol. 33, No. 1, 2016, pp. 1-36.

[②]　UNCTAD, Global Value Chains: Investment and Trade for Development, World Investment Report 2013, UNCTAD/WIR/2013, 27 June 2013.

[③]　Joseph H. H. Weiler, "European Hypocrisy: TTIP and ISDS", *European Journal of International Law*, Vol. 25, No. 4, 2014, pp. 963-967.

[④]　Doak Bishop, "Investor-State Dispute Settlement under the Transatlantic Trade and Investment Partnership: Have the Negotiations Run Around?", *ICSID Review*, Vol. 30, No. 1, 2015, p. 8.

东道国的信任，还需要取得投资者的信任。① Stephen M. Schwebel 认为，欧盟方案流露出对仲裁机制的固有偏见，表现出过于取悦公众关切的倾向。②

也有不少学者对欧盟方案表示欢迎，如 Joost Pauwelyn 认为美国应支持欧盟的投资法院方案，同时建议欧盟应克制使用法官、法院等用语，而应采用专家、专家组等中立用语。③

对于欧盟的方案，美国政府官员的回应相当冷淡，美国贸易代表认为没有必要纳入上诉机制。④ 美国智库 Heritage Foundation 建议美国反对欧盟的 ISDS 建议，其反对上诉机制和法官指定方式，批评欧盟建议方案不是改革 ISDS 机制，而是在颠覆 ISDS。⑤

对于 ISDS 改革，José E. Alvarez 认为，尽管 UNCTAD、ICSID 和 UNCI-TRAL 等机构在 ISDS 改革方面作出了努力，但国际投资制度对投资者与国家仲裁的依赖不会被任何正在积极讨论的替代方案（从国内法院到调解再到多边投资法院）完全取代。从长远来看，当前的改革努力可能会产生一个更加复杂的制度，受更多样化的实质性规则的约束，这些规则由更复杂的争端解决选项来解释。他指出，专注于改革投资者与国家争端解决方式未能回应对国际投资协定必要性的怀疑，不仅难以满足人们对协调国际投资法的愿望，还忽视了刺激和保护外国资本流动以实现可持续发展目标的迫切需要。⑥

---

① Jonathan Bonnitcha, "Lauge Poulsen and Michael Waibel", *The Political Economy of the Investment Treaty Regime*, Oxford University Press, 2017.

② Stephen M. Schwebel, "The Outlook for the Continued Vitality, or Lack Thereof, of Investor-State Arbitration", *Arbitration International*, Vol. 31, No. 1, 2016, pp. 1−15.

③ Joost Pauwelyn, "The Rule of Law without the Rule of Lawyers? Why Investment Arbitrators are from Mars, Trade Adjudicators from Venus", *American Journal of International Law*, Vol. 109, No. 4, 2015, pp. 761−805.

④ Krista Hughes and Philip Blenkinsop, "U. S. Wary of EU Proposal for Investment Court in Trade Pact", *Reuters*, 29 October 2015.

⑤ Ted R. Bromund, James M. Roberts and Riddhi Dasgupta, "The Proposed Investor-State Dispute Settlement (ISDS) Mechanism: U. S. Should Oppose EU Demand to Abandon It", *Issue Brief of the Heritage Foundation*, No. 4432, July 2016, p. 3.

⑥ José E. Alvarez, "ISDS Reform: The Long View", *ICSID Review—Foreign Investment Law Journal*, Vol. 36, No. 2, 2021, pp. 253−277.

对于 ISDS 的转型问题，Federico Ortino 认为，尽管近 25 年当中发生了很多变化，尤其是出现大量对投资者诉国家仲裁的批评，但只要人们聚焦 ISDS 实践，就能发现 ISDS 没有发生根本性的变化。① 他提出四点解释：第一，在全球范围内推动对现行体系进行彻底改革的政治动机不足，发达国家和发展中国家主要担心如何保护自己免于承担 ISDS 赔偿责任，而不是关注推动国际投资体系变革的更宏大目标。尽管有人指出，外交官员更热衷于缔结全新的条约，而不是对现行条约进行烦琐的修改或有意义的解释。② 第二，改革进程缓慢，难以实施。UNCITRAL 第三工作组进展缓慢，各国对于 ISDS 的具体问题和解决方案仍存在很大分歧。欧盟提出的多边投资法院方案未得到大多数国家的赞成。即使关于改革的讨论成功结束，也面临实施的问题，欧盟达成的国际投资协定至今仍未生效，因为很难获得某些欧盟成员国的批准。第三，仲裁实践已自成体系，仲裁庭提起的保护投资者的诸多“激进”概念将继续影响未来条约的解释。第四，对现行投资者与国家间仲裁机制的支持仍然很普遍，其中一个原因是很多国家仍需要并愿意保持对外国投资的友好态度，而过于激烈地颠覆现行制度往往被视为对外国投资的不友好行为。

国际投资争端解决中心（ICSID）秘书长 Meg Kinnear 特别撰文宣传 ICSID 在国际经济法中发挥的重要贡献，确保了外国投资者可以在一个有效、公正的场所解决其与主权国家的争端。她指出，ICSID 已证明自己是加强和更新国际投资仲裁领域的领导者，特别是 2006 年和 2022 年引入修正案提升程序透明度，纳入独立的投资调解规则，要求披露第三方资金，制定裁定费用标准和平衡的费用保护规则，以及与 UNCITRAL 合作起草《仲裁员行为准则》等。③

对于引入上诉机制，Jeffrey Kucik 和 Sergio Puig 在实证比较分析的基础上得出结论认为，相关文献和现有经验很难说明对 ISDS 引入上诉机制有

① Federico Ortino, "ISDS and Its Transformations", *Journal of International Economic Law*, Vol. 26, No. 1, 2023, pp. 177-187.

② Lauge N. Poulsen and Emma Aisbett, "Diplomats Want Treaties: Diplomatic Agendas and Perks in the Investment Regime", *Journal of International Dispute Settlement*, Vol. 7, No. 1, 2016, pp. 72-91.

③ Meg Kinnear, "The Role of ICSID in International Economic Law", *Journal of International Economic Law*, Vol. 26, No. 1, 2023, pp. 35-39.

什么实际影响，其他国际争端解决的经验表明上诉机制带来程序上、冲突解决和实体上这三种潜在的问题或成本。对于参与 UNCITRAL 第三工作组谈判的国家和谈判者而言，机制选择本身是需要语境的，所有的机制选择方案都是不完美的，需要进行妥协。①

(二) 国内学术史简要梳理

国内学者也对投资仲裁机制及其改革进行了广泛研究，对于投资条约仲裁机制的最新发展主要从三个层面展开。

从宏观制度层面，余劲松等②对投资仲裁机制及影响进行探讨；陈安③建议中国不宜贸然拆除 BIT 中的四大安全阀；单文华④和韩秀丽⑤论述了卡尔沃主义的死亡与再生或复活；梁丹妮⑥分析了仲裁机制对东道国公共健康保护权力的挑战；蔡从燕⑦反思投资仲裁机制的新发展；石慧⑧论述了投资条约仲裁机制的重构；韩秀丽⑨分析了后危机时代国际投资法律机制的转型；王彦志⑩分析了近些年某些国家对投资争端仲裁机制的废除，并提

---

① Jeffrey Kucik and Sergio Puig, "Towards an Effective Appellate Mechanism for ISDS Tribunals", *World Trade Review*, Vol. 22, No. 5, 2023, pp. 562-583.

② 余劲松、詹晓宁：《论投资者与东道国间争端解决机制及其影响》，《中国法学》2005 年第 5 期。

③ 陈安：《中外双边投资协定中的四大"安全阀"不宜贸然拆除——美、加型 BITs 谈判范本关键性"争端解决"条款剖析》，载陈安主编《国际经济法学刊》第 1 期，北京大学出版社 2006 年版。

④ 单文华：《卡尔沃主义的"死亡"与"再生"——晚近拉美国家对国际投资立法的态度转变及其对我国的启示》，载陈安主编《国际经济法学刊》第 1 期，北京大学出版社 2006 年版。

⑤ 韩秀丽：《再论卡尔沃主义的复活——投资者—国家争端解决视角》，《现代法学》2014 年第 1 期。

⑥ 梁丹妮：《论国际投资争端仲裁机制对东道国公共健康保护权力的挑战》，《湖北社会科学》2006 年第 3 期。

⑦ 蔡从燕：《外国投资者利用国际投资仲裁机制新发展反思——国际法实施机制与南北矛盾的双重视角》，《法学家》2007 年第 3 期。

⑧ 石慧：《投资条约仲裁机制的批判与重构》，法律出版社 2008 年版。

⑨ 韩秀丽：《后危机时代国际投资法的转型——兼谈中国的状况》，《厦门大学学报》（哲学社会科学版）2012 年第 6 期。

⑩ 王彦志：《投资者与国家间投资争端仲裁机制的废除：国际实践与中国立场》，载《中国国际法年刊（2012）》，法律出版社 2013 年版。

出了中国立场和对策；漆彤等①论述晚近国际投资法从新自由主义到嵌入式自由主义的范式转移；高峰②从 ISDS 改革的理念切入，将欧盟投资法院定性为东道国利益主导下的改革路径，将美国方案归为投资者利益主导的改革路径。单文华等③全面地分析了欧盟投资法院体系的背景、特点及其问题，认为投资法庭体系存在裁决承认与执行以及仲裁员的独立性问题，倡议设立中国版本的国际投资法庭。

从微观制度层面对投资仲裁机制的具体规则展开研究，例如叶兴平④探讨了北美自贸协定的投资争端机制，梁丹妮⑤分析了投资仲裁机制中的法庭之友制度，刘笋⑥、黄华和肖军⑦建议在国际投资仲裁中建立上诉机制，谢宝朝⑧认为投资仲裁上诉机制不是正当性危机的唯一解药，等等。

自欧盟提出投资法院体系方案之后，对欧盟投资法院体系的评价与分析成为国内 ISDS 改革研究的重点。有很多学者参与这一议题的讨论，对欧盟投资法院体系给予正面和积极评价的观点，例如王鹏、郭剑萍认为欧盟投资法院的上诉机制值得期待；张庆麟、黄春怡对欧盟 TTIP 投资章节草案的欧盟法院机制做了正面评价；黄世席肯定欧盟投资法院体系对国际投资争端解决机制的创新；邓婷婷认为投资法院体系具有强化国家规制权、加强裁决合法性、确保裁决一致性与提高透明度等优点；王彦志认为欧盟方案值得借鉴，中国应制定新一代国际投资协定（IIAs）范本，积极推动高水平和平衡化的全球多边投资机制；石静霞、孙英哲认为 CETA 中的公平公正条款（FET）和投资法庭制度对未来投资规则改革具有借鉴作用。

---

① 漆彤、余茜：《从新自由主义到嵌入式自由主义——论晚近国际投资法的范式转移》，《国际关系与国际法学刊》2014 年第 4 卷。

② 高峰：《国际投资仲裁机制之改革路径研究》，华中科技大学出版社 2022 年版。

③ 单文华、王承杰主编：《中国国际投资仲裁常设论坛年度报告（2019—2020）》，法律出版社 2020 年版。

④ 叶兴平：《〈北美自由贸易协定〉投资争端解决机制剖析》，《法商研究》2002 年第 5 期。

⑤ 梁丹妮：《国际投资争端仲裁中的法庭之友制度研究》，《河南社会科学》2006 年第 2 期。

⑥ 刘笋：《建立国际投资仲裁的上诉机制问题析评》，《现代法学》2009 年第 5 期。

⑦ 肖军：《建立国际投资仲裁上诉机制的可行性研究——从中美双边投资条约谈判说起》，《法商研究》2015 年第 2 期。

⑧ 谢宝朝：《投资仲裁上诉机制不是正当性危机的唯一解药》，《世界贸易组织动态与研究》2009 年第 4 期。

对欧盟投资法院体系质疑或批评的观点，例如叶斌认为欧盟投资法院体系脱离国际实践，指定法官的方式剥夺了争端当事方自主选择仲裁员的权利，上诉机制不一定能保障东道国的利益；王少棠认为欧盟改革措施虽然追求一致性和明确性，嵌入了公法价值，但仍存在合法性隐患；连俊雅认为欧盟投资法院裁决的执行存在合法性问题。

对欧盟投资法院体系持折中或第三方立场的观点，例如陶立峰认为欧盟方案很大程度上反映了欧盟试图摆脱美式 ISDS，建立一套以国家为主导的公法化的投资仲裁；张皎、李传龙、郑淑琴认为欧盟方案具有构建国际话语权的附加价值；肖军认为中国政府提出的仲裁加上诉机制方案与坚持投资仲裁的改良派和欧盟投资法院的革命派各有共鸣之处，与它们的分歧并非不可逾越，有可能成为最终的妥协方案。

（三）　国内外现有研究总评

整体而言，欧盟投资法院体系是当前国内外国际法学界的热点话题，国内学者在这一领域与国外学者的研究保持相当的同步性。很多学者在国际层面深度参与这一话题，将其与 ISDS 改革议题相结合，提供了多个角度和不同层面的深入解释，引领并深化了对这一重要议题的研究。该议题所受到的关注度之高，讨论之热烈，观点之分歧，以及与国际同行的交流，是近年来继南海仲裁案后国际法问题研讨的又一个高潮。现有的丰富研究为本书撰写提供了扎实的基础，本书从国内外对 ISDS 改革和欧盟投资法院体系的广泛成果中获得了很多灵感和启发。

当然，现有研究并非完美，也存在一定问题，这也是本书试图提供美芹之献的原因。现有相关研究主要存在的问题是：

1. 在对投资法正当性危机的研究上，国内外学界都存在完全不同的叙事，出于描述者自身偏好、取舍，有的观点不能反映投资仲裁世界的真实情况，可能出现以偏概全的问题。当然，本书亦难免存在这个问题。

2. 缺乏语境分析。欧盟和美国在 ISDS 上的立场，完全出于其自身利益考量，尤其是欧盟机构所大力主张的理由——正当性与法治，很大程度上掩盖了其真实想法。正当性问题并不是近期才有的，而欧盟官员将投资法院体系美化为加强国际法治，然而问题是，投资仲裁机制同样也可以加强国际法治，并且通过改良现行投资仲裁机制，可以将现行投资仲裁机制改良为一种更中立的法治捍卫者。在这一方面，某些研究缺乏语境分析，更多地采用欧洲视角，并且可能存在路径依赖的问题。

3. 研究成果相对零散，需要进行全面研究，研究角度和深度尚需挖掘。当前研究还没有回答为什么欧盟提出投资法院体系，而美国为什么对欧盟方案不感兴趣的问题。本书试图回答这一问题，并对投资法院的背景、主要规则、存在的问题提出较为综合的研究成果。对于上诉机制可能带来的碎片化对东道国利益的负面影响还需要深入剖析。对于投资法院体系，目前的研究缺少对东道国司法主权的分析维度，对投资法院体系可能成为他国干涉的工具缺乏一定的警惕。另外，目前的研究主要从公法的角度对仲裁机制进行批判，忽视了对国际仲裁机制合理性、争端当事方自主权的讨论。

三　本书学术价值和应用价值

（一）应用价值

1. 国内决策支持。本书对中国就投资者与国家间争端解决机制改革所持立场提出明确建议，为中欧全面投资协定谈判剩余的投资争端解决机制条款提出建议，对中国参与 UNCITRAL 第三工作组提供对策支持，同时对于在中国"一带一路"倡议下如何解决相关投资争端，为相关决策提供理论支持。

2. 创新实践指导。可为中国自由贸易试验区投资争端解决机制创新实践提供理论支持。

3. 国际路径支撑。对于中国未来参与 ICSID 公约上诉机制的建立，以及商讨国际投资法院的建立提供前期研究成果。

（二）学术价值

1. 尝试准确评价投资条约仲裁机制的作用和机制。从历史角度梳理传统投资仲裁机制的合理性和不足，揭示投资仲裁机制被广泛接受的原因，把握其发展规律和趋势。

2. 厘清 ISDS 的叙事，准确评价投资法院体系和上诉机制的优点和问题。对欧盟投资法院体系的评价需要考虑争端当事方选择权利的丧失，如何建立投资者对投资法院体系的信任，法院机制如何加强东道国监管权，公法规则是否可能借由法院机制过度侵蚀投资保护规则，法院和上诉机制如何保障裁决的一致性，投资仲裁机制能否通过改良来达到这些目标，对这些问题的回答将丰富对国际投资争端机制的研究，具有一定的理论意义。

3. 本书为 ISDS 的批判性研究提供了一种有益思路。本书试图体现中国视角，解决中国关切，对欧盟投资法院体系整体持建设性的批判态度。

四　研究内容

（一）研究对象

本书的研究对象是欧盟投资法院体系与中国对策。本书主要考察欧盟在双边经贸协定或投资协定中提出的投资法院体系，包括分析和比较《欧盟 TTIP 草案》《欧盟—加拿大全面经济与贸易协定》《欧盟—新加坡投资保护协定》《欧盟—越南投资保护协定》《欧盟—墨西哥新全球协定》与《全面与进步跨太平洋伙伴关系协定》（CPTPP）相当机制的差异等。鉴于欧盟内部投资争端已归欧洲联盟法院管辖，[①] 本书所述欧盟投资法院体系不涉及欧盟内部投资争端管辖权。

欧盟提出的投资法院体系代表了将投资争端解决司法化和投资规则范式转型的最新方案，由于欧盟在国际规则制定中具有领导力，将对国际投资争端解决机制的条约制定与国际实践产生重要影响。研判和把握欧盟投资法院体系及中国对策，对中国而言无疑是必要且迫切的。

（二）总体框架

本书分为五章，第一章试图从投资法理论和政治经济学视角探讨欧盟提出投资法院体系的背景；第二章从转型动力、特征和美欧立场分歧三个

---

① 在 2018 年 3 月 Achmea 案后，欧盟内部 BIT 已从欧盟法角度失去合法性。2020 年 5 月 5 日，23 个成员国签署《终止欧盟内部双边投资条约的协定》，该协定已于 2020 年 8 月 29 日生效。

角度分析欧盟推进投资法院体系的原因；第三章是欧盟投资法院的本体研究，主要分析其核心规则：前置程序、管辖权、法庭组织架构以及程序的运行；第四章简要介绍欧盟多边投资法院方案和ICSID第三工作组的工作；第五章为进一步的对策建议，从对现行国际投资仲裁的评价、对欧盟投资法院的评价、对参与多边投资解决机制磋商以及对建立"一带一路"投资争端解决机制的风险四个方面提出了政策建议。

（三）主要观点

1. 在国际投资法正当性的讨论中，存在不同的叙事，尤其是投资法公法化还是私法化的论述。这种公法和私法的二分法，将其与ISDS对应，表现为一刀切的思维方式，不仅无法提供有说服力的解释，而且使迷雾更重，混淆了问题的实质。对现行国际投资仲裁机制的批评主要集中为：仲裁裁决缺乏一致性和可预测性、不存在上诉机制、仲裁员双重身份存在利益冲突、巨额的仲裁成本以及缺乏透明度。对于这些批评所指出的问题，其中多数问题实质上源于国际投资实体规则的缺陷和缺乏，例如定义模糊或缺乏精确定义、双边条约的碎片化、缺乏实体性的国际投资公约和类似WTO的协调或治理机制等，而非出于仲裁机制本身。

2. 投资仲裁机制不应成为国际投资法正当性危机的替罪羊。传统老式的双边投资协定给予仲裁庭的指引十分有限，仲裁员不得不从国内行政法或商法中获得法律灵感，其结果是司法能动主义的滋生。但在实践上，大多数的国家接受投资仲裁机制，表明这种司法能动主义不仅获得了资本输出国的支持，而且得到了大多数资本输入国的默许。UNCTAD的数据也证明，过去的投资仲裁裁决并未明显偏向投资者。但是，这种脆弱的机制建立在蛮荒的国际投资实体法基础之上，只要鲁莽的仲裁员行差踏错——任意扩大管辖权范围或者对东道国国内法的合法性进行不当适用或解释，就可能引起灾难性后果。不好的投资仲裁裁决，如同各国司法制度中的常见痼疾，它们并不能代表投资仲裁世界或者司法世界的全部。就那些具有不良后果的仲裁裁决而言，其产生的根源也不在于仲裁机制本身，而在于传统投资条约实体规则的笼统和模糊性，以及缔约国在条约更新上的懈怠和动作迟缓。

3. 国内外学者对当前投资仲裁实践的评论分歧严重,有所谓渐进派 (incrementalists)、制度改革派 (systemic reformers) 和范式转移派 (paradigm shifters)。① 从对仲裁的态度而言,支持仲裁的学者大多肯定当前 ISDS,认为应在当前机制上加以改良;而反对仲裁的学者往往全盘否定当前 ISDS,认为应回归东道国法院,或者采取全新的国际投资法院体系。欧盟投资法院体系是后一种观点的典型,与回归东道国法院不同,它仍保留 ISDS 的形式,即给予外国投资者起诉东道国的特权机制,但它颠覆了当前的投资条约仲裁机制,回归受主权国家某种间接或隐形控制的国际性法院,本质上是一种新形式的回归国家主导。

4. ISDS 确实存在正当性的疑问——它给予外国投资者在国际争端解决机制之下获得救济的特权,这种特权是东道国本国投资者所不享有的。但是,欧盟投资法院体系与投资仲裁机制一样也给予外国投资者这种特权,并没有打消有关 ISDS 正当性的这种疑虑。资本输出国需要在投资条约的庇护之下保护本国的海外资本,而仲裁机制提供了中立的、去政治化的救济场所。这种救济所产生的威慑作用——不少学者称之为"监管的寒蝉效应",被用以抨击投资仲裁机制,但是从资本输出国的角度,这恰恰是 ISDS 的主要功能与优势所在,因为这种救济机制需要具有一定的威慑作用,以防止某些东道国政府因采取恣意、武断和排外主义的施政方式而损害其海外投资。提高 ISDS 正当性的路径,本应该在于改善东道国的国内法治,在于建立实体性的多边投资公约。ISDS 的正当性问题并不是近期才有的,德国在发明这一机制并从中获利时并未提出正当性问题,却在面临案件败诉风险的情况下才提出,这是一种典型的欧洲伪善。

5. 投资仲裁机制与投资法院体系的重要区别,在于前者以"投资者保护"为导向,后者侧重"国家规制权力";前者将当事人意思自治、灵活性、效率和专业性作为其公正性的内在价值,后者将国家主权或规制权、法律明确性、实质正义作为其公正性的本质。从根本上讲,两者并不存在孰优孰劣的问题,而是哪个机制更适合缔约国在不同情势或语境下的需求——其作为东道国时的被诉风险以及作为资本输出国时的海外利益保

---

① Anthea Roberts, "Incremental, Systemic, and Paradigmatic Reform of Investor-State Arbitration", *American Journal of International Law*, Vol. 112, No. 3, 2018, pp. 410-411.

护，哪个机制可使其风险最小化、利益最大化，或者以风险换取利益。有欧盟委员会官员将欧盟投资法院体系美化为提升国际法治的工具，然而这一理由也可以用来说明投资仲裁的国际法治功能，因为仲裁机制同样也可以加强国际法治，并且完全可以通过改良程序机制和完善实体规则，成为一种更中立的平衡投资者权利和东道国规制权的法治捍卫者。

6. 欧盟提出投资法院体系的时机尚不成熟，是一个舍本逐末的解决方案，旧的问题没有得到解决，反而带来新的问题。现有投资仲裁机制并非到了不可为继的程度，其保护投资者或海外投资的基本功能，以及倒逼东道国提升法治的效应，就足以使其具有合理性与生命力。国际投资法正当性问题的根本解决方案应是建立由实体性规则和投资争端解决规则共同组成的多边投资公约，即建立一个类似于 WTO 的机制，其核心是实体规则，而不是只有争端解决机制（DSU）。只有这样，"意大利面碗效应" 和挑选条约才有可能完全消除。欧盟这一试图绕过触及问题本质的解决方案，没有解决问题，反而带来新的问题。

7. 欧盟投资法院体系也有不少可取之处：第一，它更加强调磋商机制和调解机制，为申请人和被申请方提供了一种具有程序保障的非对抗性争端解决方式；第二，限制法庭的管辖权范围，尽可能减少法庭侵蚀东道国规制权的可能性，并且明确规定法庭无权裁定国内法的合法性；第三，在对待国内法问题方面，欧盟投资法院体系规定法庭只能将国内法作为事实来进行认定，并且明确法庭无权解释东道国国内法的合法性，甚至有的条约规定法庭应依据被申请方国内法的通行解释，这类规定有助于维护东道国的立法和司法主权；第四，在费用分担方面减轻败诉者负担，欧盟投资法院体系不仅规定由滥诉者承担费用，而且也适当平衡败诉者的负担，前者有助于减少无理之诉或者程序权利滥用，后者则有助于减轻败诉者的财政负担；第五，提升透明度，欧盟投资法院体系要求公开证人证物，并且对当事方有权指定不予公开的材料范围给予适当限制。

8. 欧盟投资法院体系也存在明显的缺陷：第一，欧盟方案存在僵化的问题，例如，将磋商请求与诉请请求严格对应，虽然有助于防止突袭诉讼，但是本可以通过给予被申请方更多时间准备答辩来解决这一问题，这一规定反而将对抗性提前，不利于磋商目的的实现；第二，上诉机制虽然有助于提高裁决的一致性，但是以牺牲时间和费用为代价。上诉机制将导致大量裁决进入上诉阶段，而现行 ICSID 仲裁裁决撤销机制经改良后可以在提升裁决一致性方面发挥作用；第三，该体系不允许投资者选择仲裁员，不仅剥夺了投资者对争端解决的选择权，而且引发了欧盟投资法院体系与《华盛顿公约》的兼容性问题；第四，引入上诉机制，还引起欧盟投资法院体系与《纽约公约》的兼容性问题，面临得到第三国（方）承认与执行的难题。

第一章　欧盟投资法院体系的背景

——反思 ISDS 的叙事迷雾

　　投资者与国家间争端解决机制（Investor-State Dispute Settlement, ISDS）是近 30 年来国际投资协定（IIA）中的常见条款，大多采用专案或临时的（ad hoc）投资者诉东道国"投资仲裁"（investment arbitration）形式。① 这类投资协定包含措辞宽泛的投资保护，特别是有偿征收和公平公正待遇（FET），并且包括赋予投资者通过国际仲裁方式起诉东道国的关键权利，即使投资者与东道国之间并无明示的仲裁协议。② 相较于外交解决方式和在东道国国内法院诉讼，投资者与国家间仲裁提供的是一种中立的、去政治化的投资争端解决方案。ISDS 从 20 世纪 90 年代后期开始被大量使用，目前，仲裁形式的 ISDS 被大多数发达国家和发展中国家的投资协定所接受，例如中国签订的绝大多数双边投资协定（BITs）、欧盟成员国与第三国签订的大多数双边投资协定、美国双边投资协定范本（BIT 2008、BIT 2012），以及《全面与进步跨太平洋伙伴关系协定》（CPTPP）、《美国—墨西哥—加拿大协定》（USMCA）、《能源宪章条约》（ECT）等区域或多边协定。投资仲裁一度成为 ISDS 的代名词。

　　然而，投资者与国家间争端解决机制存在不同的叙事。如果不注意这种叙事的差异，就很难理解为什么德国最早在双边投资协定中发明了投资者诉国家的"仲裁机制"，现在却要放弃这种仲裁机制而转向推动投资者

---

　　① "投资仲裁"包括"投资者与国家间仲裁"（Investor-State Arbitration）和"国家间仲裁"（State-State Arbitration）。因前者更为常见，为简洁起见，本书"投资仲裁"一般特指"投资者与国家间仲裁"。

　　② Jan Paulsson, "Arbitration Without Privity", *ICSID Review—Foreign Investment Law Journal*, Vol. 10, No. 2, 1995, pp. 232-257.

诉国家的"投资法院体系"（Investment Court System）；也很难理解在联合国国际贸易法委员会（UNCITRAL）第三工作组关于 ISDS 改革的大会讨论上，为什么美国、俄罗斯和伊朗政府代表罕见地表现出立场上的接近，尽管他们不会承认这种观点上的相互呼应，但是都不同程度地质疑第三工作组的工作方向，质疑欧盟提出的"投资法院体系"。

这种叙事的差异源于参与叙事者所处不同时期、不同国家的政治经济背景，以及叙事者对这一机制的认知、立场、观点和偏好。由于从净投资国转变为双向投资国，原本反对或勉强接受投资仲裁的发展中国家转变为现行仲裁机制的支持者，而投资仲裁的发明者在首次面临败诉风险后却变成了这一机制的颠覆者。

2013 年美国与欧盟决定启动《跨大西洋贸易与投资伙伴关系协定》（TTIP）谈判，使投资保护和 ISDS 议题进入公众视野。ISDS 成为众多反对者抵制 TTIP 的最主要理由之一。[①] 事实上，人们反对在 TTIP 中纳入 ISDS，并不是该机制首次被质疑。在美国与加拿大和墨西哥商谈《北美自由贸易协定》（NAFTA）时，同样引发了媒体对 ISDS 的质疑。[②] 只不过，以往对 ISDS 的批评主要局限在学者和律师的狭小圈子里。

在欧洲，对 ISDS 的反对声浪不止来自工会和非政府组织，也来自德、法等欧盟成员国以及欧洲议会的部分议员。各界对于 ISDS 的质疑，可大致分为两大类：一类涉及 ISDS 与东道国司法主权的关系，认为：（1）ISDS 剥夺了国内法院的管辖权和国内法的适用；（2）ISDS 不利于国家对公共利益相关事务的规制权。更有甚者，有人将 ISDS 视为对民主制度的迎面痛击。[③] 另一类的批评主要针对投资者诉国家仲裁机制及其运行本身，批评：（1）仲裁员倾向于保护资本，倾向于对条约做出有利于投资者的解释，而这种宽泛的解释加重了条约条款的不确定性；（2）仲裁裁决的结果缺乏连续性和一致性；（3）仲裁程序缺乏透明度，仲裁员缺少独立

---

① Christian Oliver, "Public Backlash Threatens EU Trade Deal with the US", *Financial Times*, January 13, 2015.

② Anthony DePalma, "NAFTA's Powerful Little Secret: Obscure Tribunals Settle Disputes, But Go Too Far, Critics Say", *New York Times*, 11 March 2001, A1.

③ George Monbiot, "This Transatlantic Trade Deal is a Full-frontal Assault on Democracy", *The Guardian*, 4 November 2013.

性和公正性；（4）缺乏上诉机制；（5）滥用仲裁程序；（6）对东道国造成严重的财政负担，等等。①

由于反对声过于激烈，欧盟一度被迫暂停 TTIP 中投资章节的谈判。2014 年 3 月至 7 月欧盟委员会就投资保护与 ISDS 向公众咨询意见，② 并于 2015 年 1 月公布咨询报告。③ 随后，欧盟公布 TTIP 谈判草案，其中包括投资章节与投资者诉国家仲裁条款。④ 直到 2016 年 2 月 TTIP 第 12 轮谈判，美欧才重启投资章节的磋商。但是，随着特朗普政府的上台，美欧彻底放弃了 TTIP 谈判，而其中的 ISDS 条款就是谈判失败的重要原因之一。值得一提的是，在 2014 年 9 月欧盟与加拿大完成《欧盟—加拿大全面经济与贸易协定》（CETA）谈判时，所公布的 ISDS 文本仍为传统的仲裁机制，然而到 2016 年 2 月重新公布协定文本时，投资仲裁机制被替换为投资法院体系。

不可否认的是，传统 ISDS 确实存在诸多问题。国际投资法正处于大变革、大转型的时代。⑤ 与国际贸易法曾经面临正当性危机一样，国际投资法正处于十字路口，面临相似的正当性危机，而投资者与国家间仲裁就处在这场危机的核心。⑥ 然而问题是，将投资仲裁机制转型为投资法院体系，

---

① 对 ISDS 批评的梳理，参见 UNCTAD，"Reform of Investor-State Dispute Settlement：In Search of A Roadmap：Updated for the Launching of the World Investment Report"，June 26 2013；Pieter Jan Kuijper，Ingolf Pernice，Steffen Hindelang，et al.，"Investor-State Dispute Settlement（ISDS）Provisions in the EU's International Investment Agreements，Volume 2-Studies"，Directorate-General for External Policies of the U-nion Policy Department，EXPO/B/INTA/2014/08-09-10，September 2014；对 ISDS 批评的回应，可参见 Gloria Maria Alvarez，Blazej Blasikiewicz，Tabe van Hoolwerff，Keoplatra Koutouzi，Nikos Lavranos，Mary Mitsi，Emma Spiteri-Gonzi，Adrian Verdegay Mena and Piotr Willinski，"A Response to the Criticism against ISDS by EFILA"，*Journal of International Arbitration*，Vol. 33，No. 1，2016，pp. 1-36.

② See "Online Public Consultation on Investment Protection and Investor-to-State Dispute Settlement（ISDS）in the Transatlantic Trade and Investment Partnership Agreement（TTIP）"，Available at http：//trade. ec. europa. eu/consultations/index. cfm？consul_ id=179.

③ European Commission，"Report：Online Public Consultation on Investment Protection and Investor-to-State Dispute Settlement（ISDS）in the Transatlantic Trade and Investment Partnership Agreement（TTIP）"，SWD（2015）3 final，Brussels，13 January 2015.

④ 欧盟投资保护和投资争端解决建议稿（2015 年 11 月公布版），见 http：//trade. ec. europa. eu/doclib/docs/2015/november/tradoc_ 153955. pdf.

⑤ 单文华、张生：《美国投资条约新范本及其可接受性问题研究》，《现代法学》2013 年第 5 期。

⑥ Frank J. Garcia，Lindita Ciko，Apurv Gaurav and Kirrin Hough，"Reforming the International Investment Regime：Lessons from International Trade Law"，*Journal of International Economic Law*，Vol. 18，No. 4，2015，pp. 861-892.

是否足以应对这场危机，或者投资法院体系能否足以回应对正当性的质疑，对国际投资者和各国而言，投资法院体系是否为当前适当的解决方案。要回答这个问题，首先需要回答欧盟委员会何以在 2015 年 5 月的概念文件中提出投资法院体系的构想。

第一节　转型：正当性危机是危机还是伪善？

在国际投资法学界，人们对 ISDS 的评价毁誉参半，赞同者将其比喻为国际法范式转型的革命，[①] 反对者则将其视为国际投资法的正当性危机。[②]

一　要求回归本地救济：卡尔沃主义的欧洲回声

2014 年 7 月德国联邦参议院通过了一项决议，声称 TTIP 没有必要纳入投资争端解决机制，认为 ISDS 会给本国政府带来"重大风险"，投资争端应交给国内法院解决。[③] 同年 9 月，德国副总理兼经济部部长西格马·加布里尔（Sigmar Gabriel）在议会辩论中称："很明确，我们拒绝这些投资保护协定"。他表示，除非删除其中的 ISDS 条款，否则德国政府不会批准《欧盟—加拿大全面经济与贸易协定》（CETA）。[④] 德国联邦参议院关于 ISDS 的立场可以概括为以下五点：（1）投资者应在本国法院得到充分的法律保护；（2）投资者诉国家仲裁会破坏或者规避东道国政府用以保护公共利益目标的一般和相关规则，这些规则是通过民主决策以合宪的方式出台并合法适用的；（3）投资保护协定可促进卫生、安全、劳工、消费者、环境以及文化多样性等领域的高水平保护，尤其是通过防止直接和间

---

① 王彦志：《国际投资争端解决的法律化：成就与挑战》，《当代法学》2011 年第 3 期。

② Susan D. Franck, "The Legitimacy Crisis in Investment Treaty Arbitration: Privatizing Public International Law through Inconsistent Decisions", *Fordham Law Review*, Vol. 73, No. 4, 2005；石慧：《投资条约仲裁机制的批判与重构》，法律出版社 2008 年版。

③ Entschließung des Bundesrates anlässlich des öffentlichen Konsultationsverfahrens der uropäischen Kommission über die Modalitäten eines Investitionsschutzabkommens mit Investor-Staat-Schiedsgerichtsverfahren im Rahmen der Verhandlungen über eine Transatlantische Handels- und Investitionspartnerschaft zwischen der EU und den USA, Drucksache 295/14 (Beschluss), 11. 07. 2014.

④ Euractiv, "Germany Wants Investment Clause Scrapped in EU-Canada Trade Deal", September 25 2014.

接征收以及赔偿规则；（4）不应排除因最惠国原则而适用其他条约最低标准的可能性；（5）目前的投资者诉国家仲裁程序不透明，仲裁规则存在缺陷。

德国政府明确要求国际投资争端在本国法院解决，要求投资协定摒弃 ISDS 条款，强调国家的规制权，强调国家有权采取征收措施——这是卡尔沃主义（Calvo Doctrine）在欧洲的回声。不只是德国，法国政府官员也加入反对 ISDS 的行列。[1] 如果这一立场最终被欧盟大多数成员国接受，将不仅仅是回声，而是卡尔沃主义在欧洲的复活。

"卡尔沃主义"是由阿根廷法学家卡洛斯·卡尔沃（Carlos Calvo）于 1868 年提出的，后来为很多拉美国家的宪法和条约所接受。卡尔沃主义的核心要义是拒绝给予外国人超国民待遇，外国人与东道国的投资争端由当地法院管辖。[2] 在 20 世纪 80 年代国际投资自由化的浪潮中，出于通过吸引外资来发展本国经济的目的，广大发展中国家纷纷强化对外资的国际法律保护，在投资协定中明确接受了 ISDS 条款，以至于有学者宣称卡尔沃主义行将就木。[3] 然而，在接受 ISDS 之后不久，阿根廷、委内瑞拉等拉美国家遭遇债务危机，这些国家采取的银行管制和税收调整等措施引发了大量投资仲裁案件。根据 UNCTAD 提供的统计数据，1987—2015 年，阿根廷以 59 起仲裁案高居最常被诉国家的首位，其次是委内瑞拉（36 起）、捷克（33 起）、西班牙（29 起）和埃及（26 起），厄瓜多尔以 22 起居第八位。[4] 由于面对数量如此众多的投资仲裁案件，而且每个案件索赔可能高达数亿美元，继 2007 年玻利维亚、尼加拉瓜和委内瑞拉退出《解决国家与他国国民间投资争端公约》（《ICSID 公约》）后，阿根廷也于 2013 年宣布退出该公约。2011 年 4 月，澳大利亚也加入了排除 ISDS 的行列，澳大利亚政府在《贸易政策声明》中宣布其未来签订的国际投资协定将排

---

① Euractiv, "France and Germany to Form United Front against ISDS", January 15 2015.

② ［尼泊尔］苏里亚·P. 苏贝迪：《国际投资法：政策与原则的协调》（第二版），张磊译，法律出版社 2015 年版，第 8 页。

③ Denise Manning-Cabrol, "The Imminent Death of the Calvo Clause and the Rebirth of the Calvo Principle: Equality of Foreign and National Investors", *Law and Policy in International Business*, Vol. 26, No. 4, 1995, pp. 1169-1200；单文华：《卡尔沃主义的"死亡"与"再生"——晚近拉美国家对国际投资立法的态度转变及其对我国的启示》，《国际经济法学刊》2006 年第 1 期。

④ UNCTAD, *World Investment Report 2016*, p. 105.

除 ISDS 条款。[①] 引发澳大利亚政府排斥 ISDS 的主要原因，是投资者根据澳大利亚与中国香港 BIT 对其控烟政策有关的措施提出巨额赔偿，澳大利亚政府指责该案件损害了本国的规制权。从发展中国家强调经济主权，到发达国家强调社会、环境和经济方面的规制权，卡尔沃主义以不同的方式复活了。

与某些国家断然排除 ISDS 不同，德国议会的决议只声明 ISDS 并非美欧或欧加协定所必需，双方国内法院仍应给予投资者充分保护，没有全然排除 ISDS，也没有对与发展中国家的双边投资协定是否需要 ISDS 作出说明。从德国并没有对《中欧全面投资协定》中纳入 ISDS 质疑来看，卡尔沃主义只是在欧洲有选择性地回响。而这种选择性的政策所掩盖的，正是欧洲的伪善。

二　歧视与欧洲伪善

德国反对在 TTIP 中纳入 ISDS 的立场，与其以往的实践截然不同。令人讽刺的是，无论是在多边还是在双边层面，德国都曾积极推动投资保护规则并且倡导采用 ISDS。

在双边层面，正是德国于 1959 年与巴基斯坦签订了世界上第一个双边投资协定（BIT）。随后德国与 120 多个国家签订了 BIT，投资仲裁条款是这些双边条约的标准条款；在多边层面，1964 年 6 月德国政府代表科因策（Koinzer）对缔结《ICSID 公约》表达了三个观点：（1）建议草案应加强私人投资者的安全感；（2）德国政府已在不同场合强调私人投资对发展中国家的意义，德国一直致力于鼓励这类私人投资，特别是通过为投资提供担保的形式；（3）欢迎给予私人直接参与国际调解和仲裁程序的权利的"进步思路"，这一思路与国际社会已经形成的实践是一致的。[②] 因半个多世纪以来

[①] Department of Foreign Affairs and Trade of Australian Government, "Gillard Government Trade Policy Statement: Trading Our Way to More Jobs and Prosperity", April 2011, p. 14; See also Jürgen Kurtz, "The Australian Trade Policy Statement on Investor-State Dispute Settlement", *ASIL Insights*, Vol. 15, No. 22, August 2011; Kyle Dylan Dickson-Smith and Bryan Mercurio, "Australia's Position on Investor-State Dispute Settlement: Fruit of a Poisonous Tree or a Few Rotten Apples?", *Sydney Law Review*, Vol. 40, No. 2, 2018, pp. 213-254.

[②] ICSID, *History of the ICSID Convention*, Volume II-1, World Bank, 1968, p. 374.

一直努力推动投资仲裁，德国被视为国际投资保护和投资仲裁的领导者。[①]

德国投资者还是 ISDS 的获益者。一方面，根据统计，1990—2014 年，德国投资者总共提起 45 起国际投资仲裁，占全球仲裁案件的 6.7%，排名居第 5 位。[②] 这些国际投资仲裁的发起者不仅包括西门子、德意志银行、豪赫蒂夫、法兰克福机场公司和温特沙尔油气公司等大公司，也包括德国中小企业和个人。另一方面，德国很少被投资者诉诸国际投资仲裁，ICSID 仅收到前述两起仲裁案。

对于 ISDS，德国参议院的立场表现出对发展中国家的歧视，与发达国家的投资协定可以不采用 ISDS，但是与发展中国家的协定必须有 ISDS。2014 年 9 月，德国经济部部长加布里尔表示："《欧盟—加拿大全面经济与贸易协定》不需要 ISDS，因为德国和加拿大的司法系统已经为投资者提供了足够的保护"。[③] 欧盟原贸易委员帕斯卡尔·拉米（Pascal Lamy）也认为："TTIP 不必包括 ISDS。如果欧洲或美国企业投资发展中国家，投资者通常不信任他们的司法制度，这就需要有仲裁机制。但是问题是欧盟与美国或者加拿大之间是否需要仲裁机制"。[④]

多名学者对德国立场的变化表示惊讶。著名国际法和欧盟法学者约瑟夫·维勒（Joseph Weiler）教授讽刺欧洲人对 TTIP 中纳入 ISDS 所作的抗议是丑陋的和自私自利的。[⑤] 欧洲人自己发明了 ISDS，并且在一千多个BIT 中都纳入了相似的 ISDS 条款。在投资条约仲裁案件中，欧洲投资者常常取得胜诉。尽管现有的 ISDS 存在缺陷，但是 TTIP 反对者的方案不是去

---

① Doak Bishop, "Investor-State Dispute Settlement under the Transatlantic Trade and Investment Partnership: Have the Negotiations Run Around?" *ICSID Review*, Vol. 30, No. 1, 2015, p. 8.

② 国际投资仲裁主要由发达国家的投资者提起，前 15 位是美国、荷兰、英国、法国、德国、加拿大、西班牙、意大利、比利时、卢森堡、瑞士、土耳其、塞浦路斯、希腊、奥地利，参见 Rachel L. Wellhausen, "Recent Trends in Investor-State Dispute Settlement", *Journal of International Dispute Settlement*, Vol. 7, No. 1, 2016, p. 124.

③ Euractiv, "Germany Wants Investment Clause Scrapped in EU-Canada Trade Deal", September 25, 2014.

④ "Der langjährige WTO-Chef Pascal Lamy sieht keine Notwendigkeit, Investorenschutz in das Freihandelsabkommen TTIP einzubauen", 25 August 2014, See http://derstandard.at/2000004747626/Die-eingesetzten-Waffen-sind-sehr-unterschiedlich.

⑤ Joseph H. H. Weiler, "European Hypocrisy: TTIP and ISDS", *European Journal of International Law*, Vol. 25, No. 4, 2014, pp. 963-967.

改良或者修订，① 而是要求在 TTIP 中完全排除 ISDS，以防止本国政府被提起国际仲裁。一方面是要求发展中国家接受有缺陷的 ISDS，并享受其带来的好处；另一方面却担心因在与美国和加拿大的双边协定中纳入 ISDS 而被美、加投资者提起国际仲裁，这种歧视反映出欧洲式的伪善。

三　十字路口的国际投资法：正当性危机与转型

国际投资法律机制处在无机制的失序状态。自 1990 年起国际投资协定数量激增，到 2015 年年底，全世界投资协定数量达到 3304 项之多。② 由于 OECD 倡导的多边投资协定（MAI）和 WTO 投资议程谈判相继失败，国际投资法缺乏多边机制的有效引领，投资规则的碎片化和"意大利面碗效应"越来越严重。仲裁庭强大的广义解释权力可能有损缔约国的自主严格解释，③ 对投资保护规则的不同解释以及由此产生的不一致的仲裁裁决，更加重了人们对国际投资法的正当性的质疑。④ 国际投资体制及投资仲裁机制受到了来自各方的猛烈抨击。⑤

对国际投资法正当性的反思，使人们重新审视当前由新自由主义主导的国际投资法律机制。一方面，新自由主义者倡导的过度市场化、私有化和自由化所致的不公正和不平等问题被暴露出来，⑥ 发达国家也加入厌

---

① 关于为什么 TTIP 应该包括 ISDS，可参见 Reinhard Quick，"Why TTIP Should Have an Investment Chapter Including ISDS"，*Journal of World Trade*，Vol. 49，No. 2，2015，pp. 199-210.

② UNCTAD，*World Investment Report 2016*，p. 101.

③ Zachary Douglas，"Nothing if Not Critical for Investment Treaty Arbitration：Occidental，Eureko and Methanex"，*Arbitration International*，Vol. 22，No. 1，2006，pp. 27-52.

④ 典型的不一致仲裁裁决，如 Lauder 案、SGS 案等，参见 Susan D. Franck，"The Legitimacy Crisis in Investment Treaty Arbitration：Privatizing Public International Law through Inconsistent Decisions"，*Fordham Law Review*，Vol. 73，No. 4，2005，pp. 1558-1582.

⑤ Michael Waibel，Asha Kaushal，Kyo-Hwa Chung and Claire Balchin（eds.），*The Backlash against Investment Arbitration：Perceptions and Reality*，Kluwer Law International，2010；D. Gaukrodger and K. Gordon，"Investor-State Dispute Settlement：A Scoping Paper for the Investment Policy Community"，OECD Working Papers on International Investment，No. 2012/3；P. Eberhardt and C. Olivet，"Profiting from Injustice：How Law Firms，Arbitrators and Financiers are Fuelling an Investment Arbitration Boom"，Corporate Europe Observatory and Transnational Institute，2012，Available at http：//corporateeurope. org/sites/default/files/publications/profiting-from-injustice. pdf.

⑥ 韩秀丽：《后危机时代国际投资法的转型——兼谈中国的状况》，《厦门大学学报》（哲学社会科学版）2012 年第 6 期。

弃完全自由、去规制的新自由主义国际投资法律机制的行列；另一方面，当发达国家从侧重投资保护转向要求加强东道国的规制权之时，以中国为代表的新兴国家不断地放松本国对外资的规制并且迅速成为对外投资的新力量，尽管双方的方向截然不同，但是发达国家和新兴国家在投资保护与东道国规制权的平衡问题上越来越容易取得共识。①

第二节　欧盟 ISDS 转型的"观念基础"：内嵌自由主义的重兴

第二次世界大战后，为弥补自由主义的放任政策给国际经济秩序带来的危机，内嵌自由主义（embedded liberalism）政策得以建立。内嵌自由主义重在寻求国际开放与国内社会稳定的平衡与妥协，即一方面区别于战前经济民族主义，坚持多边主义；另一方面区别于金本位制和放任的自由主义，将多边主义建立在国内干预的前提之下。② 在内嵌自由主义的影响下，战后 30 年世界经济趋于稳定与繁荣。

但至 20 世纪 70 年代，西方经济陷入滞胀，英美等国开始寻求新自由主义政策摆脱危机，内嵌自由主义政策受到削弱。在国际投资法律机制方面新自由主义的影响也十分明显。多边层面，与投资有关的税收协定、WTO 下《与贸易有关的知识产权措施协定》（TRIPS）、《与贸易有关的投资措施协定》（TRIMs）、《服务贸易总协定》（GATS）等，都进一步加强了投资自由化和外国直接投资的国际法保护。投资协定方面，国际投资协定（以及包括投资条款在内的自由贸易协定）数量快速增长，其内容也呈现出单方面强调投资自由化与投资保护而较少关注保障东道国规制权等条款的特征，与之相伴随的则是在争端解决方式上，创立以投资输出国为主

① 关于投资者与东道国权益平衡问题，参见余劲松《国际投资条约仲裁中投资者与东道国权益保护平衡问题研究》，《中国法学》2011 年第 2 期；Razeen Sappideen and Ling Ling He，"Dispute Resolution in Investment Treaties：Balancing the Rights of Investors and Host States"，*Journal of World Trade*，Vol. 49，No. 1，2015，pp. 85-116；关于不同国家的投资利益越来越趋同，参见 Peter Muchlinski，Federico Ortino and Christoph Schreuer（eds.），"Preface"，*The Oxford Handbook of International Investment Law*，Oxford University Press，2008，p. 6.

② John Gerard Ruggie，"International Regimes，Transactions，and Change：Embedded Liberalism in the Postwar Economic Order"，*International Organization*，Vol. 36，No. 2，1982，pp. 379-415.

导的、有利于投资者保护的投资者与国家间争端仲裁机制，赋予投资者在东道国之外的中立机制解决投资争端的特权，并且通过中立机制实现争端解决的去政治化。

进入21世纪以来，经济全球化不断深入，2008年美国的次贷危机和2009年以来的欧洲主权债务危机相继发生，与此同时中国、印度、巴西等新兴经济体发展迅速，对国际投资格局和全球投资治理产生了深刻影响。一方面，投资协定中重新平衡投资保护与监管，将非经济议题纳入投资协定。新兴经济体对外投资增长迅速，发达国家与发展中国家间纯粹的投资输出国与投资目的地的身份被打破。尤其是发达国家同时作为投资输出国和投资目的地，开始意识到传统的投资条约条款不足以保护其作为投资目的地的公共政策监管权，转而在投资者与东道国之间寻求新的平衡，开始倾向于条约中纳入人权、环境、劳工等非经济议题。

另一方面，发达国家被诉风险上升，引发对ISDS的不满。随着中国、巴西、印度等新兴经济体的不断涌现并积极参与对外投资，投资者与东道国间争端案件数量不断增加。在ICSID案件中，投资者更是越来越多地来自新兴和发展中经济体。ISDS建立的目的在于避免外国投资的政治风险，确保东道国在投资协定中的承诺得以执行，[1] 侧重于对投资者的倾斜保护。因而随着发达国家作为投资东道国的被诉风险上升，抵制或要求改革ISDS的呼声越来越大。例如，2011年4月，澳大利亚政府在《贸易政策声明》中宣布其未来签订的国际投资协定将排除ISDS条款。这一行动源于投资者根据澳大利亚与中国香港BIT对其控烟政策有关的措施提出巨额赔偿，而澳大利亚政府指责该案件损害了本国的规制权。在TTIP谈判期间，条约的ISDS也引起欧洲工会、非政府组织甚至部分成员国政府与欧洲议会议员的反对。

有学者指出，一种新的内嵌自由主义正在重兴，这种新范式试图融合自由市场与政府干预，平衡私人利益与公共利益，协调对外开放与国家自主。[2]

---

① Marta Latek and Laura Puccio, "Investor-State Dispute Settlement (ISDS) —State of Play and Prospects for Reform", EPRS Briefing, European Parliament, PE 545. 736, January 2015.

② 王彦志：《新自由主义国际投资法律机制：兴起、构造和变迁》，法律出版社2016年版，第327页。

这种范式，从发展中国家的立场，毋宁说是对"国际经济新秩序"（NIEO）的扬弃，从强调对自然资源和经济活动的完全主权转向寻求开放、自主和平衡的新秩序。

国际投资法本身面临的挑战，同时与国际环境法、国际人权法、跨国公司的社会责任和治理等其他国际法部门或领域的新近发展交织在一起。① 人们迫切期待国际投资法的实践回应这些领域，平衡国际社会制定的各种目标，诸如可持续发展、劳工保护、环境保护等。② 例如，2011 年 3 月 22 日，欧洲议会国际贸易委员会就欧盟委员会国际投资政策文件作出正式回应。③ 欧洲议会报告所呈现的，正是内嵌自由主义的国际投资法制——对于规制权保护，要求欧盟协定尊重公共干预的权力，并且在协定中纳入社会与环境标准，以促进可持续性的投资，尊重投资目的地的环境，鼓励投资者提供优良的工作环境。对于 ISDS，欧洲议会要求改革现行的投资争端解决机制，包括提高透明度、建立上诉机制、为确保获得足够的正当程序而尽当地救济、采取法庭之友制度等。

第三节　欧盟推动 ISDS 转型的权力基础

一　《里斯本条约》改变欧盟的投资政策权能

（一）《里斯本条约》之前的欧盟国际投资政策权能

在《里斯本条约》之前相当一段时期，欧盟对外经济政策事实上已经涉及与投资有关的事项，并在多边与双边层面初步形成了一些关于国际投资的政策。在参与多边机构贸易谈判的过程中，为了以一个声音说话，欧盟机构逐渐取得了投资相关议题的默示共享权能。由于投资措施对贸易具有重要影响，新的贸易保护主义又常常与投资政策有关，并且在客观上投资与贸易的界限存在一定的模糊性，欧盟在推动国际贸易规则时需要同时处理相关的投资问题。与国际贸易法不同，国际投资一直缺乏广泛的多边

---

① ［尼泊尔］苏里亚·P. 苏贝迪：《国际投资法：政策与原则的协调》（第二版），张磊译，法律出版社 2015 年版，第 234 页。

② 黄世席：《可持续发展视角下国际投资争端解决机制的革新》，《当代法学》2016 年第 2 期。

③ Committee on International Trade of European Parliament, "Report on the Future European International Investment Policy", 2010/2203 (INI), 22 March 2011.

投资条约。在乌拉圭回合谈判初期，欧共体试图将投资纳入贸易谈判中，但该回合最终仅达成《与贸易有关的投资措施协定》（TRIMs）。《服务贸易总协定》（GATS）其中模式 3 规定以商业形式存在而提供的服务，通常也被视为一种关于直接投资的规则。对于欧盟以成员方身份加入的《能源宪章条约》（Energy Charter Treaty），有学者指出这是欧盟首次作出与投资保护有关的具体承诺。[①]

在双边或区域层面，《里斯本条约》生效前的欧盟国际投资政策还体现在"欧盟自由贸易协定投资最低纲领"（EU Minimum Platform on Investment，MPoI），[②] 以及欧盟双边或区域自贸协定（FTA）中，例如 2002 年《欧盟—智利自由贸易协定》、2008 年《欧盟—加勒比论坛经济伙伴关系协定》（EU-CARIFORUM）和 2010 年《欧盟—韩国自由贸易协定》。2006 年 5 月欧盟委员会在投资政策文件中承认，原欧盟贸易协定范围狭窄，内容有限，已经落后于《北美自由贸易协定》（NAFTA），使欧洲投资者面临受歧视的局面。[③] 同年 10 月，欧盟委员会在"全球欧洲"的贸易政策文件中指出，要在新的自贸协定中纳入投资议题，这些新的自贸协定应最大程度地推动贸易、服务与投资的自由化。欧盟委员会表示，要在成员国的密切合作下，发展出新的、更有雄心的欧盟模式的投资协定。[④] 随后，欧盟通过"欧盟自由贸易协定投资最低纲领"（MPoI），为新的 FTA 提供关于投资保护的标准文本。根据该纲领，欧盟寻求超出 GATS 第 19 条之外的新的投资准入，并且在这些领域取得国民待遇与最惠国待遇。[⑤] 该纲领还包括不降低国内环境、劳工和安全标准条款。前述《欧盟—加勒比论坛经

---

① Frank Hoffmeister and Günes Ünüvar, "From BITs and Pieces towards European Investment Agreements", in Marc Bungenber, August Reinisch and Christian Tietje (ed.), *EU and Investment Agreements: Open Questions and Remaining Challenges*, Nomos and Hart, 2013, p. 59.

② 该文本由某些网站流出，欧盟官方未予以公布。

③ European Commission, "Issues Paper: Upgrading the EU Investment Policy", Note for the Attention of the 133 Committee, Brussels, 30 May 2006.

④ European Commission, "Global Europe: Competing in the World—A Contribution to the EU's Growth and Jobs Strategy", COM (2006) 567 final, 4 October 2006.

⑤ Frank Hoffmeister and Günes Ünüvar, "From BITs and Pieces towards European Investment Agreements", in Marc Bungenber, August Reinisch and Christian Tietje (ed.), *EU and Investment Agreements: Open Questions and Remaining Challenges*, Nomos and Hart, 2013, p. 62.

济伙伴关系协定》和《欧盟—韩国自由贸易协定》均采取这个纲领。

（二）《里斯本条约》之后的欧盟投资政策权能

在欧盟与成员国的权能划分方面，《里斯本条约》明确了授权原则与辅助性原则两项基本原则，并在除共同外交与安全领域外，将欧盟的权能划分为专属权能、共享权能、政策协调权能，以及采取支持、协调和补充行动的权能四类。《里斯本条约》以后，根据《欧洲联盟运行条约》第207条第1款规定，外国直接投资（FDI）被纳入欧盟共同商业政策（CCP）之下，以逐渐消除对外国直接投资的限制。由于共同商业政策属于欧盟的专属权能，此次修订被视为《里斯本条约》对欧盟权能最重大的扩张之一。[1]

《里斯本条约》还修订了共同商业政策领域的决策程序。《欧洲联盟运行条约》第207条第2款规定，共同商业政策领域适用普通立法程序，由此欧洲议会取得对国际投资政策的决策权。另外，根据《欧洲联盟运行条约》第218条，涉及适用普通立法程序领域的事项的国际协议，须经欧洲议会同意。由此，《里斯本条约》同时改变了欧盟投资政策的决策主体和决策程序，在决策主体上，欧盟将在很大程度上取代成员国成为该政策的主要管理者；在程序上，欧盟委员会的投资立法措施与国际协定须受代表成员国的欧盟理事会与代表多种利益的欧洲议会的双重制约。

（三）欧洲法院第2/15号意见

由于欧盟FTA的投资章节和投资协定中有关投资的定义不仅包括直接投资，还包括间接投资，而欧盟的国际投资权能仅涉及外国直接投资，这些协定不仅需要欧洲议会的同意，还需要得到成员国的批准。这一问题一度引发了《欧盟—新加坡自由贸易协定》的签署权和批准问题，即该协定是否为"混合协定"的问题，欧洲联盟法院应欧盟委员会的请求作出解释。

2015年6月完成草签的《欧盟—新加坡自由贸易协定》，欧盟成员国是否有权签署和批准，引发了欧盟内部关于批准权能的法律争议。欧盟委员会认为欧盟签署和缔结该协定具有专属权能，而理事会和所有成员国都

---

[1] Piet Eeckhout, *EU External Relations Law*, second edition, Oxford University Press, 2011, p. 62.

认为该协定为"混合协定"，应由欧盟与欧盟成员国共同作为一缔约方缔结和批准。2017 年 5 月，欧洲联盟法院作出"第 2/15 号意见"，认定签署《欧盟—新加坡自由贸易协定》属于欧盟专属权能，但第 9 章中的间接投资、ISDS 以及与其直接投资有关的国家间争端解决条款属于欧盟与成员国的共享权能。①

"第 2/15 号意见"引起的直接法律后果是，欧盟将投资章节与新加坡、越南以及后来的自贸协定中剥离，即单独构成《欧盟—新加坡投资保护协定》（EUSIPA）、《欧盟—越南投资保护协定》（EVIPA），剩下的贸易协定仅需欧盟签署和批准，而投资保护协定则需要欧盟成员国共同签署，并且还需要经过成员国批准程序后方可生效。

二　民意基础：自下而上的推动

ISDS 引起欧盟公众、非政府组织等不满并导致一系列批评，要求在投资争端解决方面更多地考虑东道国的公共卫生、环境和社会保护等。在 TTIP 的谈判过程中，由于反对声过于激烈，欧盟一度被迫暂停投资章节的谈判，并不得不在回应公共关切的基础上提出草案。

瑞典"大瀑布电力公司案"（Vattenfall）与德国去核化政策导致的仲裁案引起德国民众以及欧洲环保组织对 ISDS 的反对，也成为德国在 TTIP 谈判中转而反对 ISDS 的原因。瑞典大瀑布电力公司在德国投资建造了一家火力发电厂，由于环保主义者担心当地被保护物种受损，当地政府采取了限制供水的措施。该投资者在汉堡法院提起诉讼，同时提交 ICSID 仲裁起诉德国政府。② 最后该投资者在法院胜诉，撤回了国际仲裁。该案遭到环保组织的严厉批评，怀疑正是因为国际仲裁的压力才导致法院判投资者胜诉。③ 另一起案件也是由瑞典大瀑布电力公司提起。在日本海啸引发福岛核电站事故之后，德国对本国境内的核电站采取了关停措施，其中包括

---

① CJEU, Opinion 2/15 of 16 May 2017 on the Free Trade Agreement between the EU and the Republic of Singapore, ECLI：EU：C：2017：376.

② Vattenfall AB, Vattenfall Europe AG, Vattenfall Europe Generation AG v. Federal Republic of Germany, ICSID Case No. ARB/09/6.

③ Jeevan Vasagar and Christian Oliver, "German Fear of Tribunals Threatens EU-US Trade Deal", *Financial Times*, January 28, 2015.

该公司投资的两家核电站。2012 年，该公司提起 ICSID 仲裁，要求德国赔偿 47 亿欧元。① 这两起案件引起了人们对外资保护与政府规制权（Right to Regulate）的讨论，也促使德国政府的立场转变。与先前积极推动投资保护规则以及倡导采用 ISDS 的态度截然相反，2014 年 7 月德国参议院通过决议，声称 TTIP 没有必要纳入投资争端解决机制，认为 ISDS 会给政府带来"重大风险"，投资争端应交给国内法院解决。②

由于反对声过于激烈，欧盟被迫暂停 TTIP 中投资章节的谈判，并于 2014 年 3 月至 7 月就投资保护与 ISDS 向公众咨询意见。③ 其间，欧洲企业观察（Corporate Europe Observatory）更是列出十大反对 ISDS 的理由，包括 ISDS 是大企业要求政府为监管付出代价的工具，企业被赋予超级权利从而操纵民主、投资者权利为企业提供超国民待遇，投资者—国家仲裁制度存在根本缺陷，委员会在 TTIP 中的改革议程未触及 ISDS 的根本缺陷，政府被起诉的风险升高等。④ 在公开咨询之后，2015 年 5 月，欧盟委员会发布了未来如何解决投资者诉国家争端的概念文件，⑤ 并于同年 11 月发布了用于与美国谈判的文本。⑥ 欧盟委员会宣称，TTIP 投资章节应有效地保护欧盟及其成员国的规制权，并提议建立一个解决投资争端的完全透明的法院系统。⑦ 由此，TTIP 谈判也成为欧盟由投资仲裁转向投资法院机制的催化剂。

---

①　Vattenfall AB and others v. Federal Republic of Germany, ICSID Case No. ARB/12/12.

②　Entschließung des Bundesrates anlässlich des öffentlichen Konsultationsverfahrens der uropäischen Kommission über die Modalitäten eines Investitionsschutzabkommens mit Investor-Staat-Schiedsgerichtsverfahren im Rahmen der Verhandlungen über eine Transatlantische Handels- und Investitionspartnerschaft zwischen der EU und den USA, Drucksache 295/14（Beschluss）, 11. 07. 2014.

③　See "Online Public Consultation on Investment Protection and Investor-to-State Dispute Settlement（ISDS）in the Transatlantic Trade and Investment Partnership Agreement（TTIP）", Available at http：// trade. ec. europa. eu/consultations/index. cfm? consul_ id = 179.

④　https：//corporateeurope. org/en/international-trade/2014/04/still-not-loving-isds-10-reasons-oppose-investors-super-rights-eu-trade

⑤　European Commission, "Concept Paper：Investment in TTIP and Beyond—The Path for Reform：Enhancing the Right to Regulate and Moving from Current Ad Hoc Arbitration Towards an Investment Court", 5 May 2015.

⑥　欧盟 TTIP 投资保护和投资争端解决建议稿（2015 年 11 月公布版），见 http：//trade. ec. europa. eu/doclib/docs/2015/november/tradoc_ 153955. pdf.

⑦　European Commission, "Fact Sheet, Why the New EU Proposal for an Investment Court System in TTIP is Beneficial to Both States and Investors", Brussels, 12 November 2015.

第二章 欧盟推进投资法院体系的原因

——议题的政治化

第一节 欧盟推动 ISDS 转型的动力与催化剂

一 新兴国家对欧投资增加，欧盟面临 ISDS 败诉风险上升

近年来，欧盟成为重要的投资来源地和目的地，尤其面临新兴国家的投资涌入。相比于美国而言，欧盟的直接投资存量占 GDP 比重大，且与大多数国家间存在生效的国际投资协定，使欧盟在 ISDS 中的被诉风险上升。

第一，就直接投资而言，欧洲对外直接投资存量（outward FDI stocks）在全球份额占比减少，而新兴经济体不断发展并积极参与国际投资。2010 年至 2020 年，欧洲的外向直接投资存量在全球份额占比中下降 5.1%，北美下降 2.6%，亚洲的对外直接投资存量则获得 8.2% 的显著增长。同时，新兴经济体的对外投资不断增加，例如中国对外直接投资存量自 2017 年以来一直处于前二或前三位，2020 年已达 2.58 万亿美元（占全球存量 6.6%），仅次于美国（8.1 万亿美元）、荷兰（3.8 万亿美元）。①

第二，相比于美国，欧盟及其成员国同绝大多数国家间已缔结国际投资协定。2015 年欧盟提出国际投资法院之时，欧盟（通过《能源宪章条约》）及其成员国共缔结约 1400 项包含 ISDS 条款在内的国际投资协定，约占全球国际投资协定的一半。② 2017 年 6 月，欧洲议会发布《从仲裁到

① 中华人民共和国商务部、国家统计局和国家外汇管理局编：《2020 年度中国对外直接投资统计公报》，中国商务出版社 2021 年版。

② Marta Latek and Laura Puccio, "Investor-State Dispute Settlement (ISDS): State of Play and Prospects for Reform", Briefing, European Parliamentary Research Service, PE 545.736, January 2015.

投资法院系统：CETA 规则的演进》文件，根据其中统计，截至 2017 年 5 月，欧盟成员国之间生效的双边投资协定（intra-EU BITs）数目众多。[①]

相较而言，美国仅与 47 个国家存在双边投资协定。从协定的分布区域来看，与美国存在投资协定或含投资章节的贸易协定的国家主要分布于东欧、南美等地，除加拿大、澳大利亚外鲜有发达国家，中国、印度、巴西等金砖国家也不包括在内。由于其主要的投资伙伴关系国参与国外直接投资的能力较弱，相对于欧盟而言，美国较少需要关注本国作为东道国对外资监管的被诉风险。

第三，相对于美国而言，欧盟国家在投资仲裁中的败诉经验推动欧盟 ISDS 改革。在投资仲裁方面，美国作为投资者母国提出的 ISDS 案件数量占全球的 1/5，而到目前为止，还没有对美国不利的裁决。因此，尽管美国曾考虑在投资仲裁中引入上诉机制，[②] 但美国工商业更强调 ISDS 保护美国海外投资的有效性。在 2012 年美国 BIT 范本中，删除了 2004 年范本中关于"缔约方应考虑是否建立双边的上诉机构或者类似机制"的条款；在 TPP 中美国也并未实质性地引入上诉机制。对欧盟而言，东欧国家一贯是投资仲裁的重点被诉对象，[③] 德国接连应对大瀑布电力公司案等案件后对 ISDS 的态度转向消极。伴随着欧盟成为重要的投资来源地和目的地，成员国面临投资仲裁时败诉风险上升，欧盟开始反思现存为保护投资输入国利益而形成的 ISDS，以维护自身作为投资目的地的规制权。

二 欧洲出于环保、人权、安全等原因而违约的可能性上升

一方面，为维护自身竞争力，欧盟近年来相继提出外资安全审查条例、外国补贴条例等多部单边经贸立法，以公共利益为由进行外资审查与监管，将价值观融入贸易工具中，通过寒蝉效应间接影响外资在欧经营。

---

① Laura Puccio and Roderick Harte, "From Arbitration to the Investment Court System (ICS) — The Evolution of CETA Rules", In-Depth Analysis, European Parliamentary Research Service, PE 607. 251, June 2017.

② Asif H. Qureshi, "Chapter 28—An Appellate System in International Investment Arbitration?", in Peter Muchlinski, Federico Ortino and Christoph Schreuer (eds.), *The Oxford Handbook of International Investment Law*, Oxford University Press, 2008, pp. 1155.

③ https://euobserver.com/eu-political/126788.

另一方面，在环境、人权问题上，欧盟围绕"欧洲绿色新政"（European Green Deal）和"全球人权制裁机制"提出新的立法措施，可能成为违约被诉的理由。

（一）制定单边经贸立法以公共利益为由进行外资监管

2017 年 9 月 13 日，欧盟委员会提出在欧盟层面建立外资安全审查机制并且试图协调成员国外资安全审查机制的条例草案，[①] 欧盟委员会认为，外国国有企业或受外国控制的企业对欧盟关键技术、基础设施、防务投入品和敏感信息等战略性领域的收购，不仅损害欧盟的技术优势，而且给欧盟带来安全和公共秩序方面的风险。[②] 该条例于 2019 年 3 月 5 日正式通过，并于 2020 年 10 月 11 日起实施。[③]《欧盟外资安全审查条例》以共同商业政策为法律基础，在欧盟层面建立全新的外资安全审查框架，赋予欧盟委员会以"安全或公共秩序"为由对成员国境内的外国直接投资交易发表咨询性意见的权力，并且建立所谓的"合作机制"，允许成员国相互评议，对成员国施加强制性的信息汇报义务。然而，在程序方面，该条例选择法律基础的适当性存疑；实体方面，该条例对"安全或公共秩序"的扩大解释有悖于欧盟法院的判例法，且难以通过涉及资本自由流动原则的比例原则测试。[④]

2020 年 6 月，欧盟委员会发布《关于对外国补贴建立公平竞争环境的白皮书》[⑤] 并拟启动立法程序，以外国补贴扭曲欧盟内部市场为由，在欧盟贸易防御工具之外引入针对外国补贴的全新审查工具。2021 年 5 月 5

---

① European Commission, "Proposal for a Regulation of the European Parliament and of the Council Establishing a Framework for Screening of Foreign Direct Investments into the European Union", 2017/0224 (COD), COM (2017) 487 final, Brussels, 13 September 2017.

② See European Commission, "Communication on Welcoming Foreign Direct Investment while Protecting Essential Interests", COM (2017) 494 final, Brussels, 13 September 2017, p. 5.

③ Regulation (EU) 2019/452 of the European Parliament and of the Council of 19 March 2019 Establishing a Framework for the Screening of Foreign Direct Investments into the Union, OJ L 79 I/1, 21 March 2019.

④ 关于欧盟《外资安全审查条例》的详细分析可参见叶斌《欧盟外资安全审查立法草案及其法律基础的适当性》，《欧洲研究》2018 年第 5 期；叶斌《〈欧盟外资安全审查条例〉与资本自由流动原则的不兼容性》，《欧洲研究》2019 年第 5 期。

⑤ European Commission, "White Paper on Levelling the Playing Field as Regards Foreign Subsidies", COM (2020) 253 final, Brussels, 17 June 2020.

日，欧盟公布条例提案。[1] 2022 年 12 月，欧盟理事会和欧洲议会通过《外国补贴条例》，并于 2023 年 7 月 12 日生效。[2] 该条例以公平竞争为由，分别针对外国企业在欧经营、并购、参与政府采购与使用欧盟资金等行为在已有贸易防御工具外建立新的审查。条例将在很大程度上影响外国投资在欧盟的投资待遇与投资保护问题，并可能引发双边投资协定下的国民待遇与征收等法律问题。[3]

欧盟在投资经贸领域的单边立法以公共利益为由进行外资审查，市场准入与监管方面的过度规制影响外资在欧经营，也使欧盟因改变投资环境而违约的可能性上升。

（二）环境、人权政策更新频繁

2019 年 12 月，欧盟委员会正式提出"欧洲绿色新政"（European Green Deal），[4] 其首要目标是到 2050 年使欧洲成为世界上第一个气候中和的大陆，促进欧盟经济可持续发展。围绕欧洲绿色新政，欧盟在气候变化、清洁能源、建筑改造、零污染、生物多样性等十个领域采取行动。[5] 2020 年 3 月，欧盟提出新的产业战略，其中提出将绿色经济和数字经济转型作为确保欧洲主权、维护欧洲价值观与公平竞争环境的途径。在实现产业气候中和方面，战略呼吁能源密集型产业的现代化和脱碳，并提出"碳边境调整机制""欧盟清洁钢铁战略和可持续发展的化学品战略""欧盟关于海上可再生能源战略"等；在循环经济方面，提出"可持续电池的新监管框架""欧盟纺织品战略"等下一步行动。[6] 随着围绕欧洲绿色新政的规则生效，欧盟成员国将面临实施新规的压力，尤其是波兰、捷克等煤

---

[1]　European Commission, "Proposal for a Regulation of the European Parliament and of the Council on Foreign Subsidies Distorting the Internal Market", COM（2021）223 final Brussels, 5 May 2021.

[2]　Regulation（EU）2022/2560 of the European Parliament and of the Council of 14 December 2022 on Foreign Subsidies Distorting the Internal Market, OJ L 330/1, 23 December 2022.

[3]　可参见叶斌《欧盟〈外国补贴白皮书〉的投资保护问题刍议》，《国际法研究》2020 年第 6 期。

[4]　European Commission, "Communication from the Commission: The European Green Deal", COM（2019）final, Brussels, 11 December 2019.

[5]　https://www.euractiv.com/section/energy-environment/news/eu-commission-unveils-european-green-deal-the-key-points/.

[6]　European Commission, "Communication from the Commission: A New Industrial Strategy for Europe", COM（2020）102 final, Brussels, 10 March 2020.

炭依赖经济体将急需解决环境污染问题。有媒体指出，尽管欧洲绿色新政不是一项立法措施，但将引发一场成员国间的立法风暴。

近年来，欧盟人权方面的政策调整频繁，也在一定程度上影响了欧盟的投资环境预期。2020 年 12 月，理事会通过"关于对严重侵犯和践踏人权的限制性措施的决定"，建立全球人权制裁机制（EU Global Human Rights Sanctions Regime），要求对其认定为存在严重侵犯和践踏人权的自然人、法人、实体或团体采取限制入境、冻结资金等措施。2021 年 3 月 2 日，欧盟首次援引全球人权制裁机制制裁四名俄罗斯官员。① 2021 年 5 月 20 日，欧洲议会更以人权问题为由"冻结"对《中欧全面投资协定》的任何讨论，使协定在欧盟的后续讨论受到操纵而趋于政治化。

除此之外，新冠疫情、俄乌危机等事件也增加了欧盟国家改变投资环境的可能性。在环境、人权问题上政策的频繁更新将引起成员国相关规则的更迭，增加欧盟改变投资环境的可能性，导致欧盟国家在 ISDS 中的被诉风险上升，也成为欧盟要求强调投资东道国的规制权，改革 ISDS 的动力。

第二节　欧盟投资法院体系的特征：民主回应、规制权与回归国家

在公布对 TTIP 投资保护和 ISDS 咨询结果报告之后，2015 年 5 月欧盟委员会发布了未来如何解决投资者诉国家争端的概念文件。② 同年 9 月，欧盟委员会发布了供欧盟内部商议的 TTIP 投资章节草案，11 月又发布了用于与美国谈判的文本。③ 欧盟委员会宣称，TTIP 投资章节应有效地保护

---

① Council of the EU, Global Human Rights Sanctions Regime: EU Sanctions Four People Responsible for Serious Human Rights Violations in Russia, 2.3.2021, https://www.consilium.europa.eu/en/press/press-releases/2021/03/02/global-human-rights-sanctions-regime-eu-sanctions-four-people-responsible-for-serious-human-rights-violations-in-russia/.

② European Commission, "Concept Paper: Investment in TTIP and Beyond—The Path for Reform: Enhancing the Right to Regulate and Moving from Current Ad Hoc Arbitration Towards an Investment Court", 5 May 2015.

③ 欧盟 TTIP 投资保护和投资争端解决建议稿（2015 年 11 月公布版），见 http://trade.ec.europa.eu/doclib/docs/2015/november/tradoc_153955.pdf。

欧盟及其成员国的规制权（Right to Regulate），同时有效保护欧洲公司免受不公正待遇和歧视。欧盟委员会提议建立一个解决投资争端的完全透明的法院系统，法院包括初审法庭和上诉庭，法官公开任命并须有最高的职业操守。① 从欧盟与加拿大、新加坡和越南达成的双边投资法院/法庭体系来看，新的机制极力回应公共关切，并且通过实体规则平衡投资者保护与规制权，但是通过委托代理理论分析，投资法院体系将 ISDS 司法化，是回归国家的一种新方式。

一　投资法院体系极力回应公共关切

投资法院体系极力回应公共对当前 ISDS 的不同关切。有学者认为欧盟在很大程度上回应了各界对现有 ISDS 的批评，认为草案有以下四个特点：（1）与《欧盟—加拿大全面经济与贸易协定》（CETA）仅在条约前言中声明条约应保障东道国保护社会公益的权利不同，《欧盟 TTIP 草案》将这一原则条款化，即将前言移至条约正文中，在第 2 条投资与监管措施或目标中，规定"本节条款不影响缔约方在其领土内为取得合理政策目标而采取必要措施的监管权力，政策目标诸如保护公共健康、安全、环境或公共道德、社会或消费者保护或者促进与保护文化多样性"。② 与前言相比，条约正文条款在法律特征上更具有约束力。（2）草案提出的法院体系试图回应部分学者对国际投资法公法化的呼声，③ 以体制化的法院提升仲裁庭的独立性和公正性。以《欧盟 TTIP 草案》为例，初审法院由 15 位法官组成，欧盟、美国和第三国各占 5 席，院长和副院长在第三国国民中抽签产生。草案制定了法官和调解员的行为准则，对法官的道德标准提出了更高的要求。（3）草案不仅允许仲裁庭接受法庭之友（amicus curiae）的意见，也允许与案件结果有直接现

---

① European Commission, "Fact Sheet, Why the New EU Proposal for an Investment Court System in TTIP is Beneficial to Both States and Investors", Brussels, 12 November 2015.

② Article 2 of Chapter II in EU's Proposal for ISDS (12 November 2015), "This section shall not affect the right of the Parties to regulate within their territories through measures necessary to achieve legitimate policy objectives, such as the protection of public health, safety, environment or public morals, social or consumer protection or promotion and protection of cultural diversity".

③ 有学者建议欧盟委员会以法院机制替代仲裁，参见 Gus Van Harten, "Why Arbitrators Not Judges? Comments on the European Commission's Approach to Investor-State Arbitration in TTIP and CETA", Osgoode Legal Studies Research Paper Series, 2014, p. 53.

实利益的第三方介入程序中（right to intervene），有助于加强程序公正；草案要求接受第三方资助的当事方披露资助方的信息，以及要求缴纳担保费，可以限制投资者轻率起诉；（4）草案提出建立上诉庭，其主要理由是解决投资仲裁裁决的一致性问题；上诉庭由6位法官组成，欧盟、美国和第三国各占2席，任期6年，可连任一次。①

此外，为了防止投资者滥用ISDS，《欧盟TTIP草案》采取了与《欧盟—加拿大全面经济与贸易协定》相似的做法，不要求用尽当地救济，而是将争议直接提交初审法院，允许快速驳回明显无依据和轻率的请求；另外，还要求由败诉方承担仲裁费用。草案要求投资者须在东道国国内有实质性的商业活动，以避免通过空壳公司和挑选条约（treaty shopping）扩大ISDS的适用范围。

二　通过实体规则平衡投资者保护与规制权

欧盟是全球最大的投资来源地。就外国直接投资（FDI）而言，欧盟对外投资存量超过70亿欧元。德国等欧盟成员国一直是国际投资协定的领导者，超过一半的投资协定是由欧盟成员国与第三国缔结的。欧盟具有保护欧盟对外投资的实用主义需求，同时不损害欧盟及成员国自身的规制权。②

对当前ISDS最常见的批评，是认为它威胁到主权国家通过立法实现合法公共政策目的的能力。在这一点上，欧盟概念文件出于这样一些假设，认为ISDS仲裁庭根据当前投资协定作出的仲裁裁决没有充分保护政府的规制权，仲裁庭解释权过大，损害了政府的权力。欧盟委员会特别提到了最近的Micula案，③该案涉及欧盟禁止国家援助的问题，欧盟委员会批评仲裁庭错误地支持了投资者对公平公正待遇的主张。④

将规制权从《欧盟—加拿大全面经济与贸易协定》的前言移至条约正

---

① 张庆麟、黄春怡：《简评欧盟TTIP投资章节草案的ISDS机制》，《时代法学》2016年第2期。

② Rupert Schlegelmilch, "Statement from the EC—The European Commission's Strategy in the Field of International Investment Protection", in Directorate-General for External Policies-Policy Department, *Invest-State Dispute Settlement（ISDS）Provisions in the EU's International Investment Agreements*, Volume 1-Workshop, PE 543.979, September 2014, p. 10

③ Ioan Micula, Viorel Micula and others v. Romania, ICSID Case No. ARB/14/29.

④ European Commission, "Implementation of Arbitral award Micula v. Romania of 11 December 2013", Bruxelles, C（2014）6848 final, 1 October 2014.

文，并非欧盟的创新，在 CPTPP 正文亦有类似的条款。根据 TPP 第 9 章第 9.15 条，"本章不应解释为妨碍一缔约方采取、维持或实施符合本章规定的任何措施，只要该缔约方认为该措施能够适当地保证在其领土内进行的投资活动对环境、卫生或其他规制目标有所考虑"。① 与 TPP 的佶屈聱牙相比，《欧盟—越南投资保护协定》（EVIPA）第 2.2 条直接规定条约不影响当事方为取得合理政策目标而在其境内行使的规制权力。欧盟列举的规制目标更加丰富，包括公共卫生、安全、环境和公共道德、社会或消费者保护，以及促进和保护文化多样性。欧盟的定义更有利于扩大对东道国规制权的解释。

但是，这种例外条款仍然将核心问题留给仲裁庭或者法院，即如何处理投资保护与国家规制利益之间的冲突。现在的条款设计并没有清楚地给仲裁庭或投资法院会如何解释规制权提供方向，尤其是如何平衡与给予投资者公平公正待遇之间的关系。在条约正文纳入规制权条款并没有带来实质上的新意，仲裁庭还是会像没有该条款时一样考虑东道国措施是否违反了公平公正待遇，例如考虑东道国措施与其公共政策目标是否符合"适当性原则"。

三　委托代理理论：ISDS 回归国家的新方式

当前对仲裁机制的一种批评理由是，申请人选择的仲裁员往往成为投资者的代理人，从而在仲裁庭审理过程中偏向投资者，而非政府的规制权。这一批评理由初看似乎很有说服力，但恰恰可以用来说明仲裁机制具有更加中立的特点。由于投资者和政府在仲裁机制中都可以选择委托代理人，这种委托代理在仲裁机制下处于一种平衡。

将委托代理理论类推至投资法院体系，就可以得到投资法院更不中立的结论。因为，投资法院体系的法官仅自来于政府的指定，他们都是政府监管权的代理人，相对于仲裁而言，缺少了投资者的代理人。从这个角度来看，仲裁机制更倾向于反映投资保护与规制权之间的平衡，而法院机制本身则隐含着对规制权的偏好。

或许有人会反驳，缔约方指定的法官不一定完全偏向于规制权，他们

---

① 石静霞、马兰：《〈跨太平洋伙伴关系协定〉（TPP）投资章节核心规则解析》，《国家行政学院学报》2016 年第 1 期。

也是具有国际投资法专业知识的人士，也会注重投资者保护，因为法官也会在不同案件中面对本国投资者提起的诉请。这一理由似乎也很有说服力，但是如果将其推论到仲裁员，仍可得出法院机制并不比仲裁机制更中立的推论。因为仲裁员也面临在不同案件中由申请人指定或被申请人指定的问题，同样也需要平衡投资者保护与规制权保护，否则的话，未来可能不会有投资者或政府愿意指定其为仲裁员。

由于欧盟具有规范性力量与布鲁塞尔效应，欧盟往往可以通过其强大的影响力间接而有效地影响投资法院成员的观念、认知和审判思路。从委托代理理论角度来理解，投资法院体系对欧盟而言是一种最优方案，通过法官的任命机制来输入欧盟价值观和政府规制权偏好。这种方案通过法院的任命机制——一种新的暗箱方式来重获国家对争端解决机制的控制，即使这种控制是间接的。于是，通过建立投资法院体系，ISDS 以另一种方式回归国家控制。

这种准司法机制还不可避免地具有重新政治化的风险。[1] 国际法院前院长琼·多诺霍（Joan Donoghue）曾敏锐地指出，国际法院存在的问题之一就是政治化。[2] 曾担任国际法院专案法官的查尔斯·布劳尔（Charles Brower）更直白地警示，只要让国家参与争端解决机制，特别是民主国家的加入，就会有政治，有交易。[3] 正如由于美国抵制 WTO 上诉机制而使争端解决机制面临困难一样，国际司法机制面临政治化的风险，尤其是在国际格局发生重大变化的情况下，无论是双边投资法院还是多边投资法院，缔约方都可能通过拒绝指定法官而使法庭运行陷于困境。

第三节　美欧在 ISDS 改革上的分歧：投资规则的主导权的争夺

一　美国 ISDS 立场的关键背景

美国是外国直接投资的主要来源国和目的国，历史上一直通过磋商国

---

① Ksenia Polonskaya, "Selecting Candidates to the Bench of the World Court: (Inevitable) Politicization and Its Consequences", *Leiden Journal of International Law*, Vol. 33, No. 2, 2020, pp. 409-428.

② Joan E. Donoghue, "International Adjudication: Peaks, Valleys, and Rolling Hills", *Proceedings of the ASIL Annual Meeting*, Vol. 112, 2018, pp 15-22.

③ Charles N. Brower, "ISDS at a Crossroads", *Proceedings of the ASIL Annual Meeting*, Vol. 112, 2018, pp. 191-194.

际投资协定（IIAs）来促进美国对外投资并且保护美国投资者。国际投资协定是美国规制双边和区域投资关系的关键工具。目前，美国与 40 个国家达成双边投资协定，与 20 个国家的自由贸易协定中包含投资章节。美国一直是 ISDS 的受益者，由美国投资者发起的 ISDS 案件约占全球案件的 1/5 之多，而在美国作为被告的案件中，美国还未败诉过。值得注意的是，美国的投资协定对象国几乎都是单向的投资目的国，大多数国家几乎不可能对美国发起投资仲裁。这是美国维持仲裁机制的关键背景。

二　美国当前在 ISDS 上的立场

就 ISDS 而言，目前美国的官方立场仍采取 2012 年 BIT 范本中的投资仲裁机制。但是，与 NAFTA 相比，2020 年生效的《美国—墨西哥—加拿大协定》（USMCA）缩小了外国投资者使用 ISDS 条款的程度，更多地依靠国家间争端解决机制。《美国—墨西哥—加拿大协定》ISDS 不适用于加拿大。对于美国与墨西哥之间的投资争端，《美国—墨西哥—加拿大协定》保留了在石油和天然气、发电、基础设施和电信业的政府合同方面对违反投资章节任何义务提出索赔的 ISDS；但是，对于其他行业，提起仲裁的范围仅限于存在歧视或直接征收，并且要求用尽当地救济。

无论是《2012 年美国 BIT 范本》，还是《美国—墨西哥—加拿大协定》中的"墨美投资争端解决机制"（MUSID），其中的 ISDS 都是改良的版本，仍然保持仲裁特征——当事方自主选择仲裁员和一裁终局。CPTPP 仅表示未来可能因其他的机制性安排引入上诉机制，[①] 这个所谓的其他机制性安排非常模糊，既可能指在 CPTPP 之内设立上诉机制，也可能指《ICSID 公约》等外部机制。而墨美投资争端解决机制就对上诉机制只字未提。

与 CPTPP 或 MUSID 保持仲裁式的 ISDS 不同，欧盟提出的法院机制是一个司法化的争端解决机制。欧盟的目的很明显，不是对投资仲裁机制的小修小补，而是建立全新的司法化机制，摒弃投资者指定仲裁员的权利。欧盟急于推动其方案，在国际投资新规则上打上欧盟的印记。欧盟在 2015

---

① CPTPP 第 9 章，第 9.22 条第 11 款。

年 11 月公布 TTIP 草案后，12 月立即在与越南的自贸协定中加入投资法院体系。值得一提的是，2016 年 2 月欧盟重新公布《欧盟—加拿大全面经济与贸易协定》，竟然以法律检视为由将 2014 年 9 月版中的仲裁机制替换为投资法院体系。

然而，美国政府对欧盟的方案相当冷淡，美国政府和工商业更倾向于投资仲裁而非欧盟方案，[1] 美国贸易代表认为没有必要纳入上诉机制。[2] 有几位美国学者联合撰文，建议美国反对欧盟的 ISDS 建议。他们严厉批评欧盟的建议不是在改革 ISDS，而是在颠覆 ISDS；认为欧盟的建议方案一味地迎合批评者，而那些批评者是自由贸易彻头彻尾的怀疑者，迎合他们是徒劳无功的。[3]

事实上，美国早就提出在多边和双边层面的国际投资仲裁中引入上诉机制，[4] 但是后来转向谨慎。2002 年，美国贸易促进授权法中考虑对投资仲裁引入上诉机制。随后，《2004 年美国 BIT 范本》第 28 条第 10 款中规定："如果多边条约建立关于投资争端的上诉机制，条约缔约方应同意使用该上诉机制。"更进一步地，美国还在该范本附件 D 中乐观地计划："本条约生效三年后，缔约方应考虑是否建立双边的上诉机构或者类似机制。"同时，美国还向世界银行提议在 ICSID 框架下建立上诉机构。[5] 不过，在《2012 年美国 BIT 范本》中，美国的立场显然发生了变化，原来附件 D 的计划被删除了。在 MUSID 中，美国放弃了未来引入上诉机制的想法。

曾担任国际法院专案法官的美国国际法学会前会长查尔斯·布劳尔（Charles Brower）可以反映一部分美国学者的观点，他明确反对投资法院

---

① Martin A. Weiss and Shayerah I. Akhtar, "U. S. International Investment Agreements (IIAs)", US Congressional Research Service Report, IF10052, April 1, 2022.

② Krista Hughes and Philip Blenkinsop, "U. S. Wary of EU Proposal for Investment Court in Trade Pact", Reuters, 29 October 2015.

③ Ted R. Bromund, James M. Roberts and Riddhi Dasgupta, "The Proposed Investor-State Dispute Settlement (ISDS) Mechanism: U. S. Should Oppose EU Demand to Abandon It", *Issue Brief of the Heritage Foundation*, No. 4432, July 2016, p. 3.

④ Asif H. Qureshi, "Chapter 28—An Appellate System in International Investment Arbitration?", in Peter Muchlinski, Federico Ortino and Christoph Schreuer (eds.), *The Oxford Handbook of International Investment Law*, Oxford University Press, 2008, pp. 1155.

⑤ Ian Laird and Rebecca Askew, "Finality Versus Consistency: Does Investor-State Arbitration Need an Appellate System?", *The Journal of Appellate Practice and Process*, Vol. 7, No. 2, 2005, p. 297.

体系。他指出，ISDS 改革"不能是革命，而应是进化"。他将投资法院体系比喻为"把婴儿和洗澡水一起倒掉"。对于商事仲裁与国际投资仲裁存在区别的指责，他认为这种差别都是表面的。另外，他认为投资法院体系"注定失败"。一个原因是涉及费用，因为该方案计划费用由缔约国平均分担。[①] 就国际性法院的运行而言，例如国际刑事法院、前南斯拉夫国际刑事法庭等，机构运行的资金来源具有重要意义。此外，组建这样一个机构是如此复杂，这就足以使其失败。[②]

美国改良版的 ISDS 是建立在当前仲裁实践之上的，是一种渐进式的改进思路和实用主义的做法，而欧盟版的 ISDS 脱离当前实践，呈现理想主义色彩，是对仲裁机制的颠覆。由于美国和欧盟都是国际投资规则的制定者，美欧在 ISDS 上的分歧，反映了双方对于重塑国际投资规则的主导权的争夺。[③]

小　结

分析欧盟推进投资法院的原因，可以发现欧盟推进 ISDS 转型在很大程度上受到欧盟民意的影响，在泛政治化的氛围下形成新体系。欧洲出于环保、人权、公共安全以及其他政策考量而变化内部投资环境的可能性上升，在新兴国家加大对欧投资的新背景下，作为双向投资地，欧盟需要寻找新的方式来满足变化了的需求——加强规制权与避免败诉的风险。投资法的正当性危机恰好给了欧盟机构一个变革的方便理由，尽管正当性问题从德国发明这一机制时就存在。

就其投资法院方案而言，一方面，欧盟试图取悦公众，在旧机构并非一无是处的情况下，抛弃当前实践，以创造新的利维坦式的机制来解决国

---

① Charles N. Brower, "Keynote Address at the 3rd European Federation for Investment Law and Arbitration Annual Conference on Parallel States' Obligations in Investment Arbitration", University of London, 5 February 2018, Available at https：//efila. org/annual-conference-2018.

② Charles N. Brower, "ISDS at a Crossroads", *Proceedings of the ASIL Annual Meeting*, Vol. 112, 2018, p. 194.

③ Stephan Schill, "The TTIP Negotiations：US versus EU Leadership in Global Investment Governance", March 5, 2016, see http：//kluwerarbitrationblog. com/2016/03/05/the-ttip-negotiations-us-versus-eu-leadership-in-global-investment-governance/.

际投资法长期和复杂的难题。投资法院体系并没有提供一个更中立的场所，从委托代理理论分析，投资法院体系体现了更多的国家代理因素，是ISDS回归国家的一种新方式。另一方面，欧盟试图摆脱美国主导的投资规则，通过建立欧式争端解决机制来争夺国际规则的主导权。

通过考察欧洲各界反对TTIP纳入ISDS的根源，其结论是发人深思的。以德国为代表要求投资争议完全在本国法院解决的声浪，是卡尔沃主义在欧洲的回声。这种回声，不同于发展中国家为了保护本国经济主权的要求，是隐藏在东道国规制权保护之下回归本国（go home）救济的保守主义主张。这种主张反映出人们对资本全球化的有意识的反抗，同时也存在对国际投资仲裁机制的错误认知和偏见。这种主张不是改革现有的投资仲裁机制，而是倒退到完全由本国管辖的时代，是一种新的投资保护主义。

德国是ISDS的发明者和既得利益者，德、法等国反对ISDS，其时机和对象令人讽刺。在与发展中国家的双边投资协定中，德国极力主张纳入投资者诉国家仲裁机制。只有在与美国的贸易与投资协定谈判中，德、法等国才出来反对ISDS，这固然反映为某种反美情绪，但是更表现出欧洲对发展中国家法制的歧视。这种对ISDS的挑选，是欧洲式的伪善。

不过，就国际投资法本身而言，对ISDS的质疑将促进这一领域的转型。新范式的国际投资法制正在兴起，这种新范式试图融合自由市场与政府干预，平衡私人利益与公共利益，协调对外开放与国家自主。这种范式，从新兴国家的立场，毋宁说是对"国际经济新秩序"（NIEO）的重新诠释，从过去强调对自然资源和经济活动的完全主权，转向寻求"开放、自主和平衡的新秩序"。

欧盟提出的国际投资法院，颠覆传统投资仲裁机制，是另外一种形式的"回归国家"，具有重新政治化的风险。就欧盟对公众关切的回应来看，欧盟ISDS方案极力迎合各种质疑，其投资法院设计脱离当前最佳实践。不但没有减少公众质疑，反而加重了公众对投资争端解决机制的担忧。欧盟方案对加强东道国规制权，加强程序的透明度和公正性，以及减少程序滥用的努力是值得肯定的。但是，僵化的投资法院方案，完全放弃用尽当地救济，使投资者不仅失去了选择在东道国诉讼的机会，也失去了自主选择解决投资争端方式的权利。

第三章　从投资仲裁到投资法院体系

——司法化、机制化与再政治化

2009 年生效的《里斯本条约》将外国直接投资（FDI）纳入欧盟具有专属权能的共同商业政策（CCP）领域，欧盟自此开始在其与第三国签署的自由贸易协定中纳入欧盟层面的双边投资协定，例如欧盟与加拿大、新加坡、越南、墨西哥和智利的自贸协定均包含投资章节；或启动单独的双边投资协定谈判，例如欧盟与中国原则上达成的全面投资协定。

欧盟投资法院体系（Investment Court System）或投资法庭体系（Investment Tribunal System）[①] 从一开始就充满争议，过程相当曲折。近 40 年来，在全球大多数投资协定中，投资者与国家间争端解决机制（Investor-State Dispute Settlement，ISDS）采用的是投资者与国家间仲裁机制，ISDS 几乎成为国际投资仲裁的代名词。在欧盟推出新一代双边投资协定（或称 2.0 版的 BIT）之初，投资章节中采用国际投资仲裁，并在很大程度上与美式 BIT 范本趋同。一开始，欧盟委员会在《欧盟—加拿大全面经济与贸易协定》（CETA）和《欧盟—新加坡自由贸易协定》（EUSFTA）中都采用仲裁方式解决投资者与国家间争端，也就是说，允许根据 ICSID 或 UNCITRAL 等规则从由公约缔约方提名的仲裁员名册中选任仲裁员。CETA 和 EUSFTA 最初采用相似的方式，由条约缔约方预先商定仲裁员名册。并且与 ICSID 一样，投资者与东道国在发生争端时都有权选择仲裁员。

但是 CETA 和 EUSFTA 中投资者与国家间争端解决机制的形成过程充

---

① 欧盟委员会在其政策文件以及欧盟 TTIP 草案中将其称为"投资法院体系"（Investment Court System），其中包括对多边法院机制的构想，《欧盟—越南投资保护协定》第二章第四小节使用的术语为"投资法庭体系"（Investment Tribunal System）。

满波折。① 2014 年 9 月，欧盟与加拿大完成谈判，② 欧盟委员会和加拿大政府在渥太华峰会上公布 CETA 的谈判结束文本。③ 尽管该版本的 ISDS 有不少创新和改良，例如纳入调解程序，但仍然保留典型的仲裁机制特征，即由争端方指定仲裁员组成临时仲裁庭，并且不包含上诉机制。④ 人们一度以为这就是最终版本。但是随着欧美启动《跨大西洋贸易与投资伙伴关系协定》（TTIP），CETA 与 TTIP 一并进入公众视野，其投资章节和投资仲裁机制广受公众质疑。⑤ 投资者与国家间争端解决机制成为欧美公众反对该协定的主要理由之一。

2015 年上半年，建立投资法院的意见获得了欧盟政治上的支持，不少人士将投资法院体系视为弥补当前国际投资仲裁缺陷的良方。⑥ 2015 年 3 月，欧洲议会的社会党和民主党在德国议员的推动下，建议成立常设的投资法院，以取代传统的临时仲裁庭。⑦ 同年 5 月，欧盟委员会出台概念文件，主旨

① 关于 CETA 的谈判及批准过程，可参见 David A. Gantz, "The CETA Ratification Saga: The Demise of ISDS in EU Trade Agreements?" *Loyola University Chicago Law Journal*, Vol. 49, No. 2, 2007, pp. 361–385.

② https://www.international.gc.ca/trade-commerce/trade-agreements-accords-commerciaux/agr-acc/ceta-aecg/view_ timeline-consultez_ chronologie.aspx? lang=eng.

③ 2014 年 CETA 版本已被非官方网站收藏，例如 https://info.publicintelligence.net/CETA-ConsolidatedDraft.pdf。

④ 对 2014 年版 CETA 投资规则的综合评述，可参见刘春宝《欧盟国际投资协定政策的革新及其对中欧 BIT 谈判的影响》，《国际经济法学刊》2015 年第 2 期；对 2014 年 CETA 争端解决机制的综合评论，包括投资争端的解决方式、提起仲裁与国内诉讼的关系、仲裁员的任命、上诉机制、透明度以及缔约方对条约的解释等，可参见黄世席《欧盟投资协定中的投资者—国家争端解决机制——兼论中欧双边投资协定中的相关问题》，《环球法律评论》2015 年第 5 期；对 2014 年版 CETA 投资章节的严厉批判，可参见 Gus Van Harten, "Reforming the System of International Investment Dispute Settlement", in C. L. Lim（ed.）, *Alternative Visions of the International Law on Foreign Investment: Essays in Honour of Muthucumaraswamy Sornarajah*, Cambridge University Press, 2016, pp. 103–130.

⑤ 有关公众对 TTIP 质疑的梳理、解释和批判，可参见叶斌《欧盟 TTIP 投资争端解决机制草案：挑战与前景》，《国际法研究》2016 年第 6 期。

⑥ 相关进展，可参见 August Reinisch, "Will the EU's Proposal Concerning an Investment Court System for CETA and TTIP Lead to Enforceable Awards? —The Limits of Modifying the ICSID Convention and the Nature of Investment Arbitration", *Journal of International Economic Law*, Vol. 19, No. 4, 2016, pp. 761–786.

⑦ Group of the Progressive Alliance of Socialists and Democrats in the European Parliament, "S&D Position Paper on Investor-State Dispute Settlement Mechanisms in Ongoing Trade Negotiations", 4 March 2015, Available at http://www.socialistsanddemocrats.eu/sites/default/files/position_ paper_ investor _ state_ dispute_ settlement_ ISDS_ en_ 150304_ 3.pdf（Last visited October 3, 2017）.

为将"临时仲裁"（Ad hoc Arbitration）改变为"投资法院"（Investment Court）。① 随后，欧洲议会通过决议，呼吁建立具有上诉机制的投资法院体系。②

在欧盟公布 TTIP 投资章节建议稿之后，③ 2016 年 2 月欧盟与加拿大以法律检视（legal scrub）为由更新 CETA 文本，④ 将原来的投资仲裁机制替换为投资法院体系。同年，欧盟与越南投资保护协定中纳入投资法庭体系（ITS）。⑤

与此同时，对于 2015 年 6 月完成草签的《欧盟—新加坡自由贸易协定》，欧盟成员国是否有权签署和批准，引发了欧盟内部关于批准权能的法律争议。欧盟委员会认为欧盟签署和缔结该协定具有"专属权能"（Exclusive Competence），而欧盟理事会和所有成员国都认为该协定为"混合协定"（Mixed Agreement），应由欧盟与欧盟成员国共同作为一缔约方缔结和批准。2017 年 5 月，欧洲联盟法院作出"第 2/15 号意见"，认定《欧盟—新加坡自由贸易协定》大多数内容属于欧盟的专属权能，但是第 9 章关于投资保护的章节中涉及间接投资的条款、第 9 章中关于投资者与国家间争端解决的条款以及其他相关条款属于欧盟与成员国的"共享权能"

---

① European Commission, "Concept Paper: Investment in TTIP and Beyond—The Path for Reform: Enhancing the Right to Regulate and Moving from Current Ad Hoc Arbitration towards an Investment Court", 5 May 2015.

② European Parliament Resolution of 8 July 2015 Containing the European Parliament's Recommendations to the European Commission on the Negotiations for the Transatlantic Trade and Investment Partnership (TTIP), Strasbourg, P8_ TA（2015）0252. 欧盟各机构对 ISDS 的态度，可参见黄德明、杨帆《试析欧盟各机构对 ISDS 机制的态度及对中欧投资谈判的影响》，《东北农业大学学报》（社会科学版）2015 年第 3 期；对上诉机制的支持意见，可参见王鹏、郭剑萍《论国际投资仲裁上诉机制的设计——以 TTIP 谈判为例》，《国际经贸探索》2015 年第 5 期。

③ EU's TTIP Textual Proposal on Investment Protection and Investment Court System, November 2015, Available at http://trade. ec. europa. eu/doclib/docs/2015/november/tradoc_ 153955. pdf（last visited October 3, 2017）.

④ Comprehensive Economic and Trade Agreement（CETA）between Canada, of the One Part, and the European Union and its Member States, of the Other Part, OJ L 11, 14. 1. 2017, pp. 23–1079.

⑤ Annex 1 to the Proposal for a Council Decision on the Conclusion of the Investment Protection Agreement between the European Union and Its Member States, of the One Part, and the Socialist Republic of Viet Nam, of the Other Part, COM（2018）693 final, Brussels, 17. 10. 2018.

（shared competence）。①

　　欧洲联盟法院"第 2/15 号意见"引起的直接法律后果是，欧盟不得不将投资章节从与新加坡、越南以及后来的自贸协定中剥离，即单独构成《欧盟—新加坡投资保护协定》（EUSIPA）、《欧盟—越南投资保护协定》（EVIPA），剩下的贸易协定部分仅需欧盟签署和批准，而投资保护协定则需要欧盟成员国共同签署，并且还需要经过成员国批准后方可生效。于是，欧盟与新加坡重新就投资协定进行磋商，于 2018 年 4 月完成谈判，将原版本中的投资仲裁方案也替换成了投资法院体系。② 由此，CETA、EUSIPA、EVIPA 以及新近完成谈判的《欧盟—墨西哥新全球协定》（EU-Mexico Modernised Global Agreement，EMMGA）和《欧盟—智利高级框架协定》（EU-Chile Advanced Framework Agreement，ECAFA）的 ISDS 都采用了投资法院体系。

欧盟推进投资法院体系的主要时间线③

　　2015 年 5 月 5 日，欧盟委员会发布题为《TTIP 与其他协定中的投资——改革之路》的概念文件，首次正式提出投资法院方案。

　　2015 年 10 月 14 日，欧盟委员会在"贸易为了所有的"通讯文件中提出同时推进双边投资法院与多边投资法院体系。

　　2016 年 2 月，《欧盟—加拿大全面经济与贸易协定》（CETA）和《欧盟—越南自由贸易协定》（EVFTA）纳入将双边投资法院体系（ICS）向常设多边投资法院推进的过渡条款。欧盟为确保其政策一致性，在其正在进行或未来计划进行的贸易与投资协定谈判中均纳入相似的过渡条款。

　　2016 年 7 月，欧盟委员会与加拿大在 UNCTAD 世界投资论坛的边会上联合发表讨论文件。

---

① CJEU，Opinion 2/15 of 16 May 2017 on the Free Trade Agreement between the EU and the Republic of Singapore，ECLI：EU：C：2017：376.

② https：//policy. trade. ec. europa. eu/eu-trade-relationships-country-and-region/countries-and-regions/singapore/eu-singapore-agreement_ en.

③ 部分参考欧盟委员会贸易总司官网关于推进多边投资法院项目的事件记录，参见 https：//policy. trade. ec. europa. eu/enforcement-and-protection/multilateral-investment-court-project/relevant-documents _ en.

2016 年 10 月，欧盟与加拿大在 OECD 主持的投资条约对话上进行技术交流。

2016 年 8 月 1 日，欧盟启动关于建立多边投资法院的初步影响评估。

2016 年 10 月，欧盟与加拿大同意关于 CETA 的《联合解释文件》，称加速建立多边投资法院的工作，欧盟理事会称支持欧盟委员会关于建立多边投资法院的工作。

2017 年 7 月，联合国国际贸易法委员会（UNCITRAL）同意就投资者与国家间争端解决机制（ISDS）的可能改革开展工作。

2017 年 9 月 13 日，欧盟委员会发布建议稿，请求欧盟理事会授权启动关于建立解决投资争端多边法院的公约谈判。

2017 年 9 月 21 日，CETA 临时生效，其投资章节待欧盟所有成员国议会或某些地区议会批准后生效。

2018 年 3 月 20 日，欧盟理事会通过并公布《多边投资法院谈判指令》。

2018 年 4 月，欧盟与墨西哥原则上达成《欧盟—墨西哥新全球协定》的贸易部分，其中包括保护投资章节和 ISDS 章节。

2018 年 10 月 19 日，欧盟与新加坡签署贸易与投资保护协定。2019 年 2 月 13 日欧洲议会同意这两部协定。2019 年 11 月 8 日，贸易协定得到欧盟成员国支持，于 2019 年 11 月 21 日生效。投资保护协定将在欧盟所有成员国完成其国内批准程序后生效。

2019 年 6 月 30 日，欧盟与越南签署贸易协定和投资保护协定。贸易协定已于 2020 年 8 月 1 日生效。

2021 年 1 月 29 日，欧盟与加拿大通过了落实 CETA 投资法院体系条款的四项决定，包括《上诉庭运行规则》《投资法院体系成员行为准则》《调解规则》和《CETA 联合委员会有约束力解释规则》。

2023 年 12 月 13 日，欧盟与智利签署《欧盟—智利高级框架协定》（AFA）和涵盖贸易和投资自由化的临时贸易协定（ITA），AFA 的核心之一是贸易与投资，其中包括投资保护条款和投资争端解决条款。

2024 年 4 月 26 日，欧盟委员会就中小企业使用 CETA 项下的投资争端解决提出适用快捷程序的决定提案。

第一节　推动可替代争端解决机制及其程序化

在设置 ISDS 之初，欧盟就尝试探索仲裁的可替代方案，特别是磋商（consultations）和调解（mediation）。与仲裁的对抗性相比，友好解决可避免投资者与东道国关系僵化而影响未来的投资机会。据统计，在国际投资争端解决中心（ICSID）登记的投资仲裁案件中，有 30% 的案件是在仲裁过程中通过磋商解决的。①

国际投资协定通常将磋商作为提起投资仲裁的前提条件，既不对磋商的程序作明确的规定，也不对磋商请求作较多的形式要求。例如，《中华人民共和国政府和加拿大政府关于促进和相互保护投资的协定》（中加 BIT，2012）第 21 条（诉请提请仲裁的前提条件）第 1 款规定："在争端投资者将诉请提请仲裁之前，争端各方应首先进行磋商，以求友好解决诉请。除非争端各方另有约定，磋商应在诉请提请仲裁的意向通知提交后的 30 日内进行。磋商地点应为争端缔约方的首都，争端各方另有约定的除外。"CPTPP 第 9.18 条对磋商的规定也比较简单，虽然要求磋商的最短时间为 6 个月，但没有规定何时开始磋商，只将磋商和谈判作为仲裁的前置程序，要求争端应首先通过磋商和谈判解决，并且磋商和谈判还包括不具有约束力的第三方程序，如斡旋、调解或调停。CPTPP 仅要求以书面提交磋商请求，请求中简单说明有关争议措施的事实即可。CPTPP 进一步指出，启动磋商和谈判并不构成对仲裁庭管辖权的承认。

欧盟投资法院体系则加强了替代性争端解决与磋商机制的作用，表明欧盟希望通过加强磋商机制，以及引入调解条款来鼓励争端早期解决，而不一定求诸仲裁（或投资法院）。② 欧盟与加拿大、墨西哥、新加坡、越南和智利达成的投资协定都要求友好解决争端（amicable resolution），③ 不仅设计了详细和严格的磋商程序，而且规定了独立的调解机制。

---

① Jeswald W. Salacuse, *The Law of Investment Treaties*, 3rd ed, Oxford University Press, 2021, p. 364.

② Christian J. Tams, "Procedural Aspects of Investor-State Dispute Settlement: The Emergence of a European Approach?" *Journal of World Investment & Trade*, Vol. 15, No. 3-4, 2014, p. 603.

③ CETA 第 8.19 条、EUSIPA 第 3.2 条、EVIPA 第 3.29 条、ECAFA 第 10.26 条。

欧盟投资法院体系规定争端方可以在任何时候进行调解，包括在仲裁开始之后，调解是非强制性的，不影响争端各方的法律地位或权利。与CPTPP仅简单提及事先调解不同，欧盟与加拿大、墨西哥、新加坡、越南和智利达成的投资协定不仅对调解进行单独规定，而且相关程序规则越来越明确，越来越细化。

与调解的非强制性相比，欧盟投资法院体系将磋商机制程序化和条件化，呈现三个方面的特点：第一，规定磋商步骤的各种时限，将其程序化；第二，厘清"等候条款"的起算点；第三，将磋商请求的时间点与请求中载明的内容设置为提交诉请的条件，使磋商程序实质上成为提交诉请程序的一部分。尤其是第三点特征，将磋商程序中的请求与提交诉请的内容严格对应。

一 调解程序的细化

与CPTPP简单提及调解不同，欧盟投资法院体系专设调解条款，例如CETA第8.20条、EUSIPA第3.4条、EVIPA第3.31条、ECAFA第10.25条、EMMGA第4条，并且授权相关投资委员会制定调解规则。欧盟双边投资协定中的调解条款主要涉及调解的随时性、非强制性、非约束性，并且试图明确调解员的产生方式、调解的建议最长时间（60日）、调解与其他程序时间关系。目前欧盟与加拿大已通过服务与投资委员会制定了《投资争端调解规则》[①]，该规则基本整合了不同欧盟版本的调解机制并作进一步的规定。

关于调解员的产生方式，欧盟协定都要求通过争端双方协议任命，在调解员的挑选范围上，各协定简略不一。欧墨协定只规定争端方可以共同请求由初审庭庭长任命，但未规定挑选范围。欧越协定进一步规定可以考虑由初审庭或上诉庭成员担任调解员，并可由庭长从非缔约方国籍的法庭成员中任命一位调解员。《欧盟—智利高级框架协定》采取截然不同的方式，要求在协定生效后建立一个6人名册，由争端方或由法庭庭长从这个

[①] Decision No 2/2021 of the Committee on Services and Investment of 29 January 2021 Adopting a Procedure for the Adoption of Interpretations in Accordance with Articles 8. 31. 3 and 8. 44. 3 (a) of CETA as an Annex to its Rules of Procedure (2021/266), OJ L 59, 19. 2. 2021.

名册中任命调解员。

关于调解与争端解决程序的关系，欧加《投资争端调解规则》规定得最为明确，其原则是调解过程中争端方采取的任何立场、许可、观点、解决方案以及调解员出具的任何意见、建议、观点或报告都无法律意义，任何裁决机构都不得考虑。

关于保密性，欧加《投资争端调解规则》强调了调解的保密性，规定争端方的调解协议以及双方同意的任何解决方案均应向公众公布。向公众披露的版本不得包含争端一方指定为机密的任何信息。除非争端双方另有约定，调解程序的所有其他步骤，包括任何建议或拟议的解决方案，均应保密。但是，任何争端一方均可向公众披露正在进行调解这一事实。

二　磋商过程的程序化：时间要求

欧盟投资法院体系设计的磋商过程大致包括三个步骤：第一，在提起磋商的请求之后或者期间进行一段时间的友好对话；第二，在提交这种请求之后，规定应在一段时间内进行实际的磋商；第三，关于磋商期，欧盟投资法院体系规定了进行磋商的最短和最长时间。只有在最短的磋商期之后，才可以提交诉请的"意图通知"或者在涉及欧盟时提交"决定被申请人的通知"。

对于磋商期，CPTPP、中加 BIT 和 EUSIPA 都没有规定应该何时开始磋商。CETA 第 8.19 条第 1 款、EVIPA 第 3.30 条第 4 款和 EMMGA 第 3 条都规定，磋商原则上应在提交磋商请求之日起 60 日内进行。争端双方都同意的情况下可以另外延长这个期限。明确限定磋商开始的时间，可以促使东道国积极或尽快地进入磋商程序，避免因东道国不必要的拖延回应而使磋商程序过晚开始，最终不得不进入对抗性争讼程序。

CETA 第 8.21 条第 1 款规定，磋商的最短期限是提起磋商请求的 90 日内，在请求涉及欧盟或欧盟成员国违约时，投资者应请求欧盟来确定谁为被申请人。从提交诉请请求到实际提请诉请，至少应经过 180 日。

欧盟投资法院体系还规定了提起磋商的时效和最长期限。例如 CETA 第 8.19 条第 6 款第 1 项规定："自投资者或当地建立企业首次知悉，或本应首次知悉声称的违反行为以及知悉投资者或当地建立企业因此而遭受损失或损害之日起 3 年内提交磋商请求。"对于提起仲裁的期限,中加 BIT 规定为 3 年,CPTPP 规定为 3 年又 6 个月,墨美投资争端机制(MUSID)规定为 4 年。与中加 BIT 和 CPTPP 只规定了仲裁时效期间不同,CETA 还规定了最长期限,如果投资者因本地救济以其他方式终止,磋商期限无论如何不晚于投资者或当地建立企业首次知悉或者应该首次知悉遭受损失或损害起 10 年。CETA 第 8.19 条第 6 款第 2 项特别规定,磋商请求必须在投资者放弃本地救济的 2 年内提交。由于磋商程序是法庭诉请的前置程序,这意味着 CETA 并不剥夺投资者采取当地救济的权利,① 而是要在当地救济与 CETA 法庭诉请之间作出选择。

欧盟投资法院体系对投资者提出诉请设置了 18 个月的除斥期间,规定如果投资者提交磋商请求后的 18 个月内没有提出诉请,则视为撤回了磋商请求,从而放弃就相同措施提请诉请的权利。争端双方可以同意延长该期限。这个明确的时限规定有助于提高法律的确定性,但是对于能否促进争端友好解决还需要实践检验。一方面,这一默视规定可促使争端双方尽早地解决争端;另一方面,也可能在程序上对争端双方造成压迫,投资者一旦启动磋商程序,要么在 18 个月内与东道国通过磋商解决争端,要么在 18 个月内提交诉请,否则将会面临失去条约救济的困境。

另外,EUSIPA 第 3.3 条第 5 款和 EVIPA 第 3.30 条第 6 款值得注意,如果投资者延误上述提起磋商或提请诉请的期限是由于东道国的故意行为造成的,则不得导致诉请不可受理(inadmissible)。该规则表明,磋商过程的程序化可以有助于争端友好解决,但是也存在滥用的危险。但 CETA 对此没有直接的规定。

三　厘清"等候条款"的起算点:以提交磋商请求而非争议发生时为始

投资条约通常对提请投资仲裁设置一定时间的等候期,规定在争议发

---

① 这一点被 2016 年 10 月 28 日公布的《欧盟及其成员国与加拿大关于 CETA 的联合解释性文件》所强调,该解释具有约束力。Joint Interpretative Instrument on the Comprehensive Economic and Trade Agreement (CETA) between Canada and the European Union and its Member States, Available at http://data. consilium. europa. eu/doc/document/ST-13541-2016-INIT/en/pdf.

生后 3 个月或 6 个月内进行磋商，即所谓的等候条款。在等候期结束后，才允许投资者提交仲裁的请求。例如中加 BIT 第 21 条第 2 款第 2 项规定，争端投资者将诉请提请仲裁的条件之一是 "引起诉请发生的事件至少已经过 6 个月时间"。

与将争议发生作为提请仲裁的起算点相比，欧盟投资法院体系对提交诉请的等候期起算点的规定更加明确。例如 CETA 第 8.22 条第 1 款第 2 项规定："从提交磋商请求起至少经过 180 日"，它明确地将 "提交磋商请求" 这个具体的时间作为提起诉请的起算点，以避免争端双方，特别是投资者，为了提起诉请而尽可能地将其主张的争议发生的时间点提前。[①]

四　限定争端：磋商程序实质上成为提交诉请程序的一部分

欧盟投资法院体系中的磋商机制的另一个特征就是要求投资者在磋商请求中提供明确的信息，以此限定争端的内容。例如 CETA 第 8.19 条第 4 款、欧越 IPA 第 3.30 条规定，提供的信息必须包括投资者或当地开业企业的名称、地址和法人成立地；主张违反本协定的哪些条款；诉请的法律和事实依据，包括相关不一致措施；寻求的救济和要求赔偿的估算数额；确定申请人是另一缔约方投资者以及拥有或控制当地开业公司的证据。中加 BIT 和 CPTPP 等投资条约通常不对磋商请求的内容作具体的要求，例如 CPTPP 第 9.17 条仅要求申请人应向被申请人递送书面磋商请求，列出关于争议措施的简要事实描述即可。

对于提供的信息，与欧越 IPA 等协定相比，CETA 第 8.19 条第 5 款中规定的义务更多，要求申请人提供的信息更具体，以允许被申请人有效地进行磋商和为抗辩作准备。该规定偏重保护被申请人，避免不充分的信息影响其有效磋商和参与后续法庭诉请的能力。欧盟和智利 AFA 第 10.26 条第 4 款 b 项还进一步要求对投资者及其所有权和控制权进行说明。欧新 IPA 第 3.3 条第 5 款和欧越 IPA 第 3.30 条第 6 款允许延长有利于投资者的时限，更多关注被申请人可能妨碍磋商的情况，从而保护申请人。与之相

---

① Steffen Hindelang and Teoman M. Hagemeyer, *Study in Pursuit of an International Investment Court: Recently Negotiated Investment Chapters in EU Comprehensive Free Trade Agreements in Comparative Perspective*, Belgium, PE603.844, July 2017, p.36.

比，CETA 更多地担心来自申请人的阻挠。

CETA 要求提供这些信息不仅是为了确保磋商以更加集中和有效的方式进行，而且是启动后续法庭诉请的必要条件。根据 CETA 第 8.22 条第 1 款第 e 项、欧墨协定第 6 条第 1 款第 e 项规定，申请人不得在其诉求中指出其在磋商请求中未指出的措施，由此，法庭可以以某些争议未纳入磋商过程为由直接反对案件具有可受理性（admissibility）。这一要求使磋商程序与向法庭提请诉请的程序紧密关联起来，使磋商程序不仅在时间要求上成为进入法庭的条件，而且在磋商内容上成为法庭诉请的前置条件。有意思的是，后续欧盟双边投资协定以不同的措辞表示类似要求，例如，提起的所有诉请必须基于磋商请求中指出的措施（欧越 IPA 第 3.33 条第 3 款）或信息（欧盟—智利 AFA 第 10.29 条第 4 款），或者基于意向说明书中指出的待遇（欧盟—新加坡 IPA 第 3.7 条第 1 款第 e 项）。

在向法庭提请诉请的规则方面，欧盟投资法院（例如 CETA 第 8.23 条）仍与当前仲裁机制一样援引《ICSID 公约》程序规则、《ICSID 附加便利规则》和《UNCITRAL 仲裁规则》等，并且允许争端双方合意选择其他规则。欧盟投资法庭机制的前置程序比较见表 3-1，起诉和前置条件比较见表 3-2。

五　小结

综合而言，欧盟投资法院体系不仅强化调解机制，而且从三个方面将磋商机制程序化、明确化和条件化。一是通过设置一系列明确的步骤和时间要求将磋商程序化，包括提起磋商的一般期限和最长期限（3 年与 10 年）、自放弃本地诉请或诉讼至提出磋商请求的期限（2 年与 10 年）、默视撤回磋商请求的时间要求（18 个月）；二是严格设定磋商步骤与提请诉请的明确关系，包括默视撤回磋商请求将导致不得就相同措施提请诉请、提请诉请须从提请磋商请求之日起至少经过 180 日；三是对磋商请求的内容作明确限定，将其向法庭提交诉请的要求紧密挂钩，诉请请求中认定的措施不得多于磋商请求中认定的措施，提请诉请中涉及的措施必须都经过争端方的磋商。这三个方面，使传统投资条约中松散的、任意性的磋商机制成为欧盟投资法院体系严格程序化和条件化的法庭诉请前置磋商机制。对于投资者而言，程序化的磋商机制有助于将强势的东道国拉到谈判桌

表3-1　欧盟投资法庭机制的前置程序比较

		《欧盟"TTIP"草案》	《欧盟—加拿大全面经济与贸易协定》	《欧盟—新加坡投资保护协定》	《欧盟—越南投资保护协定》	《欧盟—墨西哥新全球协定》	《全面与进步跨太平洋伙伴关系协定》
替代性争端解决与磋商	友好解决	任何争端应尽可能通过谈判或调解友好解决，并在尽可能在提交磋商请求之前友好解决。可随时友好解决，包括开始本节争端诉讼之后。	争端应尽可能友好解决。可随时友好解决，包括本节提起请求之后。	任何争端应尽可能通过谈判友好解决，并尽可能在提交磋商请求之前友好解决。可随时友好解决，包括开始本节争端解决程序之后。	任何争端应尽可能通过谈判或调解友好解决，并在尽可能在提交磋商请求之前友好解决。可随时友好解决，包括开始本节争端诉讼之后。	任何争端应尽可能友好解决。可随时友好解决，包括本节争端诉请之后。	第9.17条 磋商和谈判 1. 如发生投资争端，申请人与被申请人可首先寻求通过磋商与谈判解决争端，包括使用无约束力的第三方程序，如斡旋、调解或调停； 2. 申请人应向被申请人递送书面磋商请求，列出关于争议措施的简要事实描述； 3. 为进一步明确，磋商和谈判不应影响该仲裁庭对承认仲裁的管辖权。
	磋商的条件	如果不能友好解决，可以提出磋商请求。		如果不能友好解决，可以提出磋商请求。	如果不能友好解决，可以提出磋商请求。		
磋商	磋商的开始时间	磋商的开始时间：提出磋商请求之日的60天内，除非争端双方同意延长。	磋商的开始时间：提出磋商请求之日的60天内，除非争端双方同意延长。		磋商的开始时间：提出磋商请求之日的60天内，除非争端双方同意延长。	磋商的开始时间：提出磋商请求之日的60天内，除非争端双方同意延长。	
	磋商请求的内容	磋商请求的内容：投资者或当地开业企业的名称、地址和法人成立地；主张违反本协定的那些条款；诉请的法律和事实依据，包括相关的救济和要求赔偿的估算数额；确定申请人是另一缔约方投资者以及拥有或控制当地开业公司的证据。	磋商请求的内容：投资者或当地开业企业的名称、地址和法人成立地；主张违反本协定的那些条款；诉请的法律和事实依据，包括相关的救济和要求赔偿的估算数额；确定申请人是另一缔约方投资者以及拥有或控制当地开业公司的证据。	磋商请求的内容：投资者或当地开业企业的名称、地址和法人成立地；主张违反本协定的那些条款；诉请的法律和事实依据，包括相关的救济和要求赔偿的估算数额；确定申请人是另一缔约方投资者以及拥有或控制当地开业公司的证据。	磋商请求的内容：投资者或当地开业企业的名称、地址和法人成立地；主张违反本协定的那些条款；诉请的法律和事实依据，包括相关的救济和要求赔偿的估算数额；确定申请人是另一缔约方投资者以及拥有或控制当地开业公司的证据。	磋商请求的内容：投资者或当地开业企业的名称、地址和法人成立地；主张违反本协定的那些条款；诉请的法律和事实依据，包括相关的救济和要求赔偿的估算数额；确定申请人是另一缔约方投资者以及拥有或控制当地开业公司的证据。	

续表

			《欧盟 TTIP 草案》	《欧盟—加拿大全面经济与贸易协定》	《欧盟—新加坡投资保护协定》	《欧盟—越南投资保护协定》	《欧盟—墨西哥新全球协定》	《全面与进步跨太平洋伙伴关系协定》
替代性争端解决与磋商	磋商	磋商请求的对象	磋商请求的对象：涉及欧盟或欧盟成员国违反协定时，磋商请求应提交给欧盟。如果磋商请求认定成员国措施，也应送交该国。	磋商请求的对象：涉及欧盟或欧盟成员国违反协定时，磋商请求应提交给欧盟。	磋商请求的对象：涉及欧盟或欧盟成员国违反协定时，磋商请求应提交给欧盟。	磋商请求的对象：涉及欧盟或欧盟成员国违反协定时，磋商请求应提交给欧盟。如果磋商请求认定成员国措施，也应送交该国。	磋商请求的对象：涉及欧盟或欧盟成员国违反协定时，磋商请求应提交给欧盟。如果磋商请求认定成员国措施，也应送交该国。如申请人列明待遇由成员国给予，也应交该国。	被申请人
		磋商时效	磋商时效：3 年的普通时效，从获知或应本地救济失或遭受损害开始算；停止本地救济时，起 2 年内；10 年的最长时效。	磋商时效：3 年的普通时效，从获知或应本地救济失或遭受损害开始算；停止本地救济时，起 2 年内；10 年的最长时效。	磋商时效：30 个月普通时效，从获知或应本地救济失或遭受损害开始算；停止本地救济时，起 1 年内；10 年的最长时效。	磋商时效：3 年的普通时效，从获知或应本地救济失或遭受损害开始算；停止本地救济时，起 2 年内；7 年的最长时效。	磋商时效：3 年的普通时效，从获知或应本地救济失或遭受损害开始算；在涉及欧盟措施，停止本地救济时，起 2 年内；10 年的最长时效。	
	时效	提交诉请的时效	起诉时效：从提出磋商请求起算，18 个月；可经争端双方同意延长。	起诉时效：从提出磋商请求起算，18 个月；可经争端双方同意延长。	起诉时效：从提出磋商请求起算，18 个月；可经争端双方同意延长。	起诉时效：从提出磋商请求起算，18 个月；可经争端双方同意延长。	起诉时效：从提出磋商请求起算，18 个月；可经争端双方同意延长。	仲裁时效：3—5 年，从遭受损失或遭损害之日起算。

续表

		《欧盟TTIP草案》	《欧盟—加拿大全面经济与贸易协定》	《欧盟—新加坡投资保护协定》	《欧盟—越南投资保护协定》	《欧盟—墨西哥新全球协定》	《全面与进步跨太平洋伙伴关系协定》
替代性争端解决与磋商	调解	**调解的时间和效果** 可随时同意调解，不影响争端各方的法律地位或权利，具有时效中断效果。	可随时同意调解，不影响争端各方的法律地位或权利，具有时效中断效果。应在指定调解员后60天内努力解决争端。	调解和替代性争端解决。可随时同意调解，不影响争端各方的法律地位或权利，具有时效中断效果。应在指定调解员后60天内努力解决争端。	可随时同意调解，不影响争端各方的法律地位或权利，具有时效中断效果。	可随时同意调解，不影响争端各方的法律地位或权利，具有时效中断效果。应在指定调解员后60天内努力解决争端。	
		调解规则 附件I：争端方可通过协议修改该附件中的时间限制。	已由服务与投资委员会通过调解规则。	调解规则：由附件6规定。	调解规则：由附件10（投资者与缔约方同争端的调解机制）规定。	可由联合理事会通过调解规则。	
		调解员的指定 相关委员会应确定具有高尚道德和法律、商业、工业或金融领域公认资历的6人名单。调解员由争端方协议指定，也可要求法庭庭长在该名单中指定一调解员，如果无名单，从任一缔约方提议的个人中指定。	调解员由争端双方协议指定，也可请求ICSID秘书长指定。	争端方应在收到请求回复后15日内试图同意一名调解员。可指定法庭成员为调解员。如果不能达成协议，争端方可请求法庭庭长在其成员中以抽签方式指定调解员，除非调解员不应为该国民，除非争端方同意。	调解员由争端指定。可以指协议或上诉庭成员为调解员，争端双方也可请求法庭庭长指定第三国籍的成员为调解员。	调解员由争端双方协议指定，也可一起请求法庭庭长指定。	

表3-2　起诉和前置条件比较

通知的事项	《欧盟 TTIP 草案》	《欧盟—加拿大全面经济与贸易协定》	《欧盟—新加坡投资保护协定》	《欧盟—越南投资保护协定》	《欧盟—墨西哥新全球协定》	《全面与进步跨太平洋伙伴关系协定》
通知　通知的事项	请求决定被申请人	决定欧盟还是成员国为被申请人的通知	意向通知	起诉意向通知	决定欧盟还是成员国为被申请人的通知	仲裁意向通知
通知　提交通知的时间	提交磋商请求 90 天之后	提交磋商请求 90 天之后	提交磋商请求 3 个月之后	提交磋商请求 90 天之后	提交磋商请求 90 天之后	第 9.18 条　提交仲裁申请 1. 如一投资争端在被申请人收到第 9.17 条第 2 款（磋商和谈判）所规定的书面磋商请求后 6 个月内未得以解决：（a）申请人，可以其自身名义，根据本节提出下列主张：(i) 被申请人违反第 1 节规定的义务；(ii) 因为或源于被申请人对上述的违反，申请人遭受损失或损害；以及 (b) 申请人，可代表其直接或间接拥有或控制的被申请人的企业法人，根据本节提出下列主张：(i) 被申请人违反 A 节规定的义务；(ii) 因为或源于被申请人对上述的违反行为，申请人遭受损失或损害。

续表

	《欧盟 TTIP 草案》	《欧盟—加拿大全面经济与贸易协定》	《欧盟—新加坡投资保护协定》	《欧盟—越南投资保护协定》	《欧盟—墨西哥新全球协定》	《全面与进步跨太平洋伙伴关系协定》
通知的内容	通知应列明申请人有意启动诉讼程序的相关待遇。	通知的内容：应列明投资者有意提请诉请的措施。	意向通知的内容：投资者或适当地开业地的名称、地址；主张违反那些条款的法律和事实不一致依据，包括相关的法律和事实依据；诉请相关的救济和要求赔偿的估算数额。	起诉意向通知的内容：投资者或开业地的名称，和法人成立地；主张违反本协定的那些条款，主张违反条款；包括诉请的法律和事实依据，上述条款的救济和要求赔偿的估算数额。	通知的内容：应列明投资者有意提请诉请的措施。	在根据本节提交仲裁前至少90天，申请人应向被申请人书面送达拟提交仲裁的通知（"意向通知"）。该通知应列明：（a）申请人的姓名和地址，且如该诉请是代表一个企业提交的，该企业的名称、地址和设立地；（b）针对每一诉请，声称所违反权、投资授权、投资协议的具体条款；（c）每一诉请的法律和事实依据；（d）寻求的救济和要求赔偿的估算数额。
通知的对象	如果通知列出欧盟成员国出措施，该通知也发给该国。	通知对象：欧盟。	通知对象：欧盟或新加坡。	通知对象：欧盟或越南。如果通知措施由成员国出具，该通知也通知该国。	通知对象：欧盟。如果通知出国措施，该通知也应发给该国。	被申请人

通知

续表

	《欧盟 TTIP 草案》	《欧盟—加拿大全面经济与贸易协定》	《欧盟—新加坡投资保护协定》	《欧盟—越南投资保护协定》	《欧盟—墨西哥新全球协定》	《全面与进步跨太平洋伙伴关系协定》
通知　未收到回复的后果	欧盟应在收到通知后的 60 天内决定谁是被申请人。	未收到回复的后果：如果通知后的 50 天内无回复，只有成员国措施，该国应为被申请人，如果列明的措施也包括欧盟措施，欧盟应为被申请人。	应在收到通知的 2 个月内决定谁是被申请人，如果 2 个月内无回复，且通知列明的措施，该国措施，如果列明应为被申请人，如果措施包括欧盟措施，欧盟应为被申请人。	应在收到通知的 60 天内决定谁是被申请人。如果 60 天后无回复，且通知列明的措施，该国应为被申请人，如果措施，被申请人，如果措施包括欧盟措施，欧盟应为被申请人。	应在收到通知的 60 天内决定谁是被申请人。如果 60 天后无回复，且通知列明的措施，该国应为被申请人，如果措施，被申请人，如果措施包括欧盟措施，欧盟应为被申请人。	
提交诉请	提交诉请	向法庭提交诉请	向法庭提交诉请	提交诉请	向法庭提交诉请	向仲裁机构提交仲裁请求（仲裁通知）
提交诉请的内容	申请人可根据如下任一规则提交诉请：《ICSID 公约》《ICSID 附加便利规则》《UNCITRAL 仲裁规则》或争端双方同意的任何其他规则。如果争端双方未在收到提议的 30 天内就前面协议或规则的书面协议或规则达成关于规则提议或被申请人未回复申请人，申请人可根据前三规则之一提交诉请。	申请人可根据《ICSID 公约》和《ICSID 仲裁程序规则》和《ICSID 附加便利规则》《UNCITRAL 仲裁规则》或争端端方同意规则的任何其他规则向法庭提交诉请。可提议由独任成员审理，以方便成员中小企业或索赔。	在递交同意向通知的 3 个月后，申请人可根据《ICSID 公约》《ICSID 附加便利规则》《UNCITRAL 仲裁规则》或争端端方同意规则的任何其他规则向法庭提交诉请。	在递交同意向通知 3 个月之后，申请人可根据《ICSID 公约》《ICSID 附加便利规则》《UNCITRAL 仲裁规则》或争端端方同意规则的任何其他规则向法庭提交诉请。	申请人可根据《ICSID 公约》和《ICSID 附加便利规则》《UNCITRAL 仲裁规则》或争端端方同意规则的任何其他规则向法庭提交诉请。	申请人可将第 1 款所述的仲裁请求提交至下列机制之一： （a）如被申请人与申请人所属的缔约方均为《ICSID 公约》的缔约方，则根据《ICSID 公约》和《ICSID 仲裁程序规则》提出； （b）如被申请人或申请人所属的缔约方之一为《ICSID 公约》的缔约方，则根据《ICSID 附加便利规则》提出； （c）根据《UNCITRAL 仲裁规则》提出； （d）如果申请人与被申请人达成一致，则向其他仲裁机构或根据其他仲裁规则提出。

续表

	《欧盟 TTIP 草案》	《欧盟—加拿大全面经济与贸易协定》	《欧盟—新加坡投资保护协定》	《欧盟—越南投资保护协定》	《欧盟—墨西哥新全球协定》	《全面与进步跨太平洋伙伴关系协定》	
提交诉请的内容						如果根据《ICSID 附加便利规则》、《UN-CITRAL 仲裁规则》或其他规则的任何争端方同意提交诉请，争端方可同意诉讼程序的法律所在地。如果争端解决规则所适用的争端解决规则决定诉讼所在地，该地应在《纽约公约》缔约方境内。	如申请人的仲裁请求通知（"仲裁通知"）满足下列要求时，一项诉请应提交仲裁： （a）秘书长收到《ICSID 公约》所指的仲裁通知； （b）秘书长收到《ICSID 附加便利规则》所指的仲裁通知； （c）被申请人收到《UN-CITRAL 仲裁规则》所指的仲裁通知；或 （d）被申请人收到任何仲裁机构或所选择的任何仲裁规则所指的仲裁通知。 申请人在提交仲裁通知之后首次依据认定的仲裁规则所认定的收到诉请之日被提交仲裁。 申请人应在仲裁通知中写明： （a）申请人指定的仲裁员姓名； （b）申请人对秘书长任命该仲裁员的书面同意。
诉请与磋商请求的关系		提交诉请中列明的所有诉请必须基于磋商请求中列出的待遇。			提交诉请中列明的所有诉请必须基于磋商请求中列出的措施。		

续表

	《欧盟 TTIP 草案》	《欧盟—加拿大全面经济与贸易协定》	《欧盟—新加坡投资保护协定》	《欧盟—越南投资保护协定》	《欧盟—墨西哥新全球协定》	《全面与进步跨太平洋伙伴关系协定》
提交诉请的程序和其他要求（其他要求）			提交诉请的条件	提交诉请的程序和其他要求	提交诉请的程序和其他要求	第9.20条 各缔约方依据的方面和限制的条件和限制
申请人同意管辖权、程序、仲裁规则	申请人依据第6条提交诉请时应视为已经子符合本节规定给予了符合本节规定的同意。	与提交诉请一起,向被申请人递交由本法庭根据本节规定的程序以解决争端的同意。	与提交诉请一起,向被申请人递交根据本节规定的程序和申请人指定的仲裁规则以解决争端的书面同意。	与提交诉请一起,向被申请人递交由本法庭根据本节规定的程序的书面同意;第3.36条第四款规定,应视为满足ICSID两公约和《纽约公约》关于书面同意或书面协议的要求。	与提交诉请一起,向被申请人递交由本法庭根据本节规定的程序以解决争端的书面同意。	第9.20条 除非满足下列条件,否则任何诉请均不得依据本节诉请人书面同意根据本节协定规定的程序来进行仲裁。
平行诉讼 — 时间要求	提交磋商请求起6个月之后,或提交被申请人的通知起3个月之后。	提交磋商请求起180天之后,或提交被申请人的通知起90天之后。	提交磋商请求起6个月之后,或提交被申请人的通知起90天之后。	提交磋商请求起6个月之后,或提交被申请人的通知起3个月之后。	提交磋商请求起180天之后,或提交被申请人的通知起90天之后。	第9.20条 如自申请人首次获知或应当获知引发第9.18条第1款（提起仲裁申请）项下的违反行为,且申请人[对于依据第9.18条第1款（a）条提交企业或第9.18条第1款（b）项提交诉请的情况]遭受损失或损害之日起已逾3年,则不得再将任何诉请依据本节提交仲裁。

续表

项目	《欧盟 TTIP 草案》	《欧盟—加拿大全面经济与贸易协定》	《欧盟—新加坡投资保护协定》	《欧盟—越南投资保护协定》	《欧盟—墨西哥新全球协定》	《全面与进步跨太平洋伙伴关系协定》
决定被申请人	决定被申请人	3. 满足请求决定被申请人的要求	3. 磋商请求和通知满足规定的条件	3. 磋商请求和通知满足规定的条件	3. 满足请求决定被申请人的要求	
与请求磋商有关的要求		4. 满足与请求磋商有关的要求	4. 争端的法律和事实依据受到先期磋商的制约	4. 争端的法律和事实依据受到先期磋商的制约	4. 满足与请求磋商有关的要求	
与磋商中的争议措施严格对应	与磋商中的争议措施严格对应	5. 诉请中不得列明其在磋商请求中未列明的措施	5. 提交诉请中列明的所有请求基于当事人同意向通知中列出的待遇	5. 提交诉请中列明的所有请求基于当事人同意向通知中列出的待遇	5. 诉请中不列明其在磋商请求中未列明的措施	
平行诉讼　取消未决平行诉讼		6. 已撤回或终止任何相关未决国内平行诉讼	6.1 申请人撤回或终止任何相关国内或国际平行诉讼	6. 满足第 3.34 条（其他诉请）规定的条件 第 3.34 条 1. 如果申请人本人已经在其他国内国际法院就相同措施和相同损失同措施基于相同损失或措施提起未决平行诉请，申请人不得向法庭提起诉请；	6. 已撤回或终止任何相关未决平行诉讼	放弃根据任何法律在任何法院或行政法庭，或根据其他任何争端解决程序，针对任何被诉措施成第 9.18 条（提交仲裁申请）所列违反启动或继续任何程序的权利。

续表

	《欧盟 TTIP 草案》	《欧盟—加拿大全面经济与贸易协定》	《欧盟—新加坡投资保护协定》	《欧盟—越南投资保护协定》	《欧盟—墨西哥新全球协定》	《全面与进步跨太平洋伙伴关系协定》
平行诉讼 取消未决平行诉讼				2. 如果具有直接或间接所有权利益控制或者受申请人控制的任何人在本法庭或国内国际法院或法庭有此类未决诉请，以自身名义行事提起诉请；3. 如果具有直接或间接所有权利益控制或由当地开业公司直接或间接控制的任何人在其他国内国际法院或法庭有此类未决诉请，代表当地开业公司行事提起诉请，申请人不得提起诉请。		
弃权条款		7. 放弃在国内或国际的法庭或法院就其诉请中所称措施的声称构成违反其诉请或诉请提起任何诉讼的权利。	6.2 声明未来不会提交这样一种诉请	第 3.34 条，应提供已撤回的证明，并且声明已放弃权。	7. 书面弃权	仲裁通知附有：(i) 对于依据第 9.18 条第 1 款 (a) 项 (提交仲裁申请，申请人的书面弃权；以及 (ii) 对于依据第 9.18 条第 1 款 (b) 项 (提交仲裁申请) 提交仲裁的诉请，申请人和企业的书面弃权。

续表

	《欧盟 TTIP 草案》	《欧盟—加拿大全面经济与贸易协定》	《欧盟—新加坡投资保护协定》	《欧盟—越南投资保护协定》	《欧盟—墨西哥新全球协定》	《全面与进步跨太平洋伙伴关系协定》
关于执行的声明	依据第 7 条给予的同意，要求申请人不得在本节裁决成为终局裁决前进行执行，也不寻求上诉、审查、取消、撤置、搁置、或在国际法院或国内法院或庭启动任何类似程序。		6.3 声明在本节裁决成为终局裁决之前这不会对类裁决执行，也不会对本节裁决寻求上诉、审查、取消、撤销、修改、或在国际法院或国内法院或庭启动任何类似程序。	第 3.36 条第三款规定，申请人应意在本节终局裁决之前对这不会成为类裁决执行，也不会对本节裁决寻求上诉、审查、取消、撤销、修改、或在国际法院或国内法院或庭启动任何类似程序。	8. 声明在本裁决之前这不会执行任何这类裁决，也不会对本节裁决寻求上诉、审查、取消、撤销、修改、或在国际法院或国内法院或庭启动任何类似程序。	
对人管辖权		如果诉请是出于当地开业企业的损失或损害者，上述者、上述投资者都适用于投资者和当地开业企业。	如果诉请是出于当地开业企业的损失或损害者，上述者、上述投资者都适用于投资者和当地开业企业。		如果诉请是出于当地开业企业的损失或损害者，上述者、上述投资者都适用于投资者和当地开业企业。	
集体诉讼	如果以由大量未列明的申请人名义提交的集体诉请，或者代表诉请，则不可受理。			根据第 3.33 条第六款，如果由大量以未列明的申请人名义提交的诉请，或者代表诉请，则集体诉请不可受理。		
与国内临时保护措施的关系		上述规定不妨碍申请人在被诉法庭或法院或法庭寻请争端解决机制	上述规定不妨碍申请人在被诉法院或法庭或法庭寻请争端解决机制	上述规定不妨碍申请人在被诉院或法庭或法请争端解决机制	在欧盟或成员国作为被诉请人时，上述规定不妨碍申请人的法院或法庭或法人在国内法院寻请	申请人或企业可在被诉行政庭启请与司法或行动或动继续寻求救济，但不涉临时禁令救济授予

续表

	《欧盟 TTIP 草案》	《欧盟—加拿大全面经济与贸易协定》	《欧盟—新加坡投资保护协定》	《欧盟—越南投资保护协定》	《欧盟—墨西哥新全球协定》	《全面与进步跨太平洋伙伴关系协定》
与国内临时保护措施的关系			寻求临时保护措施，只要不涉及支付损害赔偿。	寻求临时保护措施，只要不涉及支付损害赔偿。	庭寻求临时保护措施；被申请人在墨西哥行政法庭或法院寻求临时保护措施，启动或继续寻求救济的诉讼，声明特别救济或其他非涉及金钱损害赔偿的命令，只要不涉及支付损害赔偿。	及金钱损害赔偿的唯一目的是为该行动时保全该企业或仲裁申请人的权利和利益。
投资目的与管辖权/反规避条款	第15条：为了更加确定，如果争端已发生，或很可能预见发生，在申请人获得所涉投资的所有权时，并且法庭案件根据本节提出诉请，绝管辖，那么法庭在这种情况下拒绝管辖权的可能性。庭可以受理的其他管辖权异议。	第8.18条第四款：为进一步明确，如果投资的作出是通过欺诈性的错误陈述、隐瞒、贿赂或滥用程序的行为达到的程度，投资不得根据本节提诉请。	第3.7条第五款：为了更加确定，如果争端已发生，或很可能预见发生，在申请人获得所涉投资的所有权时，并且法庭案件根据本节提出诉请，绝管辖，那么法庭在这种情况下拒绝管辖权的可能性。庭可以受理的其他管辖权异议。	第3.27条第二款结除通过欺诈性错误陈述、隐瞒、贿赂或滥用程序所作的投资。第3.43条：如果争端已发生，或很可能预见发生，在申请人获得所涉投资的所有权时，并且法庭案件根据本节提出诉请，绝管辖，那么法庭在这种情况下拒绝管辖权的可能性。庭可以受理的其他管辖权异议。	第2条第三款排除通过欺诈性错误陈述、隐瞒、贿赂或滥用程序所作的投资。第16条：为了更加确定，如果争端已发生，或很可能预见发生，在申请人获得所涉投资的所有权时，并且法庭案件根据本节提出诉请，绝管辖，那么法庭在这种情况下拒绝管辖权的可能性。庭可以受理的其他管辖权异议。	

续表

	《欧盟 TTIP 草案》	《欧盟—加拿大全面经济与贸易协定》	《欧盟—新加坡投资保护协定》	《欧盟—越南投资保护协定》	《欧盟—墨西哥新全球协定》	《全面与进步跨太平洋伙伴关系协定》
对关联国际诉讼的礼让		第 8.24 条：如果诉请根据本协定和另一国际协定提起，并且可能重复补偿或有重要影响，应在尽快听证其诉请过程后，在其决定、命令或裁决保在其诉争端中止其程序，或考虑依据另一国际协定提起的程序。		第 3.34 条第八款规定：如果诉请根据本节和第 A 节和另一国际仲裁提起，或者根据本节和相同争议在另一仲裁庭提起，分后应在其决定，或者考虑国家仲裁或另一诉请的争端时分庭可暂停诉讼。	第 8 条规定，如果诉请根据本节和另一国家协定提起，且可能重复补偿或对本诉请具有重要影响，法庭在尽快听证其程序，或命令快暂停程序，或确令另一中考诉讼。	
被申请人同意或视为同意	被申请人同意法庭管辖权，并应视为满足《ICSID 公约》第 25 条和《ICSID 附则》第 2 章关于书面同意以及《纽约公约》第 2 条关于书面协议的要求。	被申请人应同意同意权，该同意视为满足《ICSID 公约》和《ICSID 附加便利规则》第 2 章关于书面同意以及《纽约公约》第 2 条关于书面协议的要求。	根据本节提交的诉请构成被申请人的同意。该同意视为满足《ICSID 公约》第 25 条和《ICSID 附加便利规则》第 2 章关于书面同意以及《纽约公约》第 2 条关于书面协议的要求。	被申请人同意法庭管辖权，并应视为满足《ICSID 公约》第 25 条和《ICSID 附加便利规则》第 2 章关于书面同意以及《纽约公约》第 2 条关于书面协议的要求。	被申请人同意法庭管辖权，并应视为满足《ICSID 公约》第 25 条和《ICSID 附加便利规则》第 2 章关于书面同意以及《纽约公约》第 2 条关于书面协议的要求。	第 9.19 条 各缔约方对仲裁的同意：1. 每一缔约方依据本节定同意将本节下争议提交仲裁。2. 根据第 1 款作出的同意及在本节下提交仲裁申请，应被视为符合下列要求：(a)《ICSID 公约》第二章（中心管辖权）和《ICSID 附加便利规则》关于争端双方书面同意的规定；(b)《纽约公约》第二条关于"书面协议"的规定；以及(c)美洲国际商事仲裁公约第一条关于"协议"的规定。

续表

	《欧盟TTIP草案》	《欧盟—加拿大全面经济与贸易协定》	《欧盟—新加坡投资保护协定》	《欧盟—越南投资保护协定》	《欧盟—墨西哥新全球协定》	《全面与进步跨太平洋伙伴关系协定》
第三方资助	第8.26条：受益的争端方应向另一争端方和分法庭或法庭庭长披露第三方资助者的名称和地址。披露应在提交诉请之时，若提交诉请后受捐，应立即披露。	受益的争端方应向另一争端方和法庭披露第三方资助者的名称和地址。披露应在提交诉请之时，若提交诉请后受捐，应立即披露。	受益的争端方应向另一争端方披露第三方资助者的名称和地址。披露应在提交诉请之时，若提交诉请后受捐，应立即披露。	受益的争端方应向另一争端方和分法庭或法庭庭长披露资金安排和性质以及资助者的名称和地址。披露之时，应立即披露。在适用费用担保时，法庭应考虑是否为第三方诉讼资助，费用在裁决诉讼费用时，法庭应考虑上述规定是否得到遵守。	受益的争端方应向另一争端方和分法庭庭长披露第三方资助者的名称和地址。披露应在提交诉请之时，若提交诉请后受捐，应立即披露。	

前，明确的时间要求还可以避免东道国在时间上拖延。

但是，过于细致和严格的时间要求，特别是磋商内容与诉请内容的严格一致会降低传统磋商机制的灵活性和包容性。虽然有助于防止冲突诉讼，但是完全可以通过给予被申请人足够的答辩时间来解决。如果投资者在提请诉请中发现新的违反措施，即使该措施对于案情并不十分重要，但是在欧盟投资法院框架下，投资者要提出诉请就必须对该措施提出新的磋商请求，并且等待相应的时间。在这种情况下，由于双方已经走向对抗性程序，投资者与东道国以磋商方式解决新争端的意愿可能不高，或可导致投资者不得不放弃就该措施提请诉请，或者为了提请新的诉请而不得不等候更长的时间。

第二节　欧盟投资法院的管辖权：严格限制

大多数的投资条约允许外国投资者对东道国提起国际仲裁。很多投资条约包含东道国单方面明确同意就其与外国投资者的争议进行仲裁的规定。然而，国家在投资条约中的同意通常并非毫无条件，而是规定某些条件并且对仲裁程序进行事先规定。如果投资者启动仲裁，就应根据投资条约仲裁条款中规定的条件接受国家的要求，并且由争议双方的协议确定仲裁的管辖权。这些条件可能包括确定必须提起仲裁的特定时效，类似于国内法中的诉讼时效，此时效届满之后就不得再提起仲裁。在提起仲裁之前，投资者可能还必须满足其他程序的要求，例如应提交仲裁意向，或者在涉及欧盟的情况下，请求确定是由欧盟还是欧盟成员国作为正确的被请求方。第一节讨论过的磋商程序，也属于仲裁的前置条件之一。另外，对投资仲裁庭管辖权的同意可能被限制在违反条约中规定的某些实体标准。例如，欧盟有的投资协定规定排除市场准入可被提起仲裁或诉讼。还规定了投资者与国家间仲裁和其他类型诉讼（例如国内法院或国际性法院）与仲裁（例如国家间仲裁或商事仲裁）的关系。

在国家的同意中还通常包括一套仲裁规则和机构问题。除了申请人和被申请人可以就个别案件的一套规则达成一致之外，投资协定中一般会提及适用或选择性适用国际上常用的仲裁机构及其规则。常用的仲裁规则是世界银行《ICSID 公约》和《ICSID 仲裁程序规则》《ICSID 附加便利规则》和《UNCITRAL 仲裁规则》或争端双方同意的其他机构规则。其他规则通常来自国际商会仲裁院（ICC）、斯德哥尔摩商会仲裁院（SCC）、伦敦国际仲裁院（LCIA）等，这些仲裁规则很大程度上源于商事仲裁。与法院程序规则相比，这些仲裁规则在既定的框架下更加宽松和灵活。这些仲裁规则主要处理仲裁庭的组成、准据法、救济措施和费用分配等。传统的投资条约通常不规定这些内容，而是或多或少地交由这些仲裁规则来加以解决。

在投资争端解决机制的管辖权方面，一度出现了扩大仲裁庭管辖权的趋势。TPP 或 CPTPP 就是典型，可提起仲裁的事项不仅包括非歧视待遇和投资保护条款，还将业绩要求、高级管理人员和董事会条款以及环境和社会责任也纳入可仲裁范围。CPP 还纳入保护伞条款，将 ISDS 适用于国家对外国投资者的承诺，即投资协议或投资授权，从而极大地扩大了投资条约仲裁的管辖权范围。然而，以 CETA 和欧越 IPA 为代表的欧盟投资法院体系，则明确排除对市场准入和业绩要求的适用，而且通过考察投资的真实目的来进一步限缩 ISDS 的管辖权范围。在对 ISDS 管辖权实施严格限制的同时，投资条约中越来越多的事项转为由国家间仲裁机制或专家组机制来解决，例如《中欧全面投资协定》（CAI）就将补贴议题和可持续发展条款的争端解决纳入专家组机制。值得肯定的是，对于缔约方不涉及投资者非歧视待遇或征收的一般适用措施，将其交由 ISDS 之外的公法机制或特定机制解决，这在很大程度上有助于具有公法属性的那一部分国际投资法回归公法救济机制。

一　事项管辖权范围狭窄：排除市场准入承诺和业绩要求条款的可诉性

与前述 CPTPP 中 ISDS 的广泛管辖范围相比，CETA 投资法院的事项管辖权较为狭窄，但是比《美国—墨西哥—加拿大协定》（USMCA）中墨美投资争端解决机制极为有限的仲裁范围还是宽泛得多。

《欧盟—新加坡投资保护协定》（EUSIPA）第 3.1 条第 1 款和《欧盟—越南投资保护协定》（EVIPA）第 3.27 条第 1 款都将 ISDS 限制在违反投资保护章节的实体承诺。

　　CETA 第 8.18 条第一款也有类似要求，规定投资者仅可以就违反 CETA 第 8 章第 C 部分（非歧视待遇，具体包括国民待遇、最惠国待遇、高级管理人员与董事会条款）和第 D 部分（投资保护，具体包括投资与监管措施、投资者与涵盖投资的待遇、损失补偿、征收、转移和代位）的义务向该章第 F 部分所建立的法庭提起诉请，提出的主张须与损害具有因果联系。

　　CETA 第 8.18 条（ISDS 的范围）第一款将 ISDS 限定于第 C 部分和第 D 部分，这就排除了与投资有关的"定义和范围"（CETA 第 8 章第 A 部分）、"投资的确立"（第 B 部分）、"保留和例外"（第 E 部分）的可诉性。换言之，与投资有关的定义、投资市场准入（market access）承诺、禁止业绩要求（performance requirements）、拒绝授予利益（denial of benefits）等条款属于不可诉的事项，CETA 项下的双边投资法院对这些事项没有管辖权。但是，CETA 将禁止对高管和董事会施加特定国籍要求的条款（第 8.8 条）放在第 C 部分（非歧视待遇），从而使这一事项在 CETA 项下具有可诉性。[①] 与 CETA 相比，新《欧盟—墨西哥新全球协定》（EMMGA）草案的限制更为严格，该节第 2 条第 1 款将投资争端解决限定于争端方关于投资自由化章节中的准入后国民待遇条款和准入后最惠国待遇条款以及投资保护章节所引起的争端，从而排除了市场准入条款、禁止业绩要求条款、高管与董事会条款和不符措施条款等的可诉性。就投资保护章节的范围而言，EUSIPA、EVIPA 和 EMMGA 都不包括高管与董事会条款，EUSIPA 甚至没有最惠国待遇条款。欧盟与各国投资协定的承诺范围不同，一方面反映了欧盟协定对象国的差异化；另一方面也体现了欧盟投资协定范本（如果有的话）仍具有一定的灵活性。但不可否认，这不可避免地加重了全球双边投资协定的"意大利面碗效应"，为条约挑选（treaty shopping）创造了可能性。

　　在 CPTPP 和《2012 年美国 BIT 范本》中，ISDS 的事项管辖权范围更广。CPTPP 第 9.19 条规定可以就违反 A 节规定的义务提交仲裁申请，而 A 节内容庞杂，包括 17 个条款：即定义（第 9.1 条）、范围（第 9.2 条）、

---

　　① CETA 的高管和董事会条款比 CPTPP 严苛。CPTPP 第 9.10 条只禁止对高级管理人员施加特定国籍要求，但明确允许董事会的多数人员具有特定国籍或为该缔约方领土内的居民；而 CETA 第 8.8 条一并禁止对高级管理人员和董事会均施加国籍要求。

与其他章的关系（第 9.3 条）、国民待遇（第 9.4 条）、最惠国待遇（第 9.5 条）、待遇的最低标准（第 9.6 条）、武装冲突或内乱情况下的待遇（第 9.6 条之二）、征收与补偿（第 9.7 条）、转移（第 9.8 条）、业绩要求（第 9.9 条）、高级管理人员和董事会（第 9.10 条）、不符措施（第 9.11 条）、代位（第 9.12 条）、特殊手续和信息要求（第 9.13 条）、拒绝授予利益（第 9.14 条）、投资与环境、卫生和其他管理目标（第 9.15 条），以及企业社会责任（第 9.16 条）。不过 CPTPP 删除了 TPP 中仲裁庭对投资授权（investment authorization）和投资协议（investment agreement）的管辖权，① 从而排除了东道国政府对投资者市场准入承诺以及投资合同的条约项下可仲裁性。《2012 年美国 BIT 范本》第 24 条规定可提请仲裁的事项范围与 CPTPP 有很大差异，包括第 3 条至第 10 条，即国民待遇、最惠国待遇、待遇的最低标准、转移、业绩要求、高级管理人员和董事会、投资相关法律和决定的公布，② 此外还特别包括违反投资授权和投资协议。③

《美国—墨西哥—加拿大协定》（USMCA）中第 14.D.3 条规定墨美投资争端解决机制可仲裁的事项范围比 EVIPA 更窄，仅限于违反第 14.4 条（国民待遇）或第 14.5 条（最惠国待遇）以及第 14.8 条（征收与补偿）的情况，不仅明确排除投资的确立和收购投资所涉的国民待遇或最惠国待遇，即明确排除准入前国民待遇或最惠国待遇，并且进一步明确排除涉及间接征收的情况。④ 就 ISDS 的不适用范围而言，准入前待遇、间接征收、待遇的最低标准、武装冲突或内乱情况下的待遇、业绩要求、高级管理人员和董事会、拒绝授予利益、代位、"投资与环境、卫生、安全和其他监管目标"、企业社会责任等条款在墨美 ISDS 项下都不具有可仲裁性。

在所涉行业和特定经济活动方面，CETA 对金融服务与公共债务协商重组作了特别规定。与 CPTPP 和 USMCA 类似，CETA 第 13.21 条将金融

---

① 2016 年《欧盟 TTIP 草案》中也包括保护伞条款，但 CETA、EUSIPA、EVIPA 和 EMMGA 均未采纳。

② 2012 年美国 BIT 范本中的 ISDS 范围不包括第 11 条至第 22 条，即透明度、投资与环境、投资与劳工、不符措施、特殊手续和信息要求、不减损适用、拒绝授予利益、核心安全、信息披露、金融服务、税收，以及生效、期间与终止条款。

③ TPP 中的 ISDS 范围也包括违反投资授权和投资协议，但 CPTPP 删除了这两个部分。

④ 《美国—墨西哥—加拿大协定》（USMCA）将墨美投资争端解决调整后适用于"涵盖政府合同"。

服务的投资争端作为例外情况，对其规定了特定的 ISDS 规则。同样与 CPTPP 和 USMCA 类似，CETA 第 8.18 条第四款以及附件 8-B（公共债务）明确限制在政府债务协商重组（negotiated restructuring）① 之时或之前提请 ISDS，除非违反国民待遇（第 8.6 条）和最惠国待遇（第 8.7 条），或者自提起磋商的书面请求之日起已过 270 日。

综合言之，就事项管辖权而言，欧盟双边投资法院的范围较为狭窄，将其管辖权范围限定在违反某些实体保护标准，仅包括违反投资条约中的非歧视待遇和投资保护条款，不涉及投资市场准入、业绩要求、拒绝授予利益，并且与投资有关的可持续发展没有放在投资法院的管辖范围内。与之相比，CPTPP 投资仲裁庭的管辖权非常广泛，但是由于删除了 TPP 中对投资授权和投资协定的可仲裁性，范围有所缩小。USMCA 的 ISDS 仲裁范围，即墨美之间投资争端解决机制（MUSID）的可仲裁范围最小，几乎回到"第一代 BIT"的 ISDS 可仲裁范围，仅限于准入后的国民待遇和最惠国待遇以及对"直接征收"的补偿承诺。特朗普之后的美国政府未来在其他投资条约上是否也持这一立场，尚待观察。但无论如何，美国与欧盟在 ISDS 管辖权范围方面的立场已出现分歧。在限制 ISDS 管辖权方面，美国已经比欧盟走得更远。

二　管辖权阶段的合法性审查与反规避审查

（一）对投资的合法性审查

CETA 第 8.18 条第三款、EVIPA 第 3.27 条第二款以及 EMMGA 第 2 条第三款值得注意，它们从投资的合法性方面进一步缩小了 ISDS 的适用范围，规定"如果投资的作出是通过欺诈性的错误陈述、隐瞒、贿赂或者行为达到滥用程序的程度"，就不得适用 ISDS。《欧盟 TTIP 草案》第 6 条第六款也使用了相同的措辞，而 EUSIPA 则在第 2.3 条（国民待遇）将虚假合同或合同欺诈排除在外。CPTPP、《2012 年美国 BIT 范本》以及 MUSID 均无此类规定。

---

① CPTPP 将协商重组定义为"通过后述方式实现的债务工具重组或改期：（a）根据债务工具规定的条款对其进行的修改或变更；或（b）持有该债务工具下未偿付债务的本金总额 75% 及以上的持有人同意实施的全面债务置换或其他类似过程。

（二）反规避审查

另外，除 CETA 外，《欧盟 TTIP 草案》第 15 条、EUSIPA 第 3.7 条第 5 款、EVIPA 第 3.43 条和 EMMGA 草案第 16 条都进一步纳入"反规避"（anti-circumvention）条款，为了防止投资者通过临时"国籍筹划"（nationality planning）进行条约挑选，这些协定将投资目的与管辖权直接挂钩。例如 EVIPA 第 3.43 条规定："为了更加明确，如果争端已发生，或很可能预见发生争端，在申请人获得争议所涉投资的所有权或控制权时，并且法庭判定，根据案件事实，申请人已获得投资的所有权或控制权的主要目的是根据本节提出诉请，那么法庭应拒绝管辖。在这种情况下拒绝管辖权的可能性，不影响法庭可以受理的其他管辖权异议。"

（三）"明显无法律实体问题的诉请"与"未发现法律问题的诉请"

由此，欧盟投资法院体系对投资者施加了诚信投资、真实投资以及反腐败等方面的义务，这意味着在投资法院确定管辖权阶段就涉及实质问题的审查，投资者的虚假投资行为或不法投资行为将导致其丧失在 ISDS 方面的权利。该条款显然吸收了投资条约仲裁实践中有关"程序滥用"的裁决、[1] 有关"欺骗法律"（fraus legis）的裁决[2]以及有关投资腐败的裁决。[3]

但是，这必然带来判断欺诈行为、虚假行为、贿赂行为、滥用程序行为的准据法问题和管辖权冲突问题，这些协定并没有给予更明确的指引。是依据东道国法律还是国际公约或习惯国际法来判断投资行为的合法性或真实性？如果在提请 ISDS 之前，东道国法院已作出判决，认定相关行为不构成欺诈、虚假、贿赂或滥用程序，投资法院是否予以承认？如果在启动 ISDS 时，存在东道国法院对相关问题的未决裁决，投资法院是否礼让而静候其裁决？投资法院能否就此问题作出与东道国法院相反

---

① 例如 Phoenix Action, Ltd v. The Czech Republic, ICSID Case No. ARB/06/5, Award (15 April 2009)。参见银红武《论国际投资仲裁"程序滥用"及其规制》，《西北大学学报》（哲学社会科学版）2020 年第 2 期。

② 例如 Reneé Rose Levy and Gremcitel SA v. Republic of Peru, ICSID Case No. ARB/11/17, Award (9 January 2015)。参见银红武《论国际投资仲裁"程序滥用"及其规制》，《西北大学学报》（哲学社会科学版）2020 年第 2 期。

③ 例如 Metal-Tech Ltd. v. Republic of Uzbekistan, ICSID Case No. ARB/10/3, Award (4 October 2013)。参见银红武《国际投资仲裁反腐法治：概念、困难与因应》，《湖南财政经济学院学报》2021 年第 6 期。

的决定？

三　欧盟投资法院的管辖权：与其他救济方式之间的关系

在处理是否"用尽当地救济"以及与"平行诉讼"的关系方面，欧盟投资法院与《2012年美国BIT范本》或CPTPP仅在措辞上有所不同，都不要求用尽当地救济，并要求申请人在提起欧盟投资法院或仲裁庭之前放弃就同一争议措施"发起"未来任何程序或"继续"现行未决程序。在处理"具有重大关联的国际诉讼"的关系方面，欧盟在协定谈判中逐步明确了"礼让原则"的适用范围。

（一）不要求"用尽当地救济"

与CPTPP或《2012年美国BIT范本》一样，欧盟投资法院体系不要求"用尽当地救济"（exhaustion of local remedies）。《欧盟TTIP草案》、CETA、EUSIPA、EVIPA和EMMGA都未将"用尽当地救济"作为提交诉请的条件。从投资者保护的角度而言，投资者可以径直诉诸国际性的争端解决机构，节省成本和时间。欧盟投资法院体系的适用范围比较见表3-3。

但是，《美国—墨西哥—加拿大协定》中的MUSID恢复了用尽当地救济。MUSID第14. D. 5条第一款b项规定，提交仲裁请求的条件之一为"申请人已取得被申请人的终审法院的最终决定，或者在被申请人适格法院或行政法庭就相同诉请的首次诉讼自启动起已满30个月"。MUSID实际上将在东道国法院或法庭诉讼作为ISDS的前置程序，要求用尽当地救济，或为当地救济设定了最长时间要求，其目的在于防止因东道国司法不作为或不当拖延从而损害投资者在投资协定项下的权利。

（二）起诉的程序条件：与其他诉请的关系

1. 要求申请人停止"未决平行诉讼"

就提交诉请的程序条件而言，CETA第8. 22条第1款（f）项要求投资者"在国内法或国际法项下的法院或法庭取消或停止就其诉请所主张构成违反的措施提起的任何现行程序"。EUSIP第3. 7条第2款（f）项i段和EMMGA第6条f项都有类似措辞的规定。这些条款都将申请人结束未决的现行平行诉讼作为其提起ISDS的前提条件，有助于减少投资争端解决中常常出现的平行诉讼。不过，该类条款仅涉及未决的平行诉讼，不涉及未来的平行诉讼。

2. 要求放弃未来平行诉讼

CETA 第 8.22 条第 1 款（f）项处理未来的平行诉讼问题，要求投资者"放弃在国内或国际的法庭或法院就其诉请中所指的主张构成违反的措施提起任何诉请或程序的权利"。EUSIPA 第 3.7 条第 1 款（f）项 ii 段和 EMMGA 第 6 条第 1 款（g）项也有类似措辞的规定。这类条款为弃权条款或"不掉头条款"（no U-turn），即一旦投资者选择使用条约项下 ISDS，就必须放弃随后诉诸国内或国际法院的权利。

CPTPP 第 9.20 条第 2 款则更为简洁和笼统，将上述停止未决平行诉讼和放弃未来诉讼一并规定，要求申请人在"仲裁通知"中附有申请人和企业的书面弃权，"放弃根据一缔约方的法律在任何法庭或行政庭，或根据其他争端解决程序，针对任何所指构成第 9.18 条（提交仲裁申请）所列违反的任何措施启动或继续任何程序的权利"。

3. 与关联国际诉讼的关系

就处理其他诉讼的关系而言，欧盟投资法院体系的创新点在于处理与关联国际诉讼的关系。欧盟投资协定在这一规则的发展上不是一蹴而就的，而是在不同的协定中逐渐明晰的。

对于与具有重大关联的国际诉讼，《2012 年美国 BIT 范本》、CPTPP、MUSID 没有处理，《欧盟 TTIP 草案》和 EUSIPA 也未加考虑。CETA 第 8.24 条（其他国际协定项下程序）最先引入相关规定，规定"如果诉请根据本协定和另一国际协定提请，且可能重复补偿，或对依据本节提起诉请的解决方案具有重要影响，法庭应在听证争端方之后尽快暂停其诉讼，或者确保在其决定、命令或裁决中考虑依据另一国际协定提起的诉讼"。该条款首次引入了对关联国际诉讼的礼让，但是忽视了与国家间仲裁的关系。EMMGA 第 8 条修改为："如果诉请根据本节和国家间争端解决或另一国际协定提请，且可能重复补偿，或对依据本节提起的诉讼解决方案具有重要影响……"这两个条款比较模糊，将两个平行诉讼的关系界定为"可能重复补偿或具有重要影响"，这一判断标准具有比较大的主观性或不确定性。既可能包括就另一协定项下可能作为本诉请的先决问题的不同待

表3-3

欧盟投资法院体系的适用范围比较

	《欧盟TTIP草案》	《欧盟—加拿大全面经济与贸易协定》	《欧盟—新加坡投资保护协定》	《欧盟—越南投资保护协定》
法律状态	2015年11月12日公布，谈判取消。	2016年9月21日临时生效，投资章节尚待全部欧盟成员国完成批准。	2018年10月19日鉴署，尚待全部欧盟成员国完成批准。	2019年6月30日鉴署，尚待欧盟成员国全部完成批准。
ISDS章节名称	第3节 投资争端解决与投资法院体系	第8章第F节 投资争端解决	第4章第A节 投资者与缔约方间争端解决	第B节 投资者与缔约方间争端解决
使用的名称	投资法院系统（ICS）、初审法庭、上诉法庭、法官	法庭、上诉庭、成员	初审法庭、上诉庭、成员	投资法庭体系（ITS）、法庭、上诉庭、成员
适用的条款范围	第一节"投资自由化"中的第2-3(2)条国民待遇条款，或第2-3(2)条最惠国待遇条款（注：删除了更前版本中"准入后"的限定）；第二节"投资保护"，包括9个条款：范围、投资与规则措施/目标、投资与涵盖投资的待遇、损失补偿、征收、转移、代位、（保护伞条款）、拒绝授予利益。	仅涉及准入后阶段的第C节"非歧视待遇"，包括3个条款：国民待遇、最惠国待遇和高级管理人员与董事会条款；第D节"投资保护"，包括6个条款：投资者与涵盖投资的待遇、损失补偿、征收、转移、转移和代位。	第二章"投资保护"，包括8个条款：范围、投资与规制措施、损失补偿、国民待遇、待遇的标准、征收、转移、代位。	第一章"投资保护"，包括9个条款：范围、投资保护规制措施、国民待遇、投资者的待遇、最惠国待遇、损失补偿、征收、转移、代位。
缺乏或不适用的条款	协定无以下条款：市场准入和业绩要求。	不适用第B节"投资和业绩要求"（市场准入和业绩要求），以及第E节"保留与例外"（包括拒绝授予利益）。	协定无以下条款：最惠国待遇、市场准入、业绩要求、高管董事会、拒绝授予利益。	协定无以下条款：市场准入、业绩要求、高管董事会条款、拒绝授予利益条款。
是否适用于投资协议和投资授权	书面承诺条款（保护伞条款）			

续表

	《欧盟 TTIP 草案》	《欧盟—加拿大全面经济与贸易协定》	《欧盟—新加坡投资保护协定》	《欧盟—越南投资保护协定》
欺诈、贿赂或滥用程序所作的投资		第 8.18 条第二款，排除通过欺诈性错误陈述、隐瞒、贿赂或滥用程序所作的投资。	仅在国民待遇中提及合同欺诈。	第 3.27 条第二款排除通过欺诈性错误陈述、隐瞒、贿赂或滥用程序所作的投资。
投资目的与管辖权/反规避条款	第 15 条：为了更加确定，如果争端已发生，或很可能预见所涉投资的所有权或控制权时，在申请人获得争议所涉投资的所有权，并且日后法庭判定，根据案件本节申请人已获得投资的主要目的是拒绝管辖权，在这种情况下拒绝庭不影响庭受理的其他管辖权异议。	第 8.18 条第 3 款：为进一步明确，如果某投资的作出是通过欺诈性的错误陈述、隐瞒、贿赂或滥用程序所达到的程度，投资者不得庭不得根据本节提起诉请。	第 3.7 条第五款：为了更加确定，如果争端已发生，或很可能获得控制已发生，在申请人获得争议所涉投资的所有权或控制，根据案件本节所有权或提出诉请，种情况下是否拒绝管辖权的可能性，那么法庭主要目的是拒绝管辖权种情况下拒绝法庭可以受理的其他管辖权异议。	第 3.27 条第二款排除诈性错误陈述、隐瞒、贿赂或滥用程序所作的投资。第 3.43 条：为了更加确定，如果争端已发生，或很可能获得控制的投资预见发生争端，在申请人所涉争议所涉投资的所有权时，得投资的所有权或控制权，并且日后法庭判定，根据案件本事实，申请人已获根据本节应拒绝管辖，主要目的是法庭根据本节拒绝管辖权，那么法庭应拒绝管辖权，在这种情况下拒绝管辖可能性，不影响法庭受理的其他管辖权异议。
申请人范围	一缔约方投资者以自身名义或代表其所有的当地开业公司。	一缔约方投资者以自身名义或代表其直接或间接所有或控制的当地开业企业。	一缔约方投资者以自身名义或代表其所有或控制的当地开业公司。	一缔约方投资者以自身名义或代表其所有或控制的当地开业公司。
被申请人	美国，或欧盟当事方（要么欧盟，要么欧盟成员国）。	加拿大，或欧盟当事方（要么欧盟，要么欧盟成员国）。	加拿大，或欧盟当事方（要么欧盟，要么欧盟成员国）。	越南，或欧盟当事方（要么欧盟，要么欧盟成员国）。
是否要求用尽当地救济	否	否	否	否

续表

	《欧盟—墨西哥新贸易协定》	《全面与进步跨太平洋伙伴关系协定》	《2012年美国BIT范本》	《美国—墨西哥—加拿大协定》
法律状态	2018年4月就贸易部分达成原则协定，尚未签署。	2018年12月30日正式生效。		2018年11月30日签署，2019年12月10日修订，2020年7月1日生效。
ISDS主要章节的名称	投资者—国家争端解决	第B节 投资者—国家争端解决	第B节	附件14-D 墨美投资争端
使用的名称	投资者—国家争端解决，包括法庭、上诉庭、成员	仲裁、仲裁员	仲裁、仲裁员	仲裁、仲裁员
适用的条款范围	第A节"投资自由化"中的2条款：准入后的国民待遇，准入前的最惠国待遇；第B节"投资保护"，包括10个条款：范围，投资与涵盖投资的待遇，转移，投资者与涵盖投资的待遇，转移，损失补偿，征收与补偿，代位，拒绝授予利益，停止，与其他协定的关系。	第A节规定的义务，包括16个条款：定义，范围，与其他章节的关系，国民待遇，最惠国待遇，待遇的最低标准，征收或武装冲突或内乱情况下的待遇，转移，业绩要求，高管董事会，不符措施，代位，特殊手续和信息要求，拒绝授予利益，"投资与环境、卫生和其他规制目标"，企业社会责任。	第3条至10条规定的义务，包括7个条款：国民待遇，最惠国待遇，待遇的最低标准，征收与补偿，转移，业绩要求，高管董事会，投资相关法律和决定的公布。	第14.4条（国民待遇）或第14.5条（最惠国待遇），待遇的最低标准，排除准入前义务，第14.8条（征收）与补偿），排除涉及间接征收的情况。
缺乏或不适用的条款	不适用第A节中的其他条款，例如：市场准入、业绩要求、高管董事会。		协定无市场准入条款。不适用其他15个条款：定义，范围，透明度，投资与环境，投资与劳工，不符措施，特殊损害适用，核心安全，信息披露，金融服务，税收，拒绝授予利益，"生效，期间和终结"。	不适用其他14个条款，例如：待遇的最低标准，业绩要求，高管和董事会，拒绝授予利益，卫生、安全和其他"投资与环境、他规制目标"，企业社会责任等。

续表

	《欧盟—墨西哥新贸易协定》	《全面与进步跨太平洋伙伴关系协定》	《2012年美国BIT范本》	《美国—墨西哥—加拿大协定》
是否适用于投资协议和投资授权		删除TPP中的投资授权条款		
欺诈、贿赂或滥用程序所作的投资	ISDS节第2条第三款排除通过欺诈性错误陈述、隐瞒、贿赂或滥用程序所作的投资。			
投资目的与管辖权/反规避条款	第16条：为了更加确定，如果争端已发生，或很可能预见将发生争端，在申请人获得争议所涉投资的所有权或控制权时，并且法庭裁定，根据案件事实，申请人已获得投资的所有权或控制权的主要目的是根据应本节提出诉请，在这种情况下拒绝管辖。那么公法庭可以拒绝管辖权的可能性，不影响法庭以受理的其他管辖权异议。			
申请人范围	一缔约方的投资者以自身名义或代表其直接或间接拥有或控制的当地开业公司。当地开业公司无起诉资格。缔约方无起诉资格。	一缔约方的投资者以自身名义或代表其直接或间接拥有或控制的企业法人。	一缔约方的投资者以自身名义或代表其直接或间接拥有或控制的企业法人。	一缔约方的投资者以自身名义或代表其直接或间接拥有或控制的企业法人。
被申请人	加拿大，或者要么欧盟，要么欧盟成员国。	作为投资争端方的一缔约方	作为投资争端方的一缔约方	作为投资争端方（美国或墨西哥）
是否要求用尽当地救济	否	否	否	否

遇提起的国际诉讼（即并非未决平行诉讼），也可以包括就另一协定项下相同待遇提起的与本诉讼有所关联的国际诉讼。后一种情况的范围很广，是否具有可操作性，存在很大的疑问。

EVIPA 第 3.34 条（其他诉请）第八款对 CETA 和 EMMGA 的规则作了较大修改，范围有所限制，并更具有可操作性。将其规定为："如果诉请根据本节和第 A 节国家间仲裁提起，或者根据本节和另一国际协定就相同争议待遇提起，分庭在听证争端方后应尽快在其决定、命令或裁决中考虑国家间仲裁或另一诉请项下的争讼。必要时分庭可暂停诉讼。"该规定更具有客观性，一方面解决了本协定项下 ISDS 与国家间仲裁之间的关系，另一方面解决了与不同协定项下就相同争议待遇所提诉讼之间的关系。该条款给予法庭是否暂停程序的自由裁量权，表现了一定的灵活性。

简言之，欧盟投资法院体系在处理平行诉讼方面作出了创新，对于不同协定项下就同一待遇或措施提起的诉讼，以及另一协定项下对本诉讼具有重要影响的诉讼，将它们交由礼让条款解决。前一种情况容易确定，但是范围较小；后一种情况具有主观性，但是范围明显广泛。无论如何，这些条款将有助于解决大部分的平行诉讼问题。

第三节　欧盟投资法院的组织架构：
仲裁机制的组织化

在典型的投资者诉东道国仲裁中，以《ICSID 公约》下的案件为例，仲裁庭通常由三名临时仲裁员组成，其中两名仲裁员由争端方各自指定，首席仲裁员由争端双方合意指定或者由第三方指定。传统投资仲裁机制常受到两种方面的批评：第一种是临时仲裁员可能在其他案件作为当事方的代理人，存在潜在的利益冲突。[①] 有学者批评仲裁员可能出于不同身份的需要而对条约作不同的解释。也有学者认为仲裁员可能会鼓励投资者提起

---

① Thomas Buergenthal, "The Proliferation of Disputes, Dispute Settlement Procedures and Respect for the Rule of Law", *Arbitration International*, Vol. 22, No. 4, 2006, pp. 497 – 498; Malcolm Langford, Daniel Behn and Runar Hilleren Lie, "The Revolving Door in International Investment Arbitration", *Journal of International Economic Law*, Vol. 20, No. 2, 2017, pp. 301–331.

投资仲裁，从而扩大自己的仲裁业务。[1] 第二种对仲裁机制的批评是关于第三方指定的仲裁员，通常由 ICSID 等机构来指定首席仲裁员。由于争端各方都会指定更适合自己需要的仲裁员，第三方指定的仲裁员对案件审理就会非常关键。有学者认为第三方指定常常令人怀疑是通过国际组织的政治运作，而某些国家在其中具有主导作用。[2]

作为应对上述批评的一种方案，与投资仲裁不同，欧盟投资法院仿照法院机制将 ISDS 组织化，包括设立初审法庭和上诉庭，建立初审法庭和上诉庭审判员（欧盟通常采用"成员"术语）的固定名单，审理具体案件的审判员仅从固定的法庭成员中选择，申请人并没有指定审判员的权利。

一　投资法庭体系（ITS）的初审架构

欧盟投资法庭体系（Investment Tribunal System，ITS）在人员配置和组织架构上很大程度模仿法院机制，将 ISDS 司法化，尽管 CETA、EUSIPA、EVIPA 和 EMMGA 在文本上没有像《欧盟 TTIP 草案》直接采用"法院"（court）和"法官"（judge）这样明显的司法术语，也没有采用传统投资条约使用的"仲裁庭"（arbitral tribunal）和"仲裁员"（arbitrator），而是使用"法庭"（tribunal）和"成员"（member）这样既可以用于法院诉讼，又可用于仲裁的中性术语。

（一）法庭成员名单由缔约方任命

欧盟投资法院体系将 ISDS 司法化的特征之一是要求建立有限的、固定的法庭成员名单，投资者没有权利指定法庭成员。欧盟投资法院体系借鉴了 WTO 具有上诉机构的准司法体系。例如 CETA 第 8.27 条规定，在协定生效后，"CETA 联合委员会应指定 15 名法庭成员。法庭成员中 5 名应为欧盟成员国国民，5 名为加拿大国民，5 名为第三国国民"。法庭成员的数量可以根据需要以三的倍数增加或者减少。这些成员的任期是固定的，除

[1]　Gus Van Harten, *Investment Treaty Arbitration and Public Law*, Oxford University Press, 2007, p. 172.

[2]　Steffen Hindelang and Teoman M. Hagemeyer, *Study in Pursuit of an International Investment Court: Recently Negotiated Investment Chapters in EU Comprehensive Free Trade Agreements in Comparative Perspective*, European Union, Belgium, July 2017, p. 87.

了首任 7 名成员任期为 6 年，通常任期为 5 年，并可连任一次。CETA 要求缔约方每月向成员支付聘用费，以确保他们可以到任并履行职能。EVIPA 和 EMMGA 都规定法庭由 9 名成员组成，任期为 4 年，EVIPA 规定成员可连任一次，而 EMMGA 未规定任期。

与上述三个欧盟协定不同，EUSIPA 规定初审法庭由 6 名成员国组成，虽然也分三组成员，但并未要求欧盟和新加坡提名的两组成员必须分别为本国国民。这意味着新加坡可以从国际仲裁员中提名 2 名符合资质者。

在建立法庭成员名单的过程中，缔约方可以通过选择成员来施加更多的控制。① 由于法庭成员的数量很少，这一过程容易存在政治选择的滥用可能。为了避免指定过程的不透明和可能存在的某些关联，欧盟投资法院体系进一步规定了法庭成员的专业资格和操守。

(二) 成员独立性和利益中立义务

欧盟投资法院体系在操守条款中对法庭成员施加独立性和利益中立的义务，并且规定对存在利益冲突的明确处理程序。例如，根据 EVIPA 第 3.30 条，法庭和上诉庭成员应从独立性毫无疑问的人士中选择。他们不得隶属于任何政府。他们不得接受任何组织或政府就与争端有关的事项作出的指示。他们不得参与审议可能造成直接或间接利益冲突的任何争端。他们应遵守附件 11 (法庭成员、上诉庭成员和调解员行为守则)。另外，在任命后，他们不应在本协定或其他任何国际协定或国内法律和规章项下的任何未决或新的投资争端中担任代理人或担任当事人指定的专家或证人。②

值得注意的是，欧盟投资法院体系并没有排除法庭成员或上诉庭成员在成为全职成员之前在其他国际投资争端中担任 "仲裁员" 或者 "法官" 的可能性，因此，尽管欧盟投资法院体系的成员名单是固定的，但是法庭成员并不像法院法官那样专职于法院，除非协定相关委员会通过一项决定，将成员的聘用费和其他费用开支转换为定期工资。由此可见，欧盟投资法院体系并没有解决法庭成员和上诉庭成员的专职问题，而是交由投资

---

① J. Anthony VanDuzer, Penelope Simons and Graham Mayeda, "Integrating Sustainable Development into International Investment Agreements—A Guide for Developing Countries", Commonwealth Secretariat, August 2012, p. 423.

② CETA 第 8.30 条未排除成员可以担任国内法项下投资争端的相关角色。

协定中的专门委员会在日后决定。这意味着欧盟投资法院体系尚处于"摸着石头过河"的阶段。

事实上，将法庭成员专属任职于双边投资法院，存在着现实的困难。目前最有经验的投资仲裁员本身担任大学法学教授、国际法官或者律师，他们的本职工作具有很高的社会地位，收入尤其是仲裁收入都很可观，[①]特定双边投资协定下的案件数量必然有限，并且提供的薪水恐怕难以吸引这些最有经验的仲裁员加入。

（三）初步成型的法庭组织架构

欧盟投资法院体系为法庭和上诉庭分别设置了庭长和副庭长，[②]由他们负责法庭的组成事项。他们的任期均为两年，从第三国国民的法庭成员中以抽签方式选出。法庭庭长最重要的职责之一是指定分庭的成员，即组成分庭审理特定案件。法庭可以拟定自己的工作程序，这意味着投资法院未来可以发展出自己的内部程序规则。

但是，欧盟投资法院体系仍然规定由 ICSID 秘书长负责法庭的秘书处，由此提供适当的支持，例如 CETA 第 8.27 条第 16 款。这表明欧盟投资法院体系并没有自给自足的秘书处，而是与传统仲裁案件一样借助 ICSID 秘书处的支持。CETA 第 8.27 条第 17 款规定在建立法庭成员名单前由 ICSID 秘书长指定法庭成员，与该款的过渡特征不同，第 16 款并没有说明这只是过渡期的安排。这表明，欧盟投资法院体系对法庭的司法化是有限的，仍要借助于外部机构提供秘书支持。[③]

就法庭和上诉庭成员的报酬而言，欧盟投资法院体系交由各协定相关委员会来决定报酬的金额，以及决定将聘用费和费用开支转换为固定薪资。转换为固定薪资后，法官应全职工作，不得从事任何其他职业，无论是否取酬，除非初审法庭庭长或上诉庭庭长分别给予特别豁免。初审法庭庭长或副庭长应获得履职的每日工作费。对于初审法庭成员和上诉庭成员的每月聘用费，《欧盟 TTIP 草案》建议分别为 2000 欧元和 7000 欧元。与

---

① 仲裁员从每个案件中得到的平均收入约 20 万美元，参见 Sergio Puig, "Social Capital in the Arbitration Market", *European Journal of International Law*, Vol. 25, No. 2, 2014, p. 398.

② EMMGA 草案未规定设置上诉庭副庭长。

③ 《欧盟 TTIP 草案》将 ICSID 秘书处和常设仲裁院秘书处作为条款的选项。

投资仲裁员可从每个案件中得到的平均收入约 20 万美元相比，欧盟建议的每月聘用费明显偏低，尤其是在其收入与案件数量无关联的情况下。[①]

对于法庭费用的分配方式，EVIPA 规定成员的聘用费和每日工作费由缔约方承担，并考虑他们各自的发展水平；法庭或上诉庭的其他费用和开支，则依 ICSID 管理和财政条例第 14 条第 1 款规定，并由法庭或上诉庭在争端方之间分配。在仲裁案件中，某些仲裁庭裁定由各争端方承担自身费用，而另一些仲裁庭则适用由败诉方承担全部或部分的程序费和律师费。ISDS 案件的费用很高，根据研究，申请人支出的律师费和仲裁费平均约800 万美元。[②] 这种高额费用会降低中小投资者使用 ISDS 的意愿。由于欧盟投资法院将成员的费用交由缔约方承担，可在一定程度上降低争端方的负担。

在欧盟投资法院的财政方面，根据欧盟的预估，在双边投资法院没有案件的空转阶段，缔约方每年承担的费用约为 40 万欧元；如果出现一个初审案件并上诉，缔约方每年承担的费用约为 80 万欧元。[③] 其中存在的问题是，ISDS 往往集中在少数的投资协定项下，如果所有投资协定都采取双边投资法院，法庭的空置率必然很高。为了提高投资法院的效率，降低多家双边投资法院带来的财政负担，欧盟必然需要推广多边投资法院体系，将案件集中到多边投资法院审理以降低费用。

（四）分庭的组成：法庭庭长指定，而非由争端当事方或第三方指定

欧盟投资法院体系将 ISDS 司法化的另一个重要特征，是法庭成员包括首席在内都由法庭庭长指定，而非由争端当事双方或第三方指定。例如，CETA 摒弃了由争端双方或第三方指定仲裁员的方式，规定在 15 名固定的法庭成员名单中由法庭庭长以轮流和随机的方式指定分庭成员，3 组分庭

---

① 关于仲裁庭费用的现有数据，可参考联合国国际贸易法委员会《第三工作组（投资人与国家间争议解决制度的改革）第三十六届会议（2018 年 10 月 29 日至 11 月 2 日，维也纳）投资人与国家间争议解决制度的可能改革——费用和延续时间：秘书处的说明》，A/CN. 9/WG. III/WP. 153，2018 年 8 月 31 日。

② David Gaukrodger and Kathryn Gordon, "Investor-State Dispute Settlement: A Scoping Paper for the Investment Policy Community", OECD Working Papers on International Investment, No. 2012/3, p. 19.

③ European Commission Staff Working Document, "Impact Assessment, Multilateral Reform of Investment Dispute Resolution", SWD (2017) 302 final, Brussels, 13. 9. 2017, Annex 4.

成员的国籍应分别为欧盟成员国国民、加拿大国民和第三国国民。由于争端双方没有参与成员的指定程序，使争端当事方选择成员的权利彻底丧失，从而远离了仲裁合意和自治的原则。在分庭首席成员的指定上，欧盟投资法院体系也没有像通常的投资仲裁那样交由第三方的 ICSID 秘书长或者由争端方共同商定。

（五）法庭成员的国籍要求：强制的本国成分

对于分庭成员的国籍，除 EUSIPA 外的欧盟投资法院体系要求由缔约方本国国民和第三国国民各占其三分之一，这既不同于 UNCITRAL 仲裁规则的任择性要求，也不同于 ICSID 仲裁规则的排除性要求。UNCITRAL 仲裁规则没有对争端各方指定的非首席仲裁员作国籍上的强制性要求，甚至也不对第三方指定的首席仲裁员作国籍上的强制要求。UNCITRAL 仲裁规则第 6 条第 7 款是建议性和任择性的，仅规定："指定机构应注意到任何有可能保证指定独立、公正仲裁员的考虑，并应考虑到指定一名与各方当事人国籍不同的仲裁员的可取性。"《ICSID 公约》第 38 条要求首席仲裁员不得与争端方有相同国籍或者为其国民，这与 CETA、EVIPA 和 EMMGA 草案要求第三国国民的法庭成员担任首席是一致的。但是，对于非首席仲裁员，ICSID 仲裁规则中的规则三明确排除争端方提名的仲裁员与当事方具有相同国籍或者为其国民，规定"任何一方当事者在发往他方当事者之信函中应：提名两人，指定其中一名既不具有任何一方当事者之国籍又不是任何一方当事者之国民者为其所任命之仲裁员；指定另一人为其建议的仲裁庭庭长之仲裁员"。

尽管仲裁员的国籍与其中立性之间并不存在必然的关系，但是 ICSID 仲裁规则的非本国籍要求显然更具中立性。CETA 等协定要求法庭非首席成员具有本国国籍，有利亦有弊。

就益处而言，一方面，因本国国民的法庭成员参与审理投资争端案件，有助于法庭准确地理解和认定缔约方的国内法，避免完全中立的法庭成员可能不熟悉东道国的法律和政策，而对缔约方国内法作出错误的判断；另一方面，缔约方可以在指定本国国民组成法庭成员名单的遴选过程中，对法庭成员的组成结构施加潜在的、间接的影响，例如缔约方可能挑选具有注重保护本国监管利益倾向的人士或者具有某些偏好的人士出任法庭成员。

就弊端而言，CETA 强制性的本国国籍要求可能会削弱法庭成员的专业性。目前，最有经验的投资仲裁员主要来自欧洲、美国和加拿大，[①] 对于大多数国家，例如越南、新加坡或墨西哥而言，可能难以有资质足够的本国专业法律人士担任法庭成员，而本国国民并不一定比第三国国民更加胜任国际性的投资争端案件。这或许就是《欧盟—新加坡投资保护协定》并不要求本方指定的法庭成员具有本国国籍的原因。

二　上诉庭的建立

欧盟投资法院体系将 ISDS 司法化的另一个重要特征是建立上诉机制，争端方可以在裁决作出的 90 日内向上诉庭提出上诉。在传统投资仲裁中，对裁决的质疑仅仅限于撤销仲裁裁决或停止执行，这仅导致个别仲裁裁决无效或者被拒绝承认。

根据欧洲议会的研究报告，CETA 引入上诉机制，一方面是为了纠正错误的裁决；另一方面是为了确保裁决的一致性和可预测性。[②] 在纠正错误裁决方面，欧洲议会认为上诉机制比当前的撤销裁决或停止执行机制更加省时和省钱；在裁决一致性和可预测性方面，其目的是确保各法庭以相同的方式解释条约。欧盟委员会认为，上诉机制可以增强合法性，不仅在实体问题上，而且通过加强机构的独立性、中立性和可预测性增强机制的合法性。[③] 欧洲议会的研究报告乐观地认为，上诉机制带来的这些好处超过了因为上诉而延长最终裁决而给争端方带来的不利。

（一）法律审与事实审

欧盟投资法院上诉审查的范围是相当广泛的，不仅包括法律审，还包括事实审，并且将《ICSID 公约》规定的撤销裁决的理由作为修改和撤销

---

① Sergio Puig, "Social Capital in the Arbitration Market", *European Journal of International Law*, Vol. 25, No. 2, 2014, p. 406.

② Steffen Hindelang and Teoman M. Hagemeyer, *Study in Pursuit of an International Investment Court: Recently Negotiated Investment Chapters in EU Comprehensive Free Trade Agreements in Comparative Perspective*, July 2017, p. 175.

③ European Commission, "Concept Paper: Investment in TTIP and Beyond—The Path for Reform: Enhancing the Right to Regulate and Moving from Current Ad Hoc Arbitration towards an Investment Court", 5 May 2015, p. 9.

一审裁决的理由。例如 CETA 第 8.28 条规定，缔约方设立上诉庭以审查一审法庭作出的裁决。上诉庭审查的对象包括：（1）对所适用的法律在适用或解释上错误；（2）对案件事实的认定明显错误，包括对相关国内法的认定；（3）《ICSID 公约》第 52 条第 1 款第 1 项至第 5 项规定的理由。

尽管该机制受到世界贸易组织上诉机制的启发，但是与世界贸易组织上诉审限定在法律问题和法律解释内不同，[①] 欧盟投资法院体系上诉庭的审理范围不仅包括法律审，还包括事实审，包括在特定情况下对案件事实的认定。在一审的事实认定明显错误的情况下，上诉庭可以修改或撤销一审裁决。《ICSID 公约》第 51 条规定："任何一方可以根据所发现的某项其性质对裁决有决定性影响的事实，向秘书长提出书面申请要求修改裁决，但必须以在作出裁决时仲裁庭和申请人都不了解该事实为条件，而且申请人不知道该事实并非由于疏忽所致。"欧盟投资法院体系将事实问题纳入上诉审，可能受到该条的启发。但是，这两者之间的差别是明显的。第一，ICSID 修改裁决的理由限于补充性的重要事实，而非对案件事实的认定明显错误；第二，《ICSID 公约》第 51 条的理由仅导致裁决被修改或停止执行裁决，而欧盟投资法院体系中事实认定明显错误可能导致裁决被撤销。

除了法律审和事实审，欧盟投资法院体系还将《ICSID 公约》第 52 条第 1 款规定的 5 种撤销裁决的理由以援引的方式纳入上诉庭维持、修改或者撤销法庭裁决的理由，即：（1）仲裁庭的组成不适当；（2）仲裁庭显然超越其权力；（3）仲裁庭的成员有受贿行为；（4）有严重的背离基本程序规则的情况；（5）裁决未陈述其所依据的理由。《ICSID 公约》仅将上述理由用于撤销裁决，但不包括修改裁决。这些差异可能导致在实践中欧盟投资法院体系与《ICSID 公约》的停止执行程序或撤销程序产生冲突。

（二）上诉庭的组成

在欧盟投资法院体系下，上诉庭的组成方式与初审法庭类似，也分为 3 组，均由 6 名成员组成。在不同的协定下，上诉庭成员的任期规则各不相同，CETA 联合委员会规定上诉庭成员任期为 9 年，不可连任；EUSIPA

---

① 《建立世界贸易组织马拉喀什协定》附件二《关于争端解决规则与程序的谅解》第 17 条第 6 款："上诉应限于专家组报告涉及的法律问题和专家组所作的法律解释。"

规定为 8 年，不可连任；EVIPA 规定为 4 年，可连任；EMMGA 规定任期为 5 年，但未规定是否可连任。

上诉庭庭长以轮流的方式确定上诉庭分庭的组成。例如 EVIPA 规定，分庭审理各上诉案件，其组成应由上诉庭庭长在轮流的基础上以个案方式建立，确保各分庭的组成是随机和不可预测的，同时给予所有成员平等的服务机会。如果个人在法庭分庭审理时其任期届满，经上诉庭庭长批准，仍可继续作为上诉庭成员在该分庭任职，直至最终裁决作出为止。但是该规定存在内在矛盾，由于上诉庭人数非常有限，而且分庭只有分为 3 组，在轮流组成分庭时，成员的指定很难做到不可预测，因为每组被指定的概率都为 50%，如果严格执行轮流机制，就很容易猜出下一分庭的成员组成。

对于案件审理的决策程序，只有 EVIPA 规定，不论一审和上诉审，上诉庭分庭应以协商一致的方式努力作出决定。无法达成一致时，上诉庭分庭以其所有成员的多数票作出决定。上诉庭分庭个别成员表达的观点应不具名。ISDS 的组成比较见表 3-4。

（三）上诉机制与裁决承认与执行的困境

欧盟投资法院体系建立的上诉机制引发了学者对其是否与《ICSID 公约》和《纽约公约》兼容的担心。[①] 第一，欧盟投资法院作出的裁决存在是否属于《纽约公约》仲裁裁决的风险；第二，有学者认为欧盟建立的上诉机制不符合《ICSID 公约》，因为《ICSID 公约》第 53 条明确排除上诉机制。《ICSID 公约》第 53 条规定："裁决对双方具有约束力。不得进行任何上诉或采取除本公约规定外的任何其他补救办法"；第三，该上诉机制与 ICSID 撤销程序的关系也存在矛盾。解决这些条约冲突恐怕不只是需要通过修改《ICSID 公约》来解决。

对于上诉机制带来的不利局面，很可能是被忽视了。例如，世界贸易

---

① See August Reinisch, "Will the EU's Proposal Concerning an Investment Court System for CETA and TTIP Lead to Enforceable Awards? —The Limits of Modifying the ICSID Convention and the Nature of Investment Arbitration", *Journal of International Economic Law*, Vol. 19, No. 4, 2016, pp. 761–786; N. Jansen Calamita, "The (In) Compatibility of Appellate Mechanisms with Existing Instruments of the Investment Treaty Regime", *Journal of World Investment & Trade*, Vol. 18, No. 4, 2017, pp. 585–627.

表 3-4

ISDS 的组成比较

ISDS 的名称	《欧盟 TTIP 草案》投资法院系统（ICS）	《欧盟—加拿大全面经济与贸易协定》	《欧盟—新加坡投资保护协定》	《欧盟—越南投资保护协定》	《欧盟—墨西哥新全球协定》	《全面与进步跨太平洋伙伴关系协定》
	投资法院系统（ICS）	法庭	投资者缔约方间争端解决	投资法庭体系	投资者—国家争端解决	投资者—国家争端解决
一审机制 — 初审法庭的组成	"初审法庭"（简称法庭）由 15 名"法官"组成，由专门委员会任命。初审法庭法官分三组：分别为欧盟成员国国民、美国国民和第三国国民。	"法庭"由 15 名"成员"组成，由 CETA 联合委员会分别任命。法庭成员分为三组：分别为欧盟成员国国民、加拿大国民和第三国国民。	"初审法庭"由 6 名"成员"组成，由专门委员会任命。法庭成员分为三组：另 2 人由欧盟，另 2 人应为第三国国民并且由欧盟成员国国民和新加坡共同提名。	"法庭"由 9 名"成员"组成，由专门委员会任命分为三组：分别为欧盟成员国国民、越南国民和第三国国民。	"法庭"由 9 名"成员"组成，由联合委员会任命分为三组：分别为欧盟成员国国民、墨西哥国民和第三国国民。	
裁判人员的资质	法官应具有在其本国担任司法职位的资格，或者是被认可的法学家。他们应展现出国际公法方面的专长。理想的话，他们尤其在国际投资法、国际贸易法、解决国际投资或国际贸易协定引起的争端方面具有专长。	法庭成员应具有在其本国担任司法职位的资格，或者是被认可的法学家。他们应展现出国际公法方面的专长。理想的话，他们尤其在国际投资法、国际贸易法、解决国际投资或国际贸易协定引起的争端方面具有专长。	法庭成员应具有在其本国担任司法职位的资格，或者是被认可的法学家。他们应展现出国际公法方面的专长。理想的话，他们尤其在国际投资法、国际贸易法、解决国际投资或国际贸易协定引起的争端方面具有专长。	法庭成员应具有在其本国担任司法职位的资格，或者是被认可的法学家。他们应展现出国际公法方面的专长。理想的话，他们尤其在国际投资法、国际贸易法、解决国际投资或国际贸易协定引起的争端方面具有专长。	法庭成员应展现出国际公法方面的专长，并取得作为国际法院法官的任命资格，或者是能力被认可的法学家。他们尤其在国际投资或解决国际投资协定引起的国际贸易或协定谈判方面具有专长。	

续表

ISDS 的名称	《欧盟 TTIP 草案》投资法院系统（ICS）	《欧盟—加拿大全面经济与贸易协定》	《欧盟—新加坡投资保护协定》	《欧盟—越南投资保护协定》	《欧盟—墨西哥新全球协定》	《全面与进步跨太平洋伙伴关系协定》
	投资法院系统（ICS）	法庭	投资者方间争端解决	投资法庭体系	投资者—国家争端解决	投资者—国家争端解决
一审机制 任期	初审法庭法官的任期为6年，可连任一次。本协定生效之后立即任命的15人中，以抽签的方式决定7人，其任期延长为9年。应及时填补空缺。被任命替换的法官的剩余任期，在前任任期届满时的剩余任期内任职。	法庭成员的任期为5年，可连任一次。本协定生效之后立即任命的15人中，以抽签的方式决定7人，其任期延长为6年。应及时填补空缺。被任命替换的法庭成员，在前任任期届满时的剩余任期内任职。原则上，法庭审理时其任期届满，仍可继续审理，作为分庭成员任职，直至最终裁决作出为止。	法庭成员的任期为8年，到届满时可连任一次。本协定生效之后立即任命的6人中，以抽签的方式决定3人，其任期延长为12年。应及时填补空缺。被任命替换的法庭成员，在前任任期届满时其剩余任期内任职。如果法庭成员在其任期届满时，仍可继续在该分庭任职，直至最终裁决作出为止。	法庭成员的任期为4年，可连任一次。本协定生效之后立即任命的9人中，以抽签的方式决定5人，其任期延长为6年。应及时填补空缺。被任命替换的法庭成员，在前任任期届满时其任职的剩余任期内任职。如果法庭成员在法庭审理其任期届满，经法庭庭长批准，仍继续作为成员在该分庭任职，直至最终裁决作出为止。	法庭成员的任期为4年，但是，本协定立即生效之后立即任命的9人中，以抽签的方式决定4人，其任期延长为8年。应及时填补空缺。被任命替换的法庭成员，在前任任期届满的剩余任期内任职。如果法庭成员在法庭分庭审理其任期届满，经法庭庭长批准，仍继续作为分庭成员任职，直至最终裁决作出为止。	
法庭庭长或副庭长	法庭庭长和副庭长负责组织事项，任期2年，从第三国国籍的成员中以抽签方式选出，他们轮流任职，由CETA联合委员会主席签出。庭长缺位时，副庭长替代庭长任职。	法庭庭长和副庭长负责组织事项，任期2年，从第三国国籍的成员中以抽签方式选出，他们轮流任职，由CETA联合委员会主席签出。庭长缺位时，副庭长替代庭长任职。	法庭庭长和副庭长负责组织事项，任期4年，从第三国国籍的成员中以抽签方式选出，他们轮流任职，由CETA联合委员会主席签出。庭长缺位时，副庭长替代庭长任职。	法庭庭长和副庭长负责组织事项，任期2年，从第三国国籍的成员中以抽签方式选出，他们轮流任职，由专门委员会主席签出。庭长缺位时，副庭长替代庭长任职。	法庭庭长负责组织事项，任期2年，由联合委员会主席从第三国国民中任命基础上抽签选出。法庭权力根据法庭临时定的《工作程序》应预先规定庭长缺位时的必要处理规则。	

续表

ISDS的名称	《欧盟TTIP草案》投资法院系统（ICS）	《欧盟—加拿大全面经济与贸易协定》法庭	《欧盟—新加坡投资保护协定》投资者与缔约方间争端解决	《欧盟—越南投资保护协定》投资法庭体系	《欧盟—墨西哥新全球协定》投资者—国家争端解决	《全面与进步跨太平洋伙伴关系协定》投资者—国家争端解决
裁判庭的构成	初审法庭以3名法官构成的分庭审理案件，3人为三组国籍，由第三国国民担任分庭首席。	法庭以3名成员构成的分庭审理案件，3人为三组国籍，由第三国国民担任分庭首席。	法庭以3名成员构成的分庭从三组中分别指定，由第三国国民担任分庭首席。	法庭以3名成员构成的分庭审理案件，3人为三组国籍，由第三国国民担任分庭首席。	法庭以3名成员构成的分庭审理案件，3人为三组国籍，由第三国国民担任分庭首席。	第9.21条 仲裁员的选择 1. 除非争端双方另有约定，否则仲裁庭应由3名仲裁员组成，争端双方各自任命一名仲裁员，第三名作为首席仲裁员应由争端双方协议任命。
裁判庭的组成方式	在提请诉请的90天内，初审法庭庭长在轮流审理案件基础上预测地指定3名成员组成分庭，并给予平等服务机会。	在提请诉请的90天内，法庭庭长在轮流审理案件基础上随机地指定3名成员组成分庭，并给予平等服务机会。	在提请诉请的90天内，初审法庭庭长在轮流审理案件基础上预测地指定3名成员组成分庭，并给予平等服务机会。	在提请诉请的90天内，法庭庭长在轮流审理案件基础上随机地指定3名成员组成分庭，并给予平等服务机会。	在提请诉请的90天内，法庭庭长依据拟定的《工作程序》，在轮流审理案件基础上不可预测地指定3名成员组成分庭，并给予子所有成员平等选择机会。	2. 秘书长应由基于本节提起的仲裁自根据本节规定提交仲裁之日起75天内未提交仲裁，秘书长任命尚未指定的仲裁员。除争端双方另有同意，秘书长指定的仲裁员不得任命被申请人或被申请人所属缔约方的国民担任首席仲裁员。3. 如仲裁庭仍未行使裁量权，应争端一方的请求，秘书长应任命尚未指定的仲裁员的任命机构任命。

续表

ISDS 的名称	《欧盟 TTIP 草案》投资法院系统（ICS）	《欧盟—加拿大全面经济与贸易协定》法庭	《欧盟—新加坡投资保护协定》投资者与缔约方间争端解决	《欧盟—越南投资保护协定》投资法庭体系	《欧盟—墨西哥新全球协定》投资者—国家争端解决	《全面与进步跨太平洋伙伴关系协定》投资者—国家争端解决
是否需要被申请人同意法庭成员国或仲裁员	不适用	不适用	不适用	不适用	不适用	4. 基于《ICSID 公约》第 39 条和《ICSID 附加便利规则》附件 C 第 7 条规定的目的，在不影响以国籍为由的理由拒绝仲裁员的情况下： （a）被申请人同意依据《ICSID 公约》和《ICSID 附加便利规则》设立仲裁庭的每个组成人员； （b）只有在申请人书面同意每个组成仲裁员的情况下（a）项（据交仲裁申请人方可根据本节规定依据《ICSID 公约》或《ICSID 附加便利规则》提交仲裁或继续仲裁； （c）只有在申请人和企业均书面同意每个组成人员的情况下，（b）项（据交仲裁申请人和企业方可根据《ICSID 公约》和《ICSID 附加便利规则》提交仲裁或继续仲裁。
一审机制						第 9.21 条 仲裁员的选择；第 9.18 条（据交仲裁申请人可根据第 9.18 条第 1 款（b）项（据交仲裁申请人）所指的申请人方可根据《ICSID 公约》和《ICSID 附加便利规则》提交仲裁。

续表

ISDS 的名称	《欧盟 TTIP 草案》投资法院系统（ICS）	《欧盟—加拿大全面经济与贸易协定》法庭	《欧盟—新加坡投资保护协定》投资者与缔约方间争端解决	《欧盟—越南投资保护协定》投资法庭体系	《欧盟—墨西哥新全球协定》投资者—国家争端解决	《全面与进步跨太平洋伙伴关系协定》投资者—国家争端解决
一审机制　独任	争端方可同意由独任法官审理案件。该法官由初审法庭国民的成员从第三国国民中选任。被申请人应给予积极考虑，特别是在中小企业提起诉请，或索赔额较低时。	争端方可同意从第三国国民中随机任命独任成员审理案件。被申请人应给予积极考虑，特别是在中小企业提起诉请，或索赔额较低时。	争端方可同意由独任成员审理案件。应由初审法庭庭长从第三国国民中随机任命独任。被申请人应给予积极考虑，特别是在中小企业提起诉请，或索赔额较低时。	争端方可同意由独任成员审理案件。该成员由法庭庭长从第三国国民中选任。被申请人应给予积极考虑，特别是在中小企业提起诉请，或索赔额较低时。	争端方可同意从第三国国民中任命独任成员审理案件。该成员由法庭庭长随机并轮流选择。	投资者—国家争端解决
工作程序	初审法庭应拟定自己的工作程序。	法庭可以拟定自己的工作程序。	初审法庭应拟定自己的工作程序。	法庭可以拟定自己的工作程序。工作程序由专门委员会通过，如果出现未涵盖的程序问题，分庭可以通过符合前述规定的适当程序。	法庭应在咨询缔约方之后拟定自己的工作程序。	
法庭的决策程序				分庭应以协商一致方式努力作出决定。无法达成一致时，以分庭所有成员的多数票作出决定。分庭个别成员表达的观点应不具名。		

续表

	ISDS 的名称	《欧盟 TTIP 草案》投资法院系统（ICS）	《欧盟—加拿大全面经济与贸易协定》	《欧盟—新加坡投资保护协定》	《欧盟—越南投资保护协定》	《欧盟—墨西哥新全球协定》	《全面与进步跨太平洋伙伴关系协定》
		投资法院系统（ICS）	法庭	投资者与国家间争端解决方	投资法庭体系	投资者—国家争端解决	投资者—国家争端解决
一审机制	任职	法官应可随时并立即到任，并且应跟进本协定项下的争端解决活动。	法庭成员应确保他们可以到任并履职。	法庭成员应确保他们以到任并履职。	法庭成员应可随时并立即到任，并且应跟进本协定项下的争端解决活动。	法庭成员应可随时到任，并且应跟进本协定项下的争端解决活动。	
	报酬	由专门委员会决定法官的每月聘用费（欧盟建议为 WTO 上诉机构成员的 1/3，即每月约 2000 欧元），并可决定将聘用费和其他费用转换为固定薪资。转换固定薪资后，法官应不得从事任何其他全职工作，无论是否取得特别酬金。除非审法庭长给予特别豁免。初审法庭长应得履职的每日工作费。	由 CETA 联合委员会决定法庭成员的每月聘用费，并可决定将聘用费和其他费用转换为固定薪资。转换固定薪资后，并决定适用的模式和条件。	由委员会决定法庭成员的每月聘用费，并可决定将聘用费和其他费用永久转换为固定薪资和相关机构事项。转换为固定薪资后，法官应从事全职工作，无论是否取得任何其他全职工作，除非初审法庭长给予特别豁免。法庭长应得履职的每日工作费。	专门委员会决定法庭成员的每月聘用费，并可决定将聘用费和其他费用转换为固定薪资。转换为固定薪资后，法官应从事全职工作，无论是否取得任何其他全职工作，除非初审法庭长给予特别豁免。法庭长应得履职的每日工作费。	由联合委员会决定法庭成员的每月聘用费，并可决定将聘用费和其他费用转换为固定薪资。转换为固定薪资后，法官应规定全职工作，无论是否取得任何其他全职工作，除非法庭长给予特别豁免。法庭长应得副庭长履职的每日工作费。	

续表

	《欧盟 TTIP 草案》投资法院系统（ICS）	《欧盟—加拿大全面经济与贸易协定》	《欧盟—新加坡投资保护协定》	《欧盟—越南投资保护协定》	《欧盟—墨西哥新全球协定》	《全面与进步跨太平洋伙伴关系协定》
ISDS 的名称	投资法院系统（ICS）	法庭	投资者与缔约方间争端解决	投资法庭体系	投资者—国家争端解决	投资者—国家争端解决
一审机制　费用的分配方式	法官的聘用费用由缔约方平摊。除非专门委员会通过决定，分庭审理的其他费用和开支应依据《ICSID 管理和财政条例》第 14（1）条决定，并由法庭根据第 28 条第四款在争端方之间分配。	法庭成员的聘用费用由缔约方平摊。除非 CETA 联合委员会通过决定，分庭成员的其他费用和开支应依据《ICSID 管理和财政条例》第 14（1）条决定，并由法庭根据第 8.39.5 条在争端方之间分配。	法庭成员的聘用费用和庭长由缔约方平摊。除非缔约方会通过决定改变，分庭成员的其他费用和开支应依据《ICSID 管理和财政条例》第 14（1）条决定，并由法庭根据第 3.21 条在争端方之间分配。	聘用费或每日工作费由缔约方承担并考虑自己的发展水平。除非专门委员会通过决定，分庭成员的其他费用和开支应依据《ICSID 管理和财政条例》第 14（1）条决定，并由法庭根据第 28 条第四款在争端方之间分配。	聘用费由缔约方各自担并考虑自己的发展水平。服务与投资分委会聘用费用的金额和构成，并可建议由联合管理委员会作出调整。除非他们通过决定，分庭成员的其他费用和开支应依据《ICSID 管理和财政条例》第 14（1）条决定，并由法庭根据第 29 条第五款在争端方之间分配。	
聘用费用的账户管理	ICSID 或常设仲裁院秘书处	ICSID 秘书处	ICSID 秘书处	ICSID 秘书处	ICSID 秘书处	
行政支持	ICSID 秘书处担任法庭的秘书处，并提供适当支持。这类支持的费用由缔约方平摊。	ICSID 秘书处担任法庭的秘书处，并提供适当支持。	ICSID 秘书处担任法庭的秘书处，并提供适当支持。这类支持的费用在争端方之中根据第 3.21 条分配。	ICSID 秘书处担任法庭的秘书处，并提供适当支持。这类支持的费用在争端方之中根据第 3.53 条第四款分配。	ICSID 秘书处担任法庭的秘书处，并提供适当支持。这类支持的费用在争端方之中根据第 29 条第五款分配。	

续表

ISDS 的名称	《欧盟 TTIP 草案》投资法院系统（ICS）	《欧盟—加拿大全面经济与贸易协定》	《欧盟—新加坡投资保护协定》	《欧盟—越南投资保护协定》	《欧盟—墨西哥新全球协定》	《全面与进步跨太平洋伙伴关系协定》
	投资法院系统（ICS）	法庭	投资者与缔约方间争端解决	投资法庭体系	投资者—国家争端解决	投资者—国家争端解决
一审机制　过渡期的分庭任命方式		如果在提交诉请的 90 天内尚未任命初审法庭成员，由 ICSID 秘书长从现有提名名单中随机任命的分庭成员。				第 9.23 条 仲裁的进行 如将来在其他机制性安排下建立审查投资者—国家间争端解决的上诉机制，各缔约方应依据第 9.28 条（裁决）作出的裁决约方应努力考虑其是否适用于该上诉机制。各缔约方应采用与第 9.23 条（仲裁程序的透明度）确立的程序透明规定类似的程序透明度要求。
上诉机制　上诉庭的定位	特此设立常设上诉庭，以审理对法庭所作裁决的上诉。	设立上诉庭以审查依本节作出的裁决。	特此设立常设上诉庭，以审理对法庭所作裁决的上诉。	特此设立常设上诉庭，以审理对法庭所作裁决的上诉。	特此设立常设上诉庭，以审理对法庭所作裁决的上诉。	
上诉庭的组成	上诉庭由 6 名"成员"组成，法庭成员分为 3 组，分别为欧盟国国民、美国国民和第三国国民。	上诉庭应由 CETA 联合委员会任命的 6 名成员组成，并考虑多样性原则和性别平等原则。	上诉庭应由专门委员会任命的 6 名成员组成。	上诉庭由 6 名成员组成，法庭成员分为三组，分别为欧盟成员国国民、越南国民和第三国国民。	上诉庭由 6 名成员组成，法庭成员分为三组，分别为欧盟国国民、墨西哥国民和第三国国民。	

续表

ISDS 的名称	《欧盟 TTIP 草案》投资法院系统（ICS）	《欧盟—加拿大全面经济与贸易协定》法庭	《欧盟—新加坡投资保护协定》投资者缔约方间争端解决	《欧盟—越南投资保护协定》投资法庭体系	《欧盟—墨西哥新全球协定》投资者—国家争端解决	《全面与进步跨太平洋伙伴关系协定》投资者—国家争端解决
上诉庭成员的任命	上诉庭成员由专门委员会在本协定生效后应任命。各候选方应提议3名候选人，其中2人为该缔约方本国国民，1人为非本国国民。	对于任命，分为3组，2人选自加拿大建议的提名人选，2人选自欧盟建议的提名人选，2人选自加拿大和欧盟建议的第三国国民提名人选。	对于任命，分为3组，欧盟提名2名，新加坡提名2名，另2名为欧盟和新加坡共同提名的第三国国民。	上诉庭成员由专门委员会在本协定生效后应任命。作为对提议具有本国国籍的一组成员的替代，各缔约方可以提议任命具有其他国籍或公民有效的成员。	上诉庭成员由联合委员会在本协定生效后任命。各缔约方应后提议3名候选人，其中2人为该缔约方本国国民，1人为非本国国民。	投资者—国家争端解决
上诉庭成员的任期	上诉庭成员的任期为6年，可连任一次。但是上诉庭成员之6名上诉庭成员之中，3人以抽签方式从前述3组中分别选出，任期延长为9年。应及时填补替换被任命届满的成员，在前任届满未届满任期的人员的剩余任期任职。	上诉庭成员的任期为9年，不可连任。但是上诉庭成员之6名上诉庭成员之中，3人以抽签方式从前述3组中分别选出，任期延长为6年，在上诉庭成员身份继续以原则上，可以继续审理案件，除非上诉庭庭长在案件结束审理前另作出决定，该分庭其他成员在该案件作出最终裁决时，应作出另及时补缺。	上诉庭成员的任期为8年，不可连任。但是上诉庭成员之6名中，3名上诉庭成员的任期延长为12年，这3人以抽签方式从前述3组中分别选出。应及时填补替换被任命届满的成员，在前任届满未届满任期的人员，如果成员在分庭任职案件时其他上诉庭庭长批准，仍可继续留任职，直至作最终裁决出为止。	上诉庭成员的任期为4年，但是可连任第一任一次。这6名上诉庭成员之中，3人以抽签方式从前述3组中分别选出，任期延长为6年。应及时填补替换被任命届满的成员，在前任届满未届满任期的人员的剩余任期任职。	上诉庭成员任期为5年，但是首次任命的6人中，有3人任命以抽签方式，延长为7年，应及时填补替换被任命届满的成员，在前任届满未届满任期的人员，经上诉庭庭长批准，仍可继续留任职，直至为该分庭审理案件时其上诉庭庭长的最终裁决作出为止。	投资者—国家争端解决

续表

ISDS 的名称	《欧盟 TTIP 草案》投资法院系统(ICS)	《欧盟—加拿大全面经济与贸易协定》	《欧盟—新加坡投资保护协定》	《欧盟—越南投资保护协定》	《欧盟—墨西哥新全球协定》	《全面与进步跨太平洋伙伴关系协定》
	投资法院系统(ICS)	法庭	投资者间争端解决方	投资法庭体系	投资者—国家争端解决	投资者—国家争端解决
上诉机制 上诉庭成员的资质	上诉庭成员应具有在本国任职最高司法职务的资格，或者是能力被认可的法学家。应已经展现出国际公法的专长。理想的话，他们在国际投资法、国际贸易法和解决国际投资或国际贸易协定引起的争端方面具有专长。	援引法庭成员的资质要求。	上诉庭成员具有在本国任职的最高司法职务的资格，或者是能力被认可的法学家。应已经展现出国际公法的专业知识或专长。理想的话，他们特别在国际投资法、国际贸易法和解决国际投资或国际贸易协定引起的争端方面具有专长。	上诉庭成员应具有在本国任职的最高司法职务的资格，或者是能力被认可的法学家。应已经展现出国际公法的专长。理想的话，他们特别在国际投资法、国际贸易法和解决国际投资或国际贸易协定引起的争端方面具有专长。	上诉庭成员应具有作为国际法院法官的任命资格，或者是能力被认可的法学家。应已经展现出本章涵盖事项的专长，他们在国际投资法、国际贸易法或解决国际投资或国际贸易协定引起的争端方面具有专长。	
上诉庭庭长或副庭长的任命	由一名庭长和一名副庭长负责上诉庭的组织事项，任期为2年，从第三国国民的成员们中选出，他们轮流任职，由抽签以抽选方式选出。庭长缺位时，由副庭长代替。	由一名庭长和一名副庭长负责上诉庭的组织事项，任期为2年，从第三国国民的成员们中选出，他们在 CETA 联合委员会主席以抽签方式选出。庭长缺位时，由副庭长代替。	由一名庭长和一名副庭长负责上诉庭的组织事项，任期为4年，从第三国国民的成员们中选出，他们轮流任职，由专门委员会主席以抽签方式选出。庭长缺位时，由副庭长代替。	上诉庭庭长和副庭长负责组织事项，任期为2年，从第三国国民中选出，他们轮流任职，由专门委员会主席抽签以抽选方式选出。庭长缺位时，庭长代替。	由一名庭长上诉庭负责上诉庭的组织事项，上诉庭庭长任期为2年，从第三国国民的成员中选出，由联合理事会主席会议拟定以抽选方式选出。上诉庭的工作程序规则应先规定庭长临时缺位时的处理规则。	

续表

ISDS的名称		《欧盟ITTIP草案》	《欧盟—加拿大全面经济与贸易协定》	《欧盟—新加坡投资保护协定》	《欧盟—越南投资保护协定》	《欧盟—墨西哥新全球协定》	《全面与进步跨太平洋伙伴关系协定》
ISDS的名称		投资法院系统（ICS）	法庭	投资者缔约方间争端解决	投资法庭体系	投资者—国家争端解决	投资者—国家争端解决
上诉机制	上诉庭分庭的组成	上诉庭以由3名成员组成的分庭审查案件，1人为欧盟国国民，1人为墨西哥国国民，1人为第三国国民。分庭由第三国国民的成员担任首席。	上诉庭以前述3组的指定方式组成3人分庭审理各案件，即欧盟各成员国国民、加拿大国国民和第三国国民各1人。分庭由第三国国民担任首席。当出现关于CETA第8章（投资章节）解释或适用问题的严重问题时，上诉庭可以组成6人分庭。在争端解决人分庭。在这种方提出这种要求或者上诉庭决定如此时，上诉庭应组成6人分庭。上诉庭庭长主持6人分庭。	上诉庭以前述3组的指定方式组成的分庭审查案件。分庭由第三国国民的成员担任首席。	上诉庭以由3名成员组成的分庭审查案件，1人为欧盟国国民，1人为越南国国民，1人为第三国国民。分庭由第三国国民的成员担任首席。	上诉庭以由3名成员组成的分庭审查案件，1人为欧盟国国民，1人为墨西哥国国民，1人为第三国国民。分庭由第三国国民的成员担任首席。	

续表

	《欧盟 TTIP 草案》	《欧盟—加拿大全面经济与贸易协定》	《欧盟—新加坡投资保护协定》	《欧盟—越南投资保护协定》	《欧盟—墨西哥新全球协定》	《全面与进步跨太平洋伙伴关系协定》
ISDS 的名称	投资法院系统（ICS）	法庭	投资者缔约方间争端解决	投资法庭体系	投资者—国家争端解决	投资者—国家争端解决
上诉机制 上诉分庭成员的指定	分庭审理各上诉案件，其组成应由上诉庭成员在轮流的基础上以个案方式建立，确保各分庭的组成是随机的和不可预测的，同时给予所有成员平等的服务机会。	分庭审理各上诉案件，其组成应由上诉庭成员在轮流的基础上以个案方式建立，确保各分庭的组成是随机的和不可预测的，同时给予所有成员平等的服务机会。	上诉庭庭长应指定成员审理上诉案件，确保各分庭组成在轮流基础上以个案方式建立，确保各分庭的组成是随机的和不可预测的，同时给予所有成员平等的服务机会。	分庭审理各上诉案件，其组成应由上诉庭成员在轮流的基础上以个案方式建立，确保各分庭的组成是随机的和不可预测的，同时给予所有个人在法庭审理其上诉案件。如果上诉分庭审理时其任期届满，经上诉庭庭长批准，上诉庭成员作为该分庭继续在职，直至作出裁决为止。	分庭审理各上诉案件，其组成应由上诉庭成员在轮流的基础上以个案方式建立，符合《工作程序》，确保各分庭的组成是随机的和不可预测的，同时给予所有成员平等的被选任机会。	

续表

ISDS 的名称	《欧盟 TTIP 草案》投资法院系统（ICS）	《欧盟—加拿大全面经济与贸易协定》法庭	《欧盟—新加坡投资保护协定》投资者与缔约方间争端解决	《欧盟—越南投资保护协定》投资法庭体系	《欧盟—墨西哥新全球协定》投资者—国家争端解决	《全面与进步跨太平洋伙伴关系协定》投资者—国家争端解决
上诉机制　上诉庭的工作程序规则	上诉庭应拟定自己的工作程序。	上诉庭可以拟定自己的工作程序。	上诉庭应拟定自己的工作程序。	上诉庭应拟定自己工作的程序。工作程序应符合本节以及附件 13（上诉庭工作程序）。上诉庭长应拟定工作程序草案，并向咨询庭其他成员。当出现本节、委员会通过的补充规则或成员的程序中未涵盖的程序问题时，相关成员分庭可以通过的适当程序来涵盖这些条款的适当程序。	上诉庭在咨询缔约方之后应拟定自己的工作程序。	
上诉庭的决策方式				上诉庭分庭应以协商一致方式努力作出决定。上诉庭分庭无法达成一致时，上诉庭分庭以其所有成员的多数票作出决定。上诉庭分庭个别成员的观点表达应不具名。		

续表

ISDS 的名称	《欧盟 TTIP 草案》投资法院系统（ICS）	《欧盟—加拿大全面经济与贸易协定》	《欧盟—新加坡投资保护协定》	《欧盟—越南投资保护协定》	《欧盟—墨西哥新全球协定》	《全面与进步跨太平洋伙伴关系协定》
	投资法院系统（ICS）	法庭	投资者与间争端解决方	投资法庭体系	投资者—国家争端解决	投资者—国家争端解决
上诉机制　任职	为上诉庭服务的所有人应可随时并立即到任，并且应跟进本协定项下的其他争端解决活动。	成员应确保自身到任并能够履行 CETA 第 8 章（投资）第 F 节（投资者同国家间投资争端解决）和该裁决规定的职能。	上诉庭成员应确保自身到任并能够履行本节规定的职能。	上诉庭分庭成员可随时并立即到任，并且应跟进本协定项下的其他争端解决活动。	为上诉庭服务的所有人应可随时并立即到任，并且应跟进本协定项下的其他争端解决活动。	
上诉机制　报酬	应向上诉庭成员支付每月聘用费和每日工作费，费用由联合委员会决定。（欧盟建议该聘用费和每日工作费与每月 WTO 上诉庭成员大致相同，即每月约 7000 欧元）。法庭庭长或副庭长应获得履职的每日工作费。	应向成员支付每月聘用费，该费用由 CETA 联合委员会决定。	应向上诉庭成员支付每月聘用费和每日工作费，费用由专门委员会决定。法庭庭长或副庭长应获得履职的每日工作费。	应向上诉庭成员付每月聘用费和每日工作费，费用由专门委员会决定。法庭庭长或副庭长应获得履职的每日工作费。	应向上诉庭成员和费用由委员会决定。法庭庭长或副庭长应获得履职的每日工作费。	

续表

	《欧盟 TTIP 草案》投资法院系统（ICS）	《欧盟—加拿大全面经济与贸易协定》	《欧盟—新加坡投资保护协定》	《欧盟—越南投资保护协定》	《欧盟—墨西哥新全球协定》	《全面与进步跨太平洋伙伴关系协定》
ISDS 的名称	投资法院系统（ICS）	法庭	投资者与缔约方同争端解决	投资法庭体系	投资者—国家争端解决	投资者—国家争端解决
上诉机制　报酬或费用的支付与分配方式	上诉庭成员的报酬应由缔约双方平摊，款项交由[ICSID 或常设仲裁院]秘书处管理的账户。在一方未支付聘用费用时，另一方可以选择代为支付。任何延迟支付需支付适当利息。	聘用费用由缔约双方平摊，款项交由 ICSID 秘书处管理的账户。在一方未支付聘用费用时，另一方可以选择代为支付。任何延迟支付需支付适当利息。对于审理诉请所发生的其他费用，应由 CETA 联合委员会确定，并采取与 CETA 第 8.39.5 条相同的基础在争端方之间分配。	上诉庭庭长或副庭长的聘用费用和每日工作费平摊，款项交由 IC-SID 秘书处管理的账户。在一方未支付聘用费用或每日工作费用时，另一方可以选择代为支付。任何延迟支付需支付适当利息。	聘用费用和每日工作费应由缔约双方承担并考虑他们各自的发展水平，交由 ICSID 秘书处管理的账户。在一方未支付每日工作费用时，另一方可以选择代为支付。任何延迟支付需支付适当利息。本协定生效后，专门委员会应确定一项上诉庭成员支出的其他费用和支出的金额。这些费用由上诉出庭法庭根据第 3.53 条第四款（临时裁决）在争端方之间分配。	成员的报酬应由缔约方承担并考虑他们各自的发展水平，交由 ICSID 秘书处管理的账户。在一方未支付费用时，另一方可以选择代为支付。任何延迟支付需支付利息。服务与预期重聘用费的金额，投资分委会构成，并定期审重聘用费用的金额，建议由联合委员会通过进行相关调整的决定。	

续表

ISDS的名称	《欧盟TTIP草案》投资法院系统（ICS）	《欧盟—加拿大全面经济与贸易协定》法庭	《欧盟—新加坡投资保护协定》投资者与同争端解决	《欧盟—越南投资保护协定》投资法庭体系	《欧盟—墨西哥新全球协定》投资者—国家争端解决	《全面与进步跨太平洋伙伴关系协定》投资者—国家争端解决
固定薪资的确定程序与结果	根据专门委员会的决定，聘用费和每日工作费用可以永久转换为固定薪资。在这种情况下，上诉庭成员应全职工作，该委员会应确定他们的报酬和相关组织事项。由此，成员只不得从事任何其他职业，无论此是否有酬，除非上诉庭长给予特别豁免。	CETA联合委员会可以通过一项决定，将聘用费和每日工作费用转变为固定薪酬。在这种情况下，成员应全职工作，CETA联合委员会应确定他们的报酬以及相关的组织事项。由此，成员不得从事任何其他职业，无论此是否有酬，除非上诉庭长得到上诉庭长给予的例外豁免。	根据专门委员会的决定，聘用费和每日工作费可以永久转变为固定薪资。在这种情况下，上诉庭成员应全职工作，该委员会应确定他们的报酬和相关组织事项。由此，无论此是否有酬，成员不得从事任何其他职业，除非上诉庭长给予特别的豁免。	根据专门委员会的决定，聘用费以及其他费用和支出可以转变为固定薪资。在这种情况下，上诉庭成员应全职工作，联合委员会确定他们的报酬和相关组织事项。由此，成员不得从事其他职业，无论此是否有酬，除非上诉庭长给予特别豁免。	根据联合理事会的决定，聘用费和每日工作费可以出固定薪资，转变为固定薪资。在这种情况下，上诉庭成员应全职工作，联合委员会确定他们的报酬和相关事项。由此，成员只不得从事任何其他职业，无论此是否有酬，除非上诉庭长给予特别豁免。	投资者—国家争端解决
行政支持	［ICSID/常设仲裁院］秘书处应作为上诉庭的秘书处，为其提供适当支持。这类支持的费用应由缔约方平摊。	ICSID秘书处应作为上诉庭的秘书处，为上诉庭提供适当支持。这类支持的费用应由缔约方平摊。	ICSID秘书处应作为上诉庭的秘书处，且提供适当支持。此类支持的费用应由该法庭依据第3.21条（费用）在缔约方之间争端方之间分配。	ICSID秘书处应作为上诉庭的秘书处，且提供适当支持。此类支持的费用应由上诉庭依据第3.53条（临时上诉仲裁）在争端方之间分配。	ICSID秘书处应作为上诉庭的秘书处，且提供适当的费用应依据第29条第五款在争端方之间同分配。	

上诉机制

续表

ISDS的名称	《欧盟TTIP草案》（投资法院系统ICS）	《欧盟—加拿大全面经济与贸易协定》	《欧盟—新加坡投资保护协定》	《欧盟—越南投资保护协定》	《欧盟—墨西哥新全球协定》	《全面与进步跨太平洋伙伴关系协定》
	投资法院系统（ICS）	法庭	投资者与缔约方间争端解决	投资法庭体系	投资者—国家争端解决	投资者—国家争端解决
多边争端解决机制	在缔约方之间规定多边法庭和/或多边上诉机制适用于本协定的国际协议生效之后，本节部分应不再适用。专门委员会通过一项决定，以规定任何必要的过渡安排。	缔约双方应与其他贸易伙伴一起寻求设立用于解决投资争端的多边投资法庭和上诉机制。在设立这样的多边机制之后，CETA联合委员会通过一项决定，规定本节项下的投资争端将依照该多边机制审理，并作出适当的过渡安排。	缔约双方应与其他有兴趣的贸易伙伴一起寻求设立用于解决投资争端的多边投资法庭和上诉机制。在设立这样的机制之后，专门委员会通过一项决定，规定本节项下的投资争端将依照该多边机制解决，并作出适当的过渡安排。	缔约双方应加入一项国际协定的谈判，该国际协定应规定该多边投资法庭，一并或分开的多边上诉机制适用于本协定项下争端。本协定缔约方可由此商定本节不适用其相关部分。该委员会可以通过一项决定，规定必要的过渡安排。	缔约方应在设立解决投资争端的多边机制方面开展合作。在缔约方之间规定这一多边机制适用于本协定项下争端的国际协议生效后，本节的相关部分应停止适用，联合理事会可以通过过渡合理安排。	
上诉机制						

续表

ISDS 的名称	《欧盟 TTIP 草案》投资法院系统（ICS）	《欧盟—加拿大全面经济与贸易协定》法庭	《欧盟—新加坡投资保护协定》投资者与国方间争端解决	《欧盟—越南投资保护协定》投资法庭体系	《欧盟—墨西哥新全球协定》投资者—国家争端解决	《全面与进步跨太平洋伙伴关系协定》投资者—国家争端解决
独立性义务 遵守	法庭法官和上诉庭成员应从独立性毫无疑问的人士中选择。他们不得隶属于任何政府。他们不得接受任何组织或政府就与争端有关的事项作出的指示。他们不得参与直接或间接利益冲突的任何争端。他们应遵守附件7（法庭成员、上诉庭成员和调解员行为守则）。另外，他们应不再任何国际协定项下在本协定或任何其他协定项下的投资代理人或未决或新的投资争端中担任任何诉讼中担任当事人指定的专家或证人。	法庭成员应独立。他们不得隶属于任何政府。他们不得接受任何组织或政府就与争端有关的事项作出的指示。他们不得参与直接或间接利益冲突的任何争端。他们应根据《国际律师协会关于国际仲裁中利益冲突的指南》或第 8.44 条第二款通过的任何补充规则。另外，他们应不再任何国际协定项下在本协定项下的投资代理人或未决或新的投资争端中担任任何诉讼中担任当事人指定的专家或证人。	法庭和上诉庭成员应从独立性毫无疑问的人士中选择。他们不得隶属于任何政府。他们不得接受任何组织或政府就与争端有关的事项作出的指示。他们不得参与直接或间接利益冲突的任何争端。他们应遵守附件7（法庭成员、上诉庭成员和调解员行为守则）。另外，在任命后，他们应不再任何国际协定项下在本协定或任何其他协定项下的投资代理人或未决或新的投资争端中担任任何诉讼中担任当事人指定的专家或证人。	法庭和上诉庭成员应从独立性毫无疑问的人士中选择。他们不得隶属于任何政府。他们不得接受任何组织或政府就与争端有关的事项作出的指示。他们不得接受任何直接或间接利益冲突的任何争端。他们应遵守附件 11（法庭成员、上诉庭成员和调解员行为守则）。另外，在任命后，他们应不再任何国内法或本协定章项下或新的投资争端中担任任何诉讼中担任当事人指定的专家或证人。	法庭和上诉庭成员应从独立性毫无疑问的人士中选择。他们不得隶属于任何政府。他们不得接受任何组织或政府就与争端有关的事项作出的指示。他们不得造成直接或间接利益冲突的任何争端。他们应遵守附件 I（法庭成员、上诉庭成员和调解员行为守则）。另外，在任命后，他们应不再任何国内法或本协定项下的投资争端中任何诉讼中担任当事人指定的专家或证人。	6. 在本协定生效前，各（争端解决）缔约方应就第 28 章《争端解决》下的《行为守则》对依照本条选定的投资者—国家争端解决仲裁庭员包括对《行为守则》作出必要修改以符合投资者—国家争端解决仲裁规定的适用上下文。各缔约仲裁规则指南，南的适用其他提供指南。仲裁员应遵守关于公正性和独立用仲裁规则指南之外，应遵守前述指南。

续表

	《欧盟 TTIP 草案》	《欧盟—加拿大全面经济贸易协定》	《欧盟—新加坡投资保护协定》	《欧盟—越南投资保护协定》	《欧盟—墨西哥新全球协定》	《全面与进步跨太平洋伙伴关系协定》
ISDS 的名称	投资法院系统（ICS）	法庭	投资者与缔约方间争端解决	投资法庭体系	投资者—国家争端解决	投资者—国家争端解决
标准 利益冲突的处理	如果争端一方认为法官或成员有利益冲突，应向相应法庭庭长或上诉庭庭长发送质疑其任命的通知。质疑通知应在法庭分庭的组成已经告知该争端一方之日起15天内发送，或者在知道相关事实之日起15天内，如果在组庭成分庭时不可能合理地知道这些事实。质疑通知中应陈述质疑的理由。	如果争端一方认为法庭成员有利益冲突，应向国际法院院长发送质疑其任命的通知。质疑通知应在法庭分庭的组成已经告知该争端方之日起15天内发送，或者在知道相关事实之日起15天内，如果在组庭时不可能合理地知道这些事实。质疑通知中应陈述质疑的理由。	如果争端一方认为某成员有利益冲突，应向相应法庭庭长发送质疑其任命的通知。质疑通知应在法庭分庭已经告知该争端方之日起15天内发送，或者在知道相关事实之日起15天内，如果在组庭成分庭时不可能合理地知道这些事实。质疑通知中应陈述质疑的理由。	如果争端一方认为某成员有利益冲突，应向相应法庭庭长或上诉庭庭长发送质疑其任命的通知。质疑通知应在上诉庭或相应法庭分庭已经告知该争端方之日起15天内发送，或者在知道相关事实之日起15天内，如果在组庭分庭时不可能合理地知道这些事实。质疑通知中应陈述质疑的理由。	如果争端一方认为指定给分庭的成员，应具有利益冲突，应向相应法庭庭长或上诉庭庭长发送质疑其任命的通知。质疑通知应在上诉庭已经告知该分庭的组成的争端方的15天内发送，或者在知道相关事实之日起15天内，如果在组庭时不可能合理地知道这些事实。质疑通知中应陈述质疑的理由。	

续表

ISDS 的名称	《欧盟 TTIP 草案》投资法院系统（ICS）	《欧盟—加拿大全面经济与贸易协定》	《欧盟—新加坡投资保护协定》	《欧盟—越南投资保护协定》	《欧盟—墨西哥新全球协定》	《全面与进步跨太平洋伙伴关系协定》
	投资法院系统（ICS）	法庭	投资者与国间争端解决	投资法庭体系	投资者—国家争端解决	投资者—国家争端解决
对利益冲突的决定	如果在质疑通知之日起 15 天内，被质疑的法官或成员选择不从该分庭辞职，相应法庭庭长在听取争端双方并且在给予该成员提交任何意见的机会之后，在收到质疑通知之日起 45 天内作出决定，并且通知争端各方和分庭其他成员。对法庭任命的分庭成员的质疑，应由上诉庭庭长判断，反之亦然。	如果在质疑通知之日起 15 天内，被质疑的成员选择不从该分庭辞职，国际法院院长在听取争端双方并且在给予该成员提交任何意见的机会之后，在收到质疑通知之日起 45 天内作出决定，并且通知争端各方和分庭其他成员。应及时填补由于法庭成员辞职或免职造成的空缺。	如果在质疑通知之日起 15 天内，被质疑的成员选择不从该分庭辞职，法庭庭长或上诉庭庭长在听取争端双方并且在给予该成员提交任何意见的机会之后，在收到质疑通知之日起45天内作出决定，并且通知争端各方和分庭其他成员。对初审法庭成员的质疑，应由上诉庭庭长判断，反之亦然。	如果在质疑通知之日起 15 天内，被质疑的成员选择不从该分庭辞职，法庭庭长或上诉庭庭长在听取争端双方并且在给予该成员提交任何意见的机会之后，在收到质疑通知之日起 45 天内作出决定，并且通知争端各方和分庭其他成员。对法庭任命的质疑，应由上诉庭庭长判断，反之亦然。	如果在质疑通知之日起 15 天内，被质疑的成员选择不从该分庭辞职，法庭庭长在听取争端双方并且在给予该成员提交任何意见的机会之后，在收到质疑通知之日起 45 天内作出决定，并且通知其他分庭成员。对分庭法庭庭长所在任命的质疑，应由上诉庭庭长判断，反之亦然。	
操守						

续表

	《欧盟 TTIP 草案》	《欧盟—加拿大全面经济与贸易协定》	《欧盟—新加坡投资保护协定》	《欧盟—越南投资保护协定》	《欧盟—墨西哥新全球协定》	《全面与进步跨太平洋伙伴关系协定》
ISDS 的名称	投资法院系统（ICS）	法庭	投资者缔约方间争端解决	投资法庭体系	投资者—国家争端解决	投资者—国家争端解决
除名条件与程序	根据上诉庭庭长说明的理由建议，缔约方可以通过专门委员会的决定开除法庭成员，如果其行为不符合前款规定的独立性义务并且与其继续担任法庭成员的身份不符。如果对上诉庭庭长的行为提出质疑，应提出理由建议，那么公法命令调整后适用于此相关任命条款后适用于填补由此出现的空缺。	根据法庭庭长说明的理由建议，或缔约方可以通过联合约方可以通过 CE-TA 联合委员会的决定开除法庭成员，如果其行为不符合前款规定的独立性义务并且与其继续担任法庭成员的身份不符。	根据上诉庭庭长说明的理由建议，缔约方可以通过专门委员会的决定开除法庭成员，如果其行为不符合前款规定的独立性义务并且与其继续担任法庭成员的身份不符。如果对上诉庭庭长的行为提出质疑，那么公法命令调整后适用于相关任命条款后适用于填补由此出现的空缺。	根据上诉庭庭长说明的理由建议，缔约方可以通过决定开除法庭成员，如果其行为不符合前款规定的独立性义务并且与其继续担任法庭成员的身份不符。如果对上诉庭庭长的行为提出质疑，应提出理由建议，那么公法命令调整后适用于相关任命条款后适用于填补由此出现的空缺。	根据上诉庭庭长说明的理由建议，或缔约方可以通过联合动议，缔约方可以通过决定开除法庭或上诉庭成员，如果其行为不符合前款规定的独立性义务并且与其继续担任法庭或上诉庭成员，如果其行为不符合前款规定的独立性义务并且与其继续担任庭长或上诉庭庭长，应提出理由建议。相关任命调整后适用于出现的空缺。	

组织上诉机制建立之后，多数案件都提出了上诉。这意味着，具有上诉机制的投资法院更加注重法律上的公正，而非包括效率在内的事实上的公正。对于国际投资者而言，案件在时间上的拖延将使投资者面临更大的财产风险。

在通常的投资仲裁机制中，仲裁员由争端方临时指定，并没有任期，而欧盟投资法院设立的投资法庭则是组织化和司法化的，在成员名单、法庭架构、分庭的组成、上诉机制方面已经具备了某些法院机制的雏形。当然，欧盟投资法院所设计的架构并没有使仲裁员和仲裁庭常设化，其司法化是不完全的，例如成员一开始并不是专职的，没有赋予成员以国际法官的豁免权，条约没有规定法庭的固定场所，等等。从组成架构上看，欧盟投资法院体系是一个司法化的仲裁机制，是仲裁机制和法院机制的混合体。

但也有学者认为，欧盟投资法院体系仍然大体上遵循"传统"投资者与国家间仲裁，一个没有改变的关键特征是所有仲裁庭都从争议各方之间的"同意"中获得权力，即它们仍然可归于仲裁。①

第四节　欧盟投资法院体系的运行规则

一　适用的法律和解释规则

（一）可约定"诉讼地"

《欧盟—墨西哥新全球协定（EMMGA）草案》对"诉讼程序的法律所在地"（legal place of the proceedings）进行了规定，这是欧盟提出的投资法院体系首次在条约中处理这个重要法律问题，先前无论是《欧盟 TTIP 草案》、CETA、EUSIPA 还是 EVIPA 均未触及"诉讼地"这个问题。CPTPP 等协定通常将这一问题交由仲裁规则决定。在国际商事仲裁中，"仲裁地"（seat/place of arbitration）是判断仲裁程序有效性的法律适用、裁决的国籍等议题的重要联结点。需要注意，"诉讼地"概念不同于"听审地"（venue），后者不一定具有法律意义。

《欧盟—墨西哥新全球协定（EMMGA）草案》在投资争端解决章第 7 条

---

① EXPO_ STU（2017），p. 24.

（向法庭提交诉请）第四款中规定："如果根据《ICSID 附加便利规则》《UNCITRAL 仲裁规则》或争端方同意的任何其他规则提交诉请，争端方可同意诉讼程序的法律所在地。如果争端方未达成协议，分庭应根据所适用的争端解决规则决定该所在地，该地应在《纽约公约》缔约方境内。"该规定明确允许争端双方可以约定"诉讼地"，一方面体现了对当事人意思自治的尊重，给予程序性上的灵活性；另一方面对这种法律选择进行了明确，给法庭或者争端方以重要指引。此外，该规定还引入《纽约公约》，在争端方未约定的情况下，要求分庭以《纽约公约》的任一缔约方为诉讼地，从而使诉讼程序和由此作出的裁决可获得《纽约公约》项下保护。

（二）对国内法的定性、查明与管辖权范围

1. 对国内法的定性——事实问题

欧盟投资法院体系通常规定法庭应将相关国内法作为事实问题（matter of fact）。例如，CETA 第 8.31 条第二款规定，为了更加明确，在判断某项措施与本协定的一致性时，法庭可以在适当时将争端方的国内法作为事实问题考虑。EVIPA 第 3.42 条第二款规定，法庭和上诉庭应将争端缔约方的任何相关国内法作为事实问题考虑。EMMGA 第 15.3 条规定，在判断某项措施与本协定的一致性时，法庭可以在适当时将争端方的国内法作为事实问题考虑。例外的是，EUSIPA 第 3.13 条（准据法和解释规则）并未对国内法的定性作出任何规定。

2. 对国内法的查明

欧盟投资法院体系一般规定对国内法的查明应遵循国内法院对国内法的通行解释。例如 EMMGA 规定，在将缔约国国内法进行事实认定时，法庭应遵循该缔约方法院或机关对其国内法的通行解释；CETA 第 8.31 条规定，将争端方国内法作为事实依据考虑时，法庭应遵循该缔约方法院或机关对其国内法的通行解释。《欧盟 TTIP 草案》也有规定，如果法庭被要求作为事实问题查明一缔约方国内法条款的含义，法庭应遵循该缔约方法院或权力机关所作出的对该条款的通行解释。

3. 是否受国内法院对国内法解释的约束

对国内法作事实认定时对国内法的解释，法院应受国内法院对国内法解释的约束。EVIPA 规定，为了更加明确，对于有权解释相关国内法的法院或机关给予该国国内法的解释，法庭和上诉庭应受其约束；法庭和上诉庭给予相关国内法的任何含义对任一缔约方的法院或机关没有约束力。《欧盟 TTIP 草案》中也有规定，法庭应遵循该缔约方法院或机关所作出的对该条款的通行解释，且法庭给予相关国内法的含义对任一缔约方的法院或机关没有约束力。

4. 法庭查明国内法含义的效力

对于国内法，法庭无权裁决其合法性。例如，EVIPA 第 3.42 条规定，对主张构成违反本协定的措施，法庭和上诉庭没有管辖权根据该争端方的国内法和规章决定其合法性。EMMGA 第 15.4 条规定，对被主张违反本协定的措施，法院没有管辖权根据该争端缔约方的国内法决定其合法性。《欧盟TTIP 草案》、CETA 中也有类似规定。

（三）联合解释及其约束力

无论是 CPTPP，还是欧盟投资法院体系，都明确规定了缔约方对条约的解释方式，即授权由条约专设的联合委员会（Committee）对相关问题进行具有约束力的解释。联合解释机制旨在推动有效、及时地澄清关于条约的解释，将解释权牢牢控制在缔约方手中，防止仲裁庭或法庭作出偏离条约主旨或目的的扩大解释。

CETA 第 8.31 条（准据法与解释）第三款规定，服务与投资委员会可以建议 CETA 联合委员会通过对协定的解释。EUSIPA 第 3.13 条（准据法与解释规则）第三款规定："如果对可能影响本协定所涉事项的解释问题引起严重关切，专设委员会可通过对本协议条款的解释。由专设委员会通过的某项解释应对法庭和上诉庭具有约束力，并且任何裁决应与该决定一致。该委员会可以决定某项解释从特定日期起具有约束效力"。欧盟和越南 IPA 第 3.42条（准据法与解释规则）第五款的措辞接近，规定："如果对可能影响本节所涉事项的解释问题引起严重关切，专设委员会可通过对本协议条款的解释。任何此类解释对法庭和上诉庭具有约束力。该委员会可以决定某项解释从特定日期起具有约束效力"。然而，这一新机制不可避免地产生一个新问题，即联合解释如何达成。

二 费用分担

在费用分担方面，欧盟投资法院体系规定原则上由败诉方承担程序费用，同时考虑由争端双方适当分担。

一方面，法庭原则上应裁定程序费用，如法律代理和协助在内的其他合理费用，由争端败诉方承担。如果仅部分诉请胜诉，则法庭根据胜诉部分在诉请中数量和程度的比例进行调整。相比之下，CPTPP 规定争端方发生的、与仲裁程序有关的费用和律师费依赖仲裁庭的个案裁决，投资法院体系规定由败诉者承担费用更加表明其有意避免滥诉和程序权利滥用。EUSIPA 这一倾向更加明显，其中规定，如果根据"明显无法律实体问题的诉请"或"未发现法律事项的诉请"的条款的适用驳回诉请或部分诉请，法院应裁定与此类诉请或其部分有关的所有费用由争端败诉方承担，包括诉讼程序的费用以及其他合理费用，如法律代理和协助的费用。

另一方面，合理情况下，法庭可决定争端双方分担费用以平衡败诉者的负担。如果法庭包括法律代理和协助在内的其他合理费用由败诉方承担不合理，则也可决定其费用分担。EMMGA 还规定，在考虑费用或其分担比例的合理性时，法庭也可以考虑偿还给争端胜诉方的费用是否会过度超出争端败诉方遭受的费用。投资法院体系的规定仍留有较大的裁量空间，使法庭能够在避免滥诉的同时，减少诉讼者的财政负担。

三 透明度

透明度问题是欧盟从投资仲裁机制转向建立投资法院的重要原因之一。[①]欧盟文件认为，透明度有助于公众了解国际投资争端解决的进展并产生信任感，进而提升机制的正当性。[②] 2010 年 7 月，欧盟在政策文件《迈向全面的国际投资政策》中批评投资仲裁缺乏透明度，提出应与欧盟在世贸组织的做法保持一致，确保投资人与国家间争端解决以透明的方式进行，包括提交仲裁请求、提交材料、公开庭审、法庭之友陈述和公布裁决。[③]

[①] Joanna Lam and Güneş Ünüvar, "Transparency and Participatory Aspects of Investor-State Dispute Settlement in the EU 'New Wave' Trade Agreements", *Leiden Journal of International Law*, Vol. 32, No. 4, 2019, pp. 781–800; Prabhash Ranjan, "Emerging Trends in Investor-State Dispute Settlement in New Free Trade Agreements", *Global Trade and Customs Journal*, Vol. 17, 2022, pp. 332–337.

[②] Angelos Delivorias, "At a Glance: EU Conclusion of the UN Mauritius Convention", European Parliamentary Research Service, PE 767. 159, December 2024.

[③] European Commission, "Communication, towards a Comprehensive European International Investment Policy", COM (2010)343 final, 7 July 2010.

2013 年 7 月,联合国国际贸易法委员会通过《投资人与国家间基于条约仲裁透明度规则》(UNCITRAL Rules on Transparency in Treaty-Based Investor-State Arbitration,以下简称《透明度规则》)。① UNCITRAL《透明度规则》要求在投资仲裁程序启动时公布信息(第 2 条)、文件公开(第 3 条)以及庭审公开(第 6 条),允许第三人(第 4 条)和非争议方条约缔约方(第 5 条)向仲裁庭提交材料,并且将机密信息或受保护信息以及仲裁过程完整性作为透明度的例外情形(第 7 条)。《透明度规则》自动适用于依照 2014 年 4 月 1 日及之后订立的为投资或投资人提供保护的条约,以及在《UNCITRAL 仲裁规则》下提起的投资人与国家间仲裁(第 1 条)。为了使《透明度规则》适用于该日期之前订立的大量国际投资条约,联合国大会于 2024 年 12 月通过了《联合国投资人与国家间基于条约仲裁透明度公约》,即《毛里求斯透明度公约》,规定国家或区域经济一体化组织可以将《透明度规则》适用于此前订立的投资条约。② 在 2014 年之前,欧盟只缔结了一部投资条约,即《能源宪章条约》(Energy Charter Treaty, ECT),③ 而欧盟成员国与第三国缔结的投资协定数量超过 1000。2024 年 7 月 2 日,欧盟签署了《毛里求斯透明度公约》。截至 2025 年 3 月 1 日,欧盟及 8 个成员国(法国、德国、芬兰、瑞典、比利时、意大利、荷兰、卢森堡)分别签署了《毛里求斯透明度公约》,但都尚未批准生效。④

在透明度方面,欧盟双边投资协定中的投资法院体系不仅援引了 UNCITRAL《透明度规则》,而且有的要求更高的透明度,例如公开证物,以及适当限制当事方有权指定不公开的材料范围。EVIPA 第 3.46 条第一款直接规

---

① 联合国国际贸易法委员会《投资人与国家间基于条约仲裁透明度规则》,2013 年 12 月 16 日联合国大会第 68/109 号决议通过,于 2014 年 4 月 1 日生效。可参见赵健《联合国国际贸易法委员会国际投资条约仲裁透明度规则初探》,*Dong-A Journal of International Business Transactions Law*, Vol. 10, 2013, pp. 145–162。

② 《联合国投资人与国家间基于条约仲裁透明度公约》,2014 年 12 月 10 日联合国大会第 69/116 号决议通过,于 2017 年 10 月 18 日生效。United Nations Convention on Transparency in Treaty-Based Investor-State Arbitration (the "Mauritius Convention on Transparency", New York, 2014)。

③ 欧盟于 2024 年宣布退出《能源宪章条约》并将于 2025 年 6 月 28 日生效,退出生效时该条约所涵盖的所有投资将自该日起继续受到 20 年的保护,参见 https://www.energycharter.org/media/news/article/written-notification-of-withdrawal-from-the-energy-charter-treaty-5/。

④ https://uncitral.un.org/zh/texts/arbitration/conventions/transparency/status。

定适用 UNCITRAL《透明度规则》，尽管有所调整。EUSIPA 还在附件 8 中专门规定关于公开文件和审理以及第三人提交材料的可能性的规则，即《关于透明度的具体条约条款》。

（一）程序的透明度与听证会

EMMGA 第 19.1 条规定，法庭应及时向公众公布争端各方向法庭提交的所有书面材料，以及法庭或法庭庭长发布或作出的所有程序命令、决定和裁决，以下受保护信息的除外：（1）商业秘密信息；（2）受法律保护免于披露的特权信息；（3）披露后会导致妨碍执法的信息。CPTPP 第 9.23 条规定仲裁程序的透明度，即"在符合第 2 款和第 4 款的情况下，被申请人在收到下列文件后，应迅速将此类文件转交给非争端缔约方，并使公众可获得此类文件：（1）意向通知；（2）仲裁通知；（3）一争端方向仲裁庭提交的起诉状、陈述书、摘要，以及任何依据第 9.22 条第 2 款（仲裁的进行）和第 9.22 条第 3 款及第 9.27 条（合并审理）提交的书面陈述；（4）仲裁庭听证会纪要或笔录（如有）；（5）仲裁庭的命令、裁决和决定"。

对于是否应开放听证会，CETA 第 8.36 条规定，庭审应向公众开放。经与争端双方磋商，法庭应决定适当的后勤安排以便公众进入听证会。如果法庭决定有必要保护机密或受保护的信息，法庭应作出适当的安排以私下审理需要保护的部分。EMMGA 则作出更详细的规定，第 19.2 条规定，法庭应向公众开放听证会，并应在与争端方协商下确定适当的后勤安排。如果争端方打算在听证会上使用被指定为受保护的信息，则应通知法庭。法庭应作出适当的安排以保护此类信息不被披露，其中可能包括在讨论该信息期间闭门庭审。CPTPP 规定，仲裁庭应举行公开听证会，并在询问争端双方的意见后确定合适的事务性安排。但是，如果争端一方有意在听证会中使用受保护信息或符合第 3 款规定的其他信息，应就此通知仲裁庭。仲裁庭应采取适当安排以保护该信息不被泄露，包括听证会在讨论该信息期间不对外公开。

（二）公开文件的范围

EMMGA 第 19.3 条规定："所述材料包括诉状、答辩状、回复书、辩诉状和争端方在诉讼过程中提出的任何其他材料，例如根据第 13 条第二款（道德）提出的质疑通知书，或根据第 28 条（合并）提出的合并请求。"EVIPA 第 3.46 条第二款规定，磋商请求、请求决定被申请人的通知、决定被申请人的通知、同意调解的协议、质疑法庭成员的意向通知、对质疑法庭成员的决定以及合并的请求，应包括在 UNCITRAL《透明度规则》第 3 条第一款所指的文件清单中。

（三）证据证物

EVIPA 第 3.46 条第 3 款规定，在遵守 UNCITRAL《透明度规则》第 7 条的条件下，法庭可主动或应任何个人的请求，并在咨询争端方之后，决定是否以及如何公开法庭收到或作出的不属于该规则第 3 条第一款和第二款的任何其他文件。EMMGA 第 19.6 条规定，根据请求，并在咨询相关争端方以便防止披露被保护之后，且给予编辑处理相关部分的合理时间的条件下，法庭可以向公众开放所有的证据证物（exhibits）。

（四）公开的时间和程序要求

EMMGA 第 19.7 条规定，就第 1 款而言，争端各方应负责在提交书面材料后 30 日内或在法庭规定的任何其他时限内向法庭提供其处理后版本。法庭可以审查争端各方的处理后版本，并评估是否应该保护处理后的信息。法庭应在咨询争端各方后，处理对将诉请所涉信息指定为受保护信息的任何异议。如果法庭确定不应处理文件，或不应阻止向公众提供文件，则应允许自愿将文件纳入记录的任何争端方撤回诉讼记录中的全部或部分文件。

法庭应在公布前向争端各方咨询法庭作出的命令、决定或裁决是否包含根据第 1 款受保护的信息。如果在提交材料或依据第 6 款和第 8 款咨询争端方的 30 日内，或法庭设定的任何期限内，争端方未向法庭请求对特定提交材料、程序命令、决定或裁决中的受保护信息进行保密，该争端方应被视为已同意向公众提供此类材料、程序命令、决定或裁决。法庭可通过传递给 UNCITRAL《投资人与国家间基于条约仲裁透明度规则》中提到的保管处的方式，公开信息和文件。

四　第三方介入诉讼

为了缓和公众对 TTIP 中 ISDS 的激烈反对情绪，除法庭之友外，《欧盟 TTIP 草案》还规定了宽泛的第三人介入诉讼机制。这一条款并未包含在欧盟此后的投资协定中，但至少为平衡利益相关方的权力提供了一种可能的路径。各协定程序的进行比较见表 3-5。

表3-5

程序的进行比较

		《欧盟TTIP草案》	《欧盟—加拿大全面经济与贸易协定》	《欧盟—新加坡投资保护协定》	《欧盟—越南投资保护协定》	《欧盟—墨西哥新全球协定》	《全面与进步跨太平洋伙伴关系协定》
裁决的事项		法庭应判断诉请所指的待遇是否与申请人主张违反的条款不一致。		法庭应决定诉请所指待遇是否违反第二章（投资保护）项下义务。	第3.42条：法庭应决定诉请所指措施是否如申请人所主张违反第二章（投资保护）条款。	法庭应判断诉请所指待遇是否违反申请人主张的第2条（范围）所指条款不一致。	第9.24条　准据法 1. 在符合第3款的前提下，当一项诉请依据第9.18条第1款（a）项（提交仲裁申请）或第9.18条第1款（b）项（范围）提交仲裁时，仲裁庭应根据本协定和适用的国际法规则对争议事项作出决定。
适用的法律和解释规则	诉讼地或仲裁地					如果根据《ICSID附加便利规则》或《UNCITRAL仲裁规则》或其他规则提交诉请，争端方可同意仲裁程序所在法律。如果争端方未达成协议，分庭应根据争端解决规则适用的仲裁规则确定仲裁地，该地应在《纽约公约》缔约方境内。	第9.22条　仲裁的进行 第9条第4款规定的适用仲裁规则，如双方不能达成一致，仲裁庭应将根据适用的仲裁规则确定仲裁地，但仲裁地应在组成仲裁公约所在的领土内。

续表

	《欧盟TTIP草案》	《欧盟—加拿大全面经济与贸易协定》	《欧盟—新加坡投资保护协定》	《欧盟—越南投资保护协定》	《欧盟—墨西哥新全球协定》	《全面与进步跨太平洋伙伴关系协定》
适用的法律和解释规则	在作出决定时，法庭应适用本协定条款以及缔约方之间适用的其他国际法规则。应依据《维也纳条约法公约》以及适用于缔约方之间的其他国际法规则和原则解释适用本协定。	第8.31条：在作出决定时，依据本节设立的法庭应适用《维也纳条约法公约》以及适用于缔约方之间的其他国际法规则和原则解释适用本协定。	法庭应适用本协定，以符合依据《维也纳条约公约》以及适用于缔约方之间的其他国际法规则和原则解释适用本协定。	在作出决定时，法庭和上诉庭应适用本协定第二章（投资保护）和其他协定方之间适用的其他国际法规则。法庭和上诉庭应依据习惯国际公法的解释规则，如《维也纳条约法公约》编纂的那样，解释适用本协定。	在作出决定时，法庭应适用本协定条款以及缔约方之间适用的其他国际法规则。应依据国际法的习惯解释规则，如《维也纳条约法公约》编纂的那样，解释适用本协定。	
国内法作为事实问题	缔约方的国内法不应成为所适用的法律的一部分。如果法庭被要求将作为事实问题考虑，缔约方的国内法含义，法庭应遵循该缔约方法院或机关对该国内法所作出的通行解释。	……为了更加明确，在判断措施与本协定的一致性时，法庭可以在适当时将缔约方的国内法作为事实问题考虑。在这么做时，法庭应遵循该缔约方法院或机关的通行解释，对其国内法的任何解释，法庭对其他国内法的任何解释给予该含义又适用该缔约方的法院或机关没有约束力。		法庭和上诉庭应将争端缔约方国内法作为相关国内法问题事实考虑。	在判断措施与本协定一致性时，法庭应当在适当的国内法作为争端事实考虑。在遵循该缔约方法院或机关的通行解释或机关对其国内法的解释，给予国内法任何含义又对该含义或机关没有约束力。	

续表

适用的法律和解释规则	《欧盟TTIP草案》	《欧盟—加拿大全面经济与贸易协定》	《欧盟—新加坡投资保护协定》	《欧盟—越南投资保护协定》	《欧盟—墨西哥新全球协定》	《全面与进步跨太平洋伙伴关系协定》
是否受国内法院对国内法解释的约束	法庭应遵循该缔约方法院或机关所作出的对该条款的解释。			为了更加明确，对于有权解释相关国内法的法院或机关给予该国内法的解释，法庭和上诉庭应受其约束。		
法庭查明国内法含义的效力	法庭给予相关国内法的含义的任何一缔约方对含义对约方的法院或机关没有约束。			法庭和上诉庭相关国内法的含义对任何一缔约方的法院或机关没有约束力。		
无权裁定国内法的合法性	对裁判措施违反本协定主张，法庭无权裁定该争端端缔约方的国内法和规章决定其合法性。	对主张构成违反本协定措施，法庭无权裁定该争端端缔约方的国内法和规章决定其合法性。		对主张构成违反本协定措施，法庭无权裁定该管辖争权端缔约方的国内法和规章决定其合法性。	对主张违反本协定措施，法院无权裁定该争端有管辖权缔约方的国内法决定其合法性。	
联合解释的约束力	如果对［本协定投资保护与投资争端解决体系节］有关的解释事项引起严重关切，专门委员会可通过对这些条款的解释。任何此类解释应对法庭或上诉庭具有约束力。该委员会可以决定某项解释从特定日期起具有约束力。	如果对可能影响问题引起严重关切，CETA联合委员会可通过对本协定的解释。任何此类的解释对法庭具有约束力。CETA联合委员会可以决定某项解释从特定日期起具有约束力。	如果对可能影响本协定所涉事项的解释引起严重关切，专门委员会可通过对本协定条款的解释。任何此类的解释对法庭和上诉庭具有约束力。该委员会可以决定某项解释从特定日期起具有约束力。	如果对可能影响本协节所涉事项的解释引起严重关切，专门委员会可通过对本协定条款的解释。任何此类解释对法庭和上诉庭具有约束力。该委员会可以决定某项解释从特定日期起具有约束力。	如果一缔约方担心与某章有关的解释问题，可请求会考虑该议题。联合理事会通过对本协定任何条款的解释。任何关于本协定条款的解释对仲裁庭或裁决必须具有约束力。	专门委员会依据第27.2条第2款（委员会的职能）作出的关于本协定条款的解释对仲裁庭具有约束力。任何仲裁庭作出的任何决定或裁决必须与该决定保持一致。

续表

	《欧盟 TTIP 草案》	《欧盟—加拿大全面经济与贸易协定》	《欧盟—新加坡投资保护协定》	《欧盟—越南投资保护协定》	《欧盟—墨西哥新全球协定》	《全面与进步跨太平洋伙伴关系协定》
适用的法律和解释规则	对不符措施的解释				如果被申请方主张争议措施属于附件 I 或措施附件 II 中的不符措施，法庭应请求联合委员会对该议题作出解释。该请求交递后的 90 天内根据第 XX 条（联合理事会的职能）书面作出关于其解释的任何决定。该理事会作出的上述决定对法庭具有约束力，法庭作出的任何决定必须符合该决定。如果联合理事会在 90 天内没有作出此类决定，法庭应作出决定该议题。	

续表

	《欧盟 TTIP 草案》	《欧盟—加拿大全面经济与贸易协定》	《欧盟—新加坡投资保护协定》	《欧盟—越南投资保护协定》	《欧盟—墨西哥新全球协定》	《全面与进步跨太平洋伙伴关系协定》
先决异议	先决异议没有法律实体问题（legal merit）的诉请					
	根据第16条：1. 被申请人可以在组成分庭后的30天内对明显没有法律实体问题的诉请提出异议；2. 被申请人应尽可能准确地说明异议的根据；	第8.32条：1. 被申请人可以在组成法庭后的30天内，以及在第一次开庭前的任何时候，对明显没有法律实体问题的诉请提出书面异议；2. 如果被申请人已经依据第8.33条提出异议，则不得提出第一款项下异议；3. 被申请人应尽可能准确地说明异议的根据；4. 在收到依据本条提出的异议后，法庭应确定关于问题的程序，确定一项日程以考虑此种异议，该日程与考虑其他任何问题的日程相协调。	第3.11条：1. 被申请人可以在组成法庭后的30天内，以及在第一次开庭前的任何时候，对明显没有法律实体问题的诉请提出书面异议；2. 被申请人应尽可能准确地说明异议的根据；	第3.44条：1. 被申请人可以在组成法庭后的30天内，以及在第一次开庭前的任何时候，或者在知晓相关事实后的30天，对明显没有法律实体问题的诉请提出书面异议；2. 被申请人应尽可能准确地说明异议的根据；	第17条：1. 被申请人可以在组成法庭后的30天内，以及在庭前的任何时候，或者在知晓相关事实后的30天，对明显没有法律实体问题的诉请提出书面异议；2. 如果被申请人已经依据第18条提出异议，则不得提出第一款项下异议；3. 被申请人应可能准确地说明异议的根据；4. 在收到依据本条提出的异议后，法庭应确定关于问题的程序，该日程与考虑其他任何问题的日程相协调。	

续表

	《欧盟TTIP草案》	《欧盟—加拿大全面经济与贸易协定》	《欧盟—新加坡投资保护协定》	《欧盟—越南投资保护协定》	《欧盟—墨西哥新全球协定》	《全面与进步跨太平洋伙伴关系协定》
先决异议 —— 先决异议/没有法律实体问题（legal merit）的诉请	3. 法庭在给予争端方陈述相关意见的机会后，应在分庭首次开庭时或在此后作出关于该异议的决定或裁决，如果在此后收到异议，法庭应在120天内作出临时裁决。法庭应假定争端外任何相关事实。4. 法庭的决定争端方有权依据第17条（未发现问题的诉请）法律妨碍法庭处理某实体问题的权力，也不妨碍当事人在审理过程中反对某项诉请缺乏法律实体问题的权力，并且不妨碍其他异议将法庭作为先决异议问题处理的权力。	5. 法庭在给予争端双方陈述其意见的机会后，应在第一次开庭时或在此后作出一项决定或裁决，其中说明理由。在这样做时，法庭应假定所主张的事实是真实的；6. 本条不妨碍法庭其他异议将法庭处理先决异议问题的权力，也不妨碍当事人在审理过程中提出某项诉请缺乏法律实体问题的权利的权力。	3. 法庭在给予争端方相关意见后，应在分庭首次开庭或在此后作出的决定或临时裁决；4. 本程序和决定任何有权利和法庭都不妨碍依据第3.15条（未发现问题）在诉讼过程中反对某实体问题，不妨碍其他法庭将先决异议问题处理的权力。	3. 法庭在给予争端方陈述相关意见后，应在分庭立即作出的决定或临时裁决，如果在此后收到异议，法庭应立即或类决定。法庭应假定真实的，也可考虑争端外任何相关事实；4. 法庭的决定争端方有权依据第17条（未发现问题的诉请）在诉讼过程中反对某实体问题的法律，并且不妨碍其他法庭将先决异议问题作为先处理的权力。此类异议或法庭管辖权内的异议，或者以其他法庭权理或提出不在法庭权限范围内。	5. 法庭在给予争端双方陈述其意见的机会后，一次开庭时或决定或裁决，应即作出一项决定或裁决，其中说明理由。在这样做时，法庭应假定所主张的事实是真实的；其他法庭将问题不妨碍法庭处理先决异议问题处理的权力，也不妨碍被诉人在审理过程中缺乏法律实体问题求某实体问题提出某项诉请的法庭实体权议的权利。	

续表

	《欧盟 TTIP 草案》	《欧盟—加拿大全面经济与贸易协定》	《欧盟—新加坡投资保护协定》	《欧盟—越南投资保护协定》	《欧盟—墨西哥新全球协定》	《全面与进步跨太平洋伙伴关系协定》
异议 未发现法律问题 (a matter of law) 的诉请	第 17 条: 1. 在不妨碍将其他异议作为先决问题处理的权力或被请求人在任何此类异议提出时候提出的权利的情况下, 法庭应将被请求人提出的任何异议作为先决问题处理, 并决定依据第 28 条 (临时裁决) 提请其任何部分, 作为法律问题并非为了取得有利于申请人的诉请, 即使假定所称实是真实的, 法庭也可以考虑争端外任何相关事实。	第 8.33 条: 1. 在不妨碍法庭将其他异议作为先决问题处理的权力或被请求人在任何此类异议提出时候提出的权利的情况下, 法庭应将被请求人提出的任何异议作为先决问题处理, 并决定依据第 8.23 条 (临时裁决) 提请其诉请或其任何部分, 作为法律问题并非为了取得有利于申请人的裁决的诉请, 即使假定所称的事实是真实的的。	第 3.15 条: 1. 在不妨碍法庭将其他异议作为先决问题处理的权力或被请求人在任何此类异议提出时候提出的权利的情况下, 法庭应将被请求人提出的任何异议作为先决问题处理, 并决定依据第 3.6 条 (向法庭提交诉请) 提请其诉请或其任何部分, 作为法律问题并非为了取得有利于申请人的裁决的诉请, 即使假定所称的事实是真实的, 法庭也可以考虑争端外任何相关事实。	第 17 条: 1. 在不妨碍法庭将其他异议作为先决问题处理的权力或被请求人在任何此类异议提出时候提出的权利的情况下, 法庭应将被请求人提出的任何异议作为先决问题处理, 并决定依据第 3.53 条 (临时裁决) 提请其诉请或其任何部分, 作为法律问题并非为了取得有利于申请人的裁决的诉请, 即使假定所称的事实是真实的, 法庭也可以考虑相关事实。	第 18 条: 1. 在不妨碍法庭将其他异议将作为先决问题处理的权力或被请求人在任何此类异议提出时候提出的权利的情况下, 法庭应将被请求人提出的任何异议作为先决问题处理, 并决定依据第 7 条 (向法庭提交诉请) 提请其诉请或其任何部分, 作为法律问题并非为了取得有利于申请人的裁决的诉请, 即使假定所称的事实是真实的。	第 9.22 条 仲裁的进行 在不妨碍仲裁庭将其他异议将作为先决问题的前提下, 仲裁庭权限范围内的异议 (如对于争端端不在仲裁权限范围内的异议, 包括对于仲裁庭管辖权的异议), 法庭可以先决问题的职权的异议, 提交仲裁的诉请在法律第 9.28 条 (裁决) 获得有利于申请人裁决, 或明显没有法律问题将该异议则仲裁庭应将该异议进行审理并为先决裁决作出裁决。

续表

	《欧盟TTIP草案》	《欧盟—加拿大全面经济与贸易协定》	《欧盟—新加坡投资保护协定》	《欧盟—越南投资保护协定》	《欧盟—墨西哥新全球协定》	《全面与进步跨太平洋伙伴关系协定》
未发现法律问题（a matter of law）的诉请异议	2. 根据第一款向法庭提交的异议应在庭提组成后尽快提出，不得迟于法庭设定为被申请人设定为被申请人提交答辩状或抗辩书的日期。 3. 如果已经根据第16条（先决异议）提出的异议尚未审结，除非法庭在对案件适当考虑给予情况后准许提出下异议，不得提出本条项第一款提出下异议。	2. 根据第一款向法庭提交的异议应在庭提组成后尽快提出，不得迟于法庭设定为被申请人设定的提交答辩状的日期。 3. 如果已经根据第8.32条已经提出异议，考虑到该项异议的情况之后，根据本审结，情况非法庭在对案件适当考虑之后准许情况可以拒绝处理根据第1款提出的异议。	2. 根据第一款向法庭应在庭提交的异议庭提组成后尽快提出，不得迟于法庭设定为被申请人设定或抗辩提交答辩状或修改诉请的日期。 只要根据第3.14条（明显无法律实体问题）提出的异议尚未审结，除非法庭在对案件适当考虑后准许提出本条项第一款提出下异议。	2. 根据第一款向法庭提交的异议应在庭提组成后尽快提出，不得迟于法庭设定为被申请人设定或者在对诉请的情况为修改诉请的日期，不晚于法庭设定下被申请人设定的回复期间。 只要根据第3.44条（先决异议）提出的异议尚未审结，除非法庭在对案件适当考虑后准许提出本条项第一款提出下异议。	2. 根据第一款向法庭应在庭提交的异议分庭组成后尽快提出，不得迟于法庭设定为被申请人提交答辩或抗辩书的日期。 3. 如果异议已经根据第17条（实体无问题的诉请）提出异议，考虑该项异议情况之后，根据本条规定的程序，法庭应予拒绝处理根据第一款提出的异议。	(a) 本款规定的异议应在仲裁组建后尽快提出，且任何情况下均不得迟于仲裁庭确定的被申请人提交答辩状的日期，或如仲裁通知有所修改，则不得迟于仲裁庭确定的被申请人提交改变陈述的日期。 (b) 在裁决本款规定的异议时，仲裁庭应假定申请人在针对其诉请而作出的事实陈述是真实的，且如基于《UNCITRAL仲裁规则》提交争端，《UNCITRAL仲裁规则》相关条款下的诉请陈述也是真实的，仲裁庭还有权考虑其他相关且无争议的事实。 2. 根据本款规定的异议，非依照本款第9.28条（裁决）在裁决文诉请之法律上并非依照本款"所提交诉请之法律"（裁决）可能对申请人作出有利裁决。

续表

	《欧盟 TTIP 草案》	《欧盟—加拿大全面经济与贸易协定》	《欧盟—新加坡投资保护协定》	《欧盟—越南投资保护协定》	《欧盟—墨西哥新全球协定》	《全面与进步跨太平洋伙伴关系协定》
异议 未发现法律问题（a matter of law）的诉请	4. 在收到第一款项下异议后，除非该异议明显无依据，法庭应就该异议为中断对实质问题的任何审理程序，确定一项异议，该日程以考虑该异议，该日程与已经确定的任何其他的日程相协调，该异议作出说明理由的决定或临时裁决。	4. 在收到第一款项下异议后，以及在依据第3款作出决定之后，法庭应就中止对实质问题的任何审理程序，确定一项异议，该日程以考虑该异议，该日程与已经确定的任何其他的日程相协调，并且就该异议作出说明理由的决定或裁决，其中说明理由。	4. 在收到第一款项下异议后，除非该异议明显无依据，法庭应就该异议为中断对实质问题的任何审理程序，确定一项异议，该日程以考虑该异议，该日程与已经确定的任何其他的日程相协调，该异议作出说明理由的决定或临时裁决。	3. 在收到第一款项下异议后，除非该异议明显无依据，法庭应为该异议中断对实质问题的任何审理程序，确定一项异议经确定该日程以考虑该异议，该日程与已经确定的任何其他的日程相协调该异议作出说明理由的决定。	4. 在收到第一款项下异议后，在依据第三款适当时，在作出决定之后，法庭应就中断对实质问题的任何审理程序，确定一项异议，该日程以考虑该异议，该日程与已经确定的任何其他的日程相协调，并且就该异议作出说明理由的决定或裁决。	（c）仲裁庭应在收到本款规定的异议时，中止关于实体问题的程序，设定考虑该异议的时间表（该时间表应与考虑其他任何先决问题的时间表相协调），并针对该异议作出裁决并简述其理由。 （d）被申请人并未因所述提出或放弃使用本款规定的快速程序，而被认为在任何权限内包括同问题或错权在内的权利，第5款规定的放弃对包含同问题实体问题提出异议的权利。

续表

异议	《欧盟 TTIP 草案》	《欧盟—加拿大全面经济与贸易协定》	《欧盟—新加坡投资保护协定》	《欧盟—越南投资保护协定》	《欧盟—墨西哥新全球协定》	《全面与进步跨太平洋伙伴关系协定》
处理管辖权异议的时间要求						如被申请人在仲裁组成后 45 天内提出请求，仲裁庭应迅速裁决第 4 款下的异议和其他关于争端不在仲裁庭权限范围内的异议（包括关于争端不在仲裁庭管辖权范围内的异议）。仲裁庭应中止一切关于实体问题的程序，在前述请求提出后 150 天内作出裁决或驳回该异议的裁决的理由。但是，如争端一方要求举行听证会，不论争端一方是否提出举证听证会的请求，仲裁庭可在特殊原因的情况下明存在特殊原因的情况下推迟作出裁决，但推迟的时间不得超过 30 天。

续表

	《欧盟TTIP草案》	《欧盟—加拿大全面经济与贸易协定》	《欧盟—新加坡投资保护协定》	《欧盟—越南投资保护协定》	《欧盟—墨西哥新全球协定》	《全面与进步跨太平洋伙伴关系协定》
异议 管辖权异议的处理程序						当仲裁庭就被申请人提出的第4款或第5款下的异议作出决定时，在合理的情况下，仲裁庭可裁决由他方支付胜诉方在提交异议或支付反对异议的过程中产生的合理费用和律师费。在决定此项裁决是否合理时，仲裁庭应考虑被申请人的诉请或被申请人的异议是否为无理取闹，且应为争端双方提供合理的评论机会。

续表

	《欧盟 TTIP 草案》	《欧盟—加拿大全面经济与贸易协定》	《欧盟—新加坡投资保护协定》	《欧盟—越南投资保护协定》	《欧盟—墨西哥新全球协定》	《全面与进步跨太平洋伙伴关系协定》
程序的透明度	UNCITRAL《透明度规则》，与如下额外义务一起，应适用于本节项下争端。	第 8.36 条：1. 经本章修改后的 UN-CITRAL《透明度规则》，应适用于与本节有关的程序。	附件 8（关于公众获得文件、听证和第三人提交材料的规则）应可能性的适用于本节项下争端。	第 3.46 条：1. 经本条修改后的 UN-CITRAL《透明度规则》应适用于本节。	法庭应及时向公众公布或向法庭提交的所有书面材料，以及法庭发布或作出的所有程序命令、决定和裁决，包括以下受保护信息的除外：（a）商业秘密信息；（b）受法律保护免于披露的特权信息；或者（c）披露会导致妨碍执法的信息。	第 9.23 条 仲裁程序的透明度 1. 在符合第 2 款和第 4 款的情况下，被申请人在收到下列文件后，应迅速将此类文件转交非争端缔约方，并使公众可获得此类文件：（a）意向通知；（b）仲裁通知；（c）一争端端方向仲裁庭提交的起诉状、陈述书、摘要，以及任何依据第 9.22 条第 2 款（仲裁的进行）和第 9.27 条（合并审理）提交的书面陈述；（d）仲裁庭听证会纪要或记录（如有）；以及（e）仲裁庭所作的命令、裁决和裁定。

续表

	《欧盟TTIP草案》	《欧盟—加拿大全面经济与贸易协定》	《欧盟—新加坡投资保护协定》	《欧盟—越南投资保护协定》	《欧盟—墨西哥新全球协定》	《全面与进步跨太平洋伙伴关系协定》
开放听证会		听证应向公众开放。经与争端双方磋商，法庭应决定安排以便公众参加听证。如果裁决决定有必要使用受保密或受保护信息，法庭应作出此类安排，其安排的适当要件以私下审理需要保护的部分。			法庭应向公众开放听证会，并应在与争端方协商下确定适当的后勤安排。如果争端方打算在听证会上使用被指定为受保护信息的信息，则应通知法庭。法庭应作出适当安排以保护此类信息不被披露，其中可能包括在讨论该信息期间闭门庭审。	仲裁庭应举行公开听证会，并在在询问争端适当的事务性安排。但是，如争一方有意在听证会中使用受保护信息或其他信息，应就此第3款规定的其他信息，裁庭应通知该保护安排以保护听证会包括听证会在讨论该信息期间同不被对外公开。
公开文件的范围	磋商请求、请求决定被申请人的通知、决定被申请人的通知、同意调解的协议、质疑法庭成员的意见向通知、对质疑法庭成员的决定、以及上诉庭的决定、收到或出具的所有文件，应包括在UNCITRAL《透明规则》第3条第一款项下向公众提供的文件清单中。	磋商请求、请求决定被申请人的通知、决定被申请人的通知、同意调解的协议、质疑法庭成员的意见向通知、对质疑法庭成员的决定以及合并审理的请求，应包括在UNCITRAL《透明规则》第3条第一项向公众提供的文件清单中。		磋商请求、请求决定被申请人的通知、决定被申请人的同意调解的协议、质疑法庭成员的意见向通知、对质疑法庭成员的决定以及合并审理的请求，应包括在UNCITRAL《透明规则》第3条第一款所指的文件清单中。	第1款所述材料包括申诉状、答辩状、回复书、辩诉状和争端方在诉讼过程中提出的任何其他材料，例如根据第13条第2款（道13德）提出的意见通知书，或根据第28条（合）提出的合并请求。	

续表

	《欧盟 TTIP 草案》	《欧盟—加拿大全面经济与贸易协定》	《欧盟—新加坡投资保护协定》	《欧盟—越南投资保护协定》	《欧盟—墨西哥新全球协定》	《全面与进步跨太平洋伙伴关系协定》
听证记录					听证纪要或记录，如果有的话，应在根据第 2 款对受保护信息进行编辑处理的情况下向公众提供。	
证据证物	证据证物应包括在根据 UNCITRAL《透明度规则》第三条第二款向公众提供的文件清单中。	证据证物应包括在根据 UNCITRAL《透明度规则》第三条第二款向公众提供的文件清单中。		在遵守 UNCITRAL《透明度规则》第 7 条的条件下，法庭可主动或应任何个人的请求，并在咨询争端方之后，决定是否以及如何公开法庭收到或该项不属于第 3 条第一款和第二款的任何其他文件。	根据请求，并在咨询相关争端方以便防止披露被保护之后，理相关部分的合理时间的条件下，法庭可以向公众开放所有的证据和证物。	
编辑处理保密或受保护的信息	尽管有 UNCITRAL《透明度规则》第 2 条的规定，在法庭组成之前，欧盟第二大或美国应依照第二款及时公开文件，但须编辑处理第二文件，但须编辑处理保密或者受保护信息。	尽管有 UNCITRAL《透明度规则》第 2 条的规定，加拿大或欧盟应依照第二款及时公开文件，但须编辑处理保密或者受保护信息。		尽管有 UNCITRAL《透明度规则》第 2 条的规定，欧盟或越南在收到第二款相关文件后，应及时将这些文件转送非争端缔约方，并将其公开，但须编辑是保密处理信息。	争端方应在法庭组成之前及时在磋商开时提供第 3 条（磋商请求、第 5 条所指决定争端被申请人是欧盟还是其成员国的请求，条件是对保密处理信息。为此，申请人是欧	向仲裁庭提交的任何信息保护信息均应遵照下列程序处理：(a) 在遵从 (d) 项的前提下，争端各方和仲裁庭均不得将提交该信息的争端方根据 (b) 项明确指定的保密信息披露给公众，如任一争端方声称

续表

	《欧盟 TTIP 草案》	《欧盟—加拿大全面经济与贸易协定》	《欧盟—新加坡投资保护协定》	《欧盟—越南投资保护协定》	《欧盟—墨西哥新全球协定》	《全面与进步跨太平洋伙伴关系协定》
编辑处理保密或受保护的信息					盟还是其成员国的请求，但须编辑信息。为此，申请人应在提交非公开版本后的15天内，最好同时提交其磋商申请人的请求。如确定被申请人未提供公开版本，视为同意提交所要求的文件。	所提交的信息构成受保护信息，则应按照仲裁庭规定的时间表指定该信息；(c)提交各有受保护信息的文件的争端过同提交保护的文件。只有经过编辑的文件才可根据第1款进行披露；以及(d)在遭从第3款的前提下，仲裁庭应对关于指定受保护信息的异议是否成立作出决定。如仲裁庭认为该信息不恰当的，提交该信息的争端方可(i)全部或部分撤回包含该信息的材料；或(ii)同意和经编辑的经仲裁庭的决定和(c)项，同意和经完整的和经编辑受保护信息的决定和(c)项，重新提交并正确指定受保护信息，在前述两种情况下应在必要时重新提交文件，或删除该文件中重新编辑或删除该(d)或以首次提交证据(i)的信息，或争端一方根据(d)或(ii)项撤回首次提交信息的方式提交与指定保持一致的方式重新指定该信息。

续表

	《欧盟 TTIP 草案》	《欧盟—加拿大全面经济与贸易协定》	《欧盟—新加坡投资保护协定》	《欧盟—越南投资保护协定》	《欧盟—墨西哥新全球协定》	《全面与进步跨太平洋伙伴关系协定》
公开方式	这些文件可通过送给保管处的方式向公众公开	这些文件可通过送给保管处的方式向公众公开		前几款中提及的文件可通过传送给 UNCITRAL《透明度规则》提到的保管处或其他方式向公众公开	法庭可通过传递给 UNCITRAL《投资人与国家间基于条约仲裁规则》中提到的保管处的方式，公开本条款提及的信息和文件。	
公开的时间和程序要求					就第 1 款而言，争端各方应负责在提交书面材料后 30 天内或法庭其他规定的任何时限内，向法庭提供其处理后版本。法庭可以审查争端各方的处理评估是否应该保护处理后的信息。法庭应在咨询争端各方后，决定对将争端方请所涉信息指定为受保护文件的任何异议。如果处理确定不应阻止向公众提供文件，或提供文件，则应允许争端人向公众记录文件的任何自愿的庭审确定，或撤回诉讼记录中的全部或部分文件。	

续表

	《欧盟 TTIP 草案》	《欧盟—加拿大全面经济与贸易协定》	《欧盟—新加坡投资保护协定》	《欧盟—越南投资保护协定》	《欧盟—墨西哥新全球协定》	《全面与进步跨太平洋伙伴关系协定》
咨询争端方					法庭应在公布前向争端各方咨询命令、决定或裁决是否包含根据第 1（a）、（b）或（c）款受保护的信息。	
视为同意公开					如果在提交材料或依据第 6 款和第 8 款咨询争端方的 30 天内，或法庭设定的任何期限内，争端方未向法庭提交材料，对特定命令、决定或程序命令中的受保护信息进行保密，该争端方应被视为已同意向公众提供此类材料、决定或程序命令、程序命令裁决。	

续表

	《欧盟 TTIP 草案》	《欧盟—加拿大全面经济与贸易协定》	《欧盟—新加坡投资保护协定》	《欧盟—越南投资保护协定》	《欧盟—墨西哥新全球协定》	《全面与进步跨太平洋伙伴关系协定》
对证据和证物规则的审查				本协定生效之日起三年内，专门委员会应审查第三款的实施情况。应任一缔约方的请求，该委员会可根据第4.1条第5（c）项作出决定，规定UNCITRAL《透明度规则》第3条第三款应代替本条第三款的适用。		
异议的处理				对于将所诉信息指定为保密或受保护信息的异议，在符合法庭对其所作决定的条件下，争端方和法庭均不得向任何非争端缔约方或公众披露该受保护信息，如果提供该信息的争端方明显如此指定。		

续表

	《欧盟 TTIP 草案》	《欧盟—加拿大全面经济与贸易协定》	《欧盟—新加坡投资保护协定》	《欧盟—越南投资保护协定》	《欧盟—墨西哥新全球协定》	《全面与进步跨太平洋伙伴关系协定》
证人和专家的特权	争端方可向与诉讼有关的其他人（包括证人和专家）披露其认为在本节项下诉讼过程中必要的未经编辑处理的文件。但是，争端方应确保这些人保护这些文件中的保密或受保护信息。			争端方可向与诉讼有关的其他人（包括证人和专家）披露其认为在本节规定中必要处理的未经编辑的文件。但是，争端方应确保这些人保护这些文件中的保密或受保护信息。		
与法律要求披露信息的关系		本章并不要求被申请人隐瞒其信息。被申请人应披露的信息适用这些法律，以审慎的方式保护已被指定或被保护或者被指定保护信息免于披露。			本章并不要求被申请人隐瞒其法律要求披露的信息。	本节的规定不要求被申请人拒绝向公众公开披露其国内法应披露的信息。被申请人应在法律实施时力争使被指定为保护信息的信息免于泄露。

续表

	《欧盟 TTIP 草案》	《欧盟—加拿大全面经济与贸易协定》	《欧盟—新加坡投资保护协定》	《欧盟—越南投资保护协定》	《欧盟—墨西哥新全球协定》	《全面与进步跨太平洋伙伴关系协定》
临时保全措施	第19条：法庭可以命令采取临时保全措施，以保护权利，或确保争端方权利行使，该法庭的管辖权能完全有效行使，包括保护争端方占有的命令，或确保掌握的证明的命令，或保护法庭管辖权的命令。法庭既不得命令扣押财产，也不可妨碍适用被诉违反第8.23条的措施。为本条的目的的行为。	第8.34条：法庭可以命令采取临时保护措施，以维护权利，或确保争端方权利行使，该法庭的管辖权能完全有效行使，包括保护争端方占有的命令，或确保掌握的证明的命令，或保护法庭管辖权的命令。法庭既不得命令扣押财产或者要求适用被诉违反第8.23条的措施。为本条的目的，命令也包括一项建议。		第3.47条（临时决定）：法庭可以命令采取临时保全措施，以保护争端方权利行使，或确保法庭的管辖权能完全有效行使，包括保护争端方占有或确保掌握护法庭管辖权的命令。法庭既不可命令扣押财产，也不得适用要求被诉违反第8.23条的行为。为本条的目的，命令也包括一项建议。	第20条：1.法庭可以命令采取临时措施，以维护权利，或确保法庭的管辖权的有效行使，包括保存所有权或控制权有所有权的命令。2.法庭既不可命令扣押财产，也不可要求妨碍适用被诉违反第7条（向法庭提交诉讼）的措施。为本条的目的，命令也包括一项建议。	第9.23条 仲裁的进行 仲裁庭可发布临时性保全措施以维护争端一方的权利或确保仲裁庭管辖权充分有效，包括发布保全证据的命令或保护仲裁庭管辖权的命令。仲裁庭不得作出扣押和命令，也不得作出命令禁止实施被控违反第9.18条（提交仲裁申请）的措施。就本款而言，命令也包括一项建议。

续表

	《欧盟 TTIP 草案》	《欧盟—加拿大全面经济与贸易协定》	《欧盟—新加坡投资保护协定》	《欧盟—越南投资保护协定》	《欧盟—墨西哥新全球协定》	《全面与进步跨太平洋伙伴关系协定》
费用担保	第 21 条（费用担保）：1. 为更加明确，对于可能向申请人作出的费用作决定，如果有合理理由相信申请人有无力履行之虞，根据请求，仲裁庭可命令申请人为全部或部分费用提供担保。2. 如果在法庭下达命令后 30 天内或法庭规定的任何其他期限内未全额提供费用担保，法庭应通知争议各方。法庭可命令中止或终结该诉讼程序。		根据第 3.19 条第四款，提出上诉的争端方应提供上诉费的担保。上诉人也应提供任何其他要求的担保。	第 3.48 条（费用担保）：1. 为更加明确，对于可能向申请人作出的费用决定，如果有合理理由由申请人有无力履行之虞，仲裁庭可命令申请人为全部或部分费用提供担保。2. 如果在法庭下达命令后 30 天内或法庭规定的任何其他期限内未全额提供费用担保，法庭应通知下令中止该诉讼程序。	第 22 条（费用担保）：1. 为更加明确，对于可能向申请人作出的费用决定，如果有合理理由由申请人有无力履行之虞，根据请求，仲裁庭可命令申请人为全部或部分费用提供担保。2. 如果在第一款下命令下达后 30 天内或法庭其他规定的任何其他期限内未全额提供费用担保，法庭应通知各方，法庭可中止或令中止或终结该诉讼程序。	

续表

	《欧盟 TTIP 草案》	《欧盟—加拿大全面经济与贸易协定》	《欧盟—新加坡投资保护协定》	《欧盟—越南投资保护协定》	《欧盟—墨西哥新全球协定》	《全面与进步跨太平洋伙伴关系协定》
停止程序	第 20 条：在根据本节提请诉请之后，连续 180 天内或者端双方可能同意的期限内未能采取程序的任何步骤，应视为投资者已撤销其诉请并且已停止程序。应被申请人的请求，在通知该端双方之后，法庭应在命令中注明该命令终止。在作出命令之后，法庭的权力终止。此后申请人不得再就相同事项提出诉请。	第 8.35 条：在根据本节提请诉请之后，连续 180 天内或者端双方可能同意的期限内未能采取程序的任何步骤，应视为投资者已撤销其诉请并且已停止程序。应被申请人的请求，在通知该端双方之后，法庭应在命令中注明该命令停止。在作出命令之后，法庭的权力终止。		第 3.49 条：在根据本节提请诉请之后，连续 180 天内或者端双方同意可能采取程序的期限内未能采取程序的任何步骤，应视为投资者已撤销其诉请并且已停止程序。应被申请人的请求，在通知该命令停止，并作出关于费用的裁决。在作出命令之后，法庭出关于费用的命令之后，法庭的权力消失。此后申请人不得再就相同事项提出诉请。	第 21 条：在根据本节提请诉请之后，连续 180 天内或者端双方同意可能采取程序的期限内未能采取任何程序的步骤，应视为投资者已撤销其诉请并且已停止程序。应被申请人的请求，在通知该命令停止，并作出关于费用的裁决。在作出命令之后，法庭出关于费用的命令之后，法庭的权力消失。此后申请人不得再就相同事项提出诉请。	

续表

	《欧盟 TTIP 草案》	《欧盟—加拿大全面经济与贸易协定》	《欧盟—新加坡投资保护协定》	《欧盟—越南投资保护协定》	《欧盟—墨西哥新全球协定》	《全面与进步跨太平洋伙伴关系协定》
诉讼使用的语言				第3.50条（程序语言）：1.争端方应使用程序语言。2.如果法庭分庭组成该决定协议，法庭应在30天内达成应诉程序使用的语言，法庭应在咨询双方后确保出其确保程序的经济有效率，并确保决定双方或法庭的资源造成不必要的负担。		
非争端缔约方	第22条（非争端缔约方）：1.被请求人应在收到后的30天内，或者在任何涉及保护信息的争端解决之后立即向非争端缔约方递交：(a)磋商请求、请求决定被申请人的通知、第6条所指诉讼的通知、根据第8.23条提起的诉请，合并请求决以及附于这些文件的任何其他文件；	第8.38条（非争端缔约方）：1.被请求人应在收到后的30天内，或者在任何涉及保密或受保护信息的争端解决之后立即向非争端缔约方递交：(a)磋商请求、请求决定被申请人的通知、决定被申请人的通知、根据第8.23条提起的诉请，合并请求以及附于这些文件的任何其他文件；	第3.17条（非争端缔约方）	第3.51条（非争端缔约方）：1.被请求人应在收到a和b中所指任何文件的30天内，或在涉及保密或受保护信息的任何争端解决之后立即向非争端缔约方提供：a.第3.30条、第3.32条磋商请求、第3.32条第一款所指意图通知、以及第3.33条所指诉请；	第23条（非争端缔约方）：1.被请求人应在收到后的任何涉及保护信息的决定之后立即向非争端缔约方速交：(a)磋商请求、请求决定被申请人的通知、(b)决定被申请人的通知、第7条所指诉请；	第9.22条 非争端缔约方可就本协定的解释向仲裁庭提出口头和书面意见。

续表

	《欧盟TTIP草案》	《欧盟—加拿大全面经济与贸易协定》	《欧盟—新加坡投资保护协定》	《欧盟—越南投资保护协定》	《欧盟—墨西哥新全球协定》	《全面与进步跨太平洋伙伴关系协定》
非争端缔约方	(b) 根据请求，递交： (i) 起诉书、陈述书、摘要、请求以及由争端一方向法庭呈递的其他文件； (ii) 由第三人向法庭呈递的书面材料； (iii) 法庭听证的纪要或记录，如果有；以及 (iv) 法庭的命令、裁决和决定； (c) 根据请求并且由该争端缔约方承担费用，所有或者部分提交给法庭的证据。	(b) 根据请求： (i) 起诉书、陈述书、摘要、请求以及由争端一方向法庭呈递的其他文件； (ii) 依据 UNCITRAL《透明度规则》第四条向法庭呈递的书面材料； (iii) 法庭听证的纪要或记录，如果有；以及 (iv) 法庭的命令、裁决和决定； (c) 根据请求并且由非争端缔约方承担费用，所有或者部分提交给法庭的证据，除非该证据是公开的。	1. 法庭应该接受，或者在与争端各方磋商后可以邀请，非争端缔约方就协定的解释提交口头或书面材料。 2. 法庭不得对未依据第 1 款提交的材料作任何的推论。 3. 法庭应该确保任何材料不得干扰诉讼程序，或造成不当负担，妨碍任何争端方。 4. 法庭应该确保给争端各方获得合理的机会对非争端缔约方提交的材料陈述其意见。	(b) 根据请求，依据第 3.46 条（程序的透明度）向公众开放的任何文件。	b. 根据请求，递交： (a) 起诉书、摘要、请求、陈述以及由争端一方向法庭呈递的其他文件； (b) 由第三人向法庭呈递的书面材料； (c) 法庭听证的纪要或记录，如果有；以及 (d) 法庭的命令、裁决和决定； (c) 根据请求并且由该争端缔约方承担费用，所有或部分提交给法庭的证据，包括第 a 和 b 项中所指附加的证物。	

续表

	《欧盟 TTIP（草案）》	《欧盟—加拿大全面经济与贸易协定》	《欧盟—新加坡投资保护协定》	《欧盟—越南投资保护协定》	《欧盟—墨西哥新全球协定》	《全面与进步跨太平洋伙伴关系协定》
非争端缔约方	2. 非争端缔约方有权出席根据本节举行的听证。3. 法庭应该接受，或者在与争端缔约方磋商后，可以邀请非争端缔约方就协定的解释提交口头或书面材料。法庭应确保合理给予非争端缔约方提交的材料对非争端缔约方提交的材料陈述其意见。	2. 法庭应该接受，或者在与争端缔约方磋商后，可以邀请非争端缔约方就协定的解释提交口头或书面材料。非争端缔约方可以出席根据本节举行的听证。3. 法庭不得对未依据第2款提交材料作任何的推论。4. 法庭应确保合理给予各方获得合理的机会对非争端缔约方提交的材料陈述其意见。		2. 非争端缔约方有权出席根据本节举行的听证，并有权作与本协定有关的口头陈述。	2. 非争端缔约方有权出席根据本节举行的听证，并可以就协定的解释提交书面或口头材料。法庭应确保保争端各方获得合理的机会对非争端缔约方提交的材料陈述其意见。	

续表

	《欧盟 TTIP 草案》	《欧盟—加拿大全面经济与贸易协定》	《欧盟—新加坡投资保护协定》	《欧盟—越南投资保护协定》	《欧盟—墨西哥新全球协定》	《全面与进步跨太平洋伙伴关系协定》
第三人/第三方介入	第 23 条（第三方介入） 1. 法庭应允许与争端解决有直接利益的任何自然人或法人（介入人）作为第三方介入。这种介入限于全部或部分支持一争端方所寻求的裁决。 2. 介入申请应在依据第 6 条公布诉请的 90 天内提交。在给予争端方提交对其意见的机会之后，法庭应在 90 天内裁定该申请。 3. 如果介入人申请获批，介入人应的各程序文件的复件，保密文件除外。在收到程序文件后，介入人可以在法庭设定的时限内提交介入说明。介入人应在该本章项下有机会说明。允许出席听证，并可作出口头陈述。				第 24 条（第三人介入）	

续表

	《欧盟 TTIP 草案》	《欧盟—加拿大全面经济贸易协定》	《欧盟—新加坡投资保护协定》	《欧盟—越南投资保护协定》	《欧盟—墨西哥新全球协定》	《全面与进步跨太平洋伙伴关系协定》
第三人/第三方介入	4. 在上诉的情况下，已介入人或法人自然人或法人应有权介入上诉法庭。第 3 款应类推适用。					
法庭之友	5. 本条授予的介入权，不妨碍法人依据第 18 条（透明度）从第三方接受法庭之友意见的可能性。 6. 为了更加明确，自然人或法人的债权人是申请人以为其的事实，不足以确定它对争端结果具有直接和当前的利益。				1. 在与争议双方协商后，法庭可以接受考虑和争端之友就争端范围内的事实或提交的书面意见。 2. 除非争端双方另有约定，否则每份意见书均应以书面形式并使用诉讼语言形式提交或提交意见。说明作者，披露与争端有任何直接或间接关系的任何个人、政府或其他实体。此外，通讯作者将证明他/她是否与争端方有任何直接或间接或争端方的关	第 9.22 条（仲裁的进行） 经与争端双方协商和考虑双方和争端之友之陈述，仲裁法庭可接受此类非争端方的陈述，涉及法律或仲裁庭同程序具有实质性利益的人员或提交实体的，并能协助仲裁庭评估争端双方陈述和观点。每一份陈述应与同一争端方从属关系的直接或间接从属关系，披露其直接或间接同争端方从属关系，指明在其准备陈述的过程中向其提供帮助的任何人、政府或其他实体。每份陈述书应以仲裁确定的页数限制和仲裁确定的截止期限。仲裁庭应给

续表

	《欧盟 TTIP 草案》	《欧盟—加拿大全面经济与贸易协定》	《欧盟—新加坡投资保护协定》	《欧盟—越南投资保护协定》	《欧盟—墨西哥新全球协定》	《全面与进步跨太平洋伙伴关系协定》
法庭之友					系，并应说明利益的性质。3.当根据通讯第一款被这一款的通讯时，它应为争端双方提供对此类陈述作出回应的机会。	予争端双方回应该等陈述等证据接受时，仲裁庭述不扰乱仲裁程序，或不当地迟延仲裁损害任一争端方。
专家报告	第24条（专家报告）：经争端方请求，或者在咨询争端可以多名专家，法庭可指定一名或其向卫生、安全及环境，由其向争端方在程序中提出的其他事项的任何事实问题作出书面报告。		仅在附件8中提及应公开专家报告。	第3.52条（专家报告）：经争端方请求，或者在咨询后，法庭可以主动措定一名或多名专家，由其就争端方在程序提出的任何其他事项的事实问题作出书面报告。	第25条（专家报告）：第7条中所指的适用规则授权专家的其他类型专家在咨询请求，或者在咨询争端方之后，受争端方可能约定的争端方或条款和安全环境、卫生，由其向法庭就争端方在程序提出的其他事实问题作出书面报告。	第9.26条（专家报告）：在不影响任命的其他仲裁规则授权仲裁庭可家的情况下，仲裁庭或主动（除非争端双方反对）任命一位或多位专家，就争端一方在仲裁过程的中提出的科学性事项向争端双方或约定的前提下，条件的约定下，仲裁庭就事实问题向仲裁庭交书面报告。

续表

	《欧盟TTIP草案》	《欧盟—加拿大全面经济与贸易协定》	《欧盟—新加坡投资保护协定》	《欧盟—越南投资保护协定》	《欧盟—墨西哥新全球协定》	《全面与进步跨太平洋伙伴关系协定》
裁决或临时裁决	第28条（临时裁决）	第8.39条（最终裁决）	第3.18条（裁决）	第3.53条（临时裁决）	第29条（裁决）	
裁决　对裁决草案的评论						第9.23条 依据本节进行的仲裁，在公布一项裁决或向决定或裁决责任之前，仲裁庭应向争端双方递送裁决的草案。在仲裁庭递送裁决草案后的60天内，争端双方关于该决定或裁决草案的书面评论意见。仲裁庭应在评论期限届满后60日内在基础上公布其决定或裁决。

续表

	《欧盟 TTIP 草案》	《欧盟—加拿大全面经济与贸易协定》	《欧盟—新加坡投资保护协定》	《欧盟—越南投资保护协定》	《欧盟—墨西哥新全球协定》	《全面与进步跨太平洋伙伴关系协定》
裁决	如果法庭结论认为争议待遇不符合申请人主张的所指条款，在申请人请求的基础上并在审理争端方之后，法庭只能单独或一并裁决：(a) 金钱损害赔偿和任何适用的利息；(b) 财产返还，在此种情况下，该裁决应规定被申请人可以支付在征收发生的即刻，或将发生的征收之前公众所知时，两者取更早者，代表该财产当时公平市场价值的金钱损害赔偿，以及任何适用的利息，以替代财产返还，所决定的方式应符合本章第二节第 2.5 条（征收）。	如果法庭作出不利于被申请人的最终裁决，法庭只能单独或一并裁决：(a) 金钱损害赔偿和任何适用的利息；(b) 财产返还，在此种情况下，该裁决应规定被申请人可以支付在征收发生的即刻，或将发生的征收之前公众所知时，两者取更早者，代表该财产当时公平市场价值的金钱损害赔偿，以及任何适用的利息，以替代财产返还，所决定的方式应符合本章第 8.12 条（征收）。	如果法庭裁定争议待遇违反第二节项下义务，法庭只可以单独或一并裁决：(a) 金钱损害赔偿和任何适用的利息；以及 (b) 财产返还，前提是被申请人可以支付由法庭根据第二章（投资保护）确定的金钱损害赔偿和任何适用的利息，以替代财产返还。	如果法庭结论认为被申请人违反了第一章（投资保护）所指条款，根据被申请人的请求并在审理争端方之后，法庭可以单独或一并裁决：(a) 金钱损害赔偿和任何适用的利息；以及 (b) 财产返还，在这种情况下，该裁决应规定被申请人可支付申请人支付金钱损害赔偿和任何适用的利息，以替代财产返还。	如果法庭结论认为被申请人违反了了申请人主张的第 1 条第一款（范围）所指条款，根据申请人的请求并在审理争端方之后，法庭可以单独或一并裁决：(a) 金钱损害赔偿和任何适用的利息；以及 (b) 财产返还，在此种情况下，该裁决应规定被申请人可以支付金钱损害赔偿和任何适用的利息，以替代财产返还，所决定的方式应符合本章条款。	第 9.28 条 裁决 当仲裁庭作出最终裁决时，仲裁庭只能单独或一并裁决：(a) 金钱损害赔偿和任何适用的利息；以及 (b) 财产返还，应规定被申请人可以支付金钱损害赔偿和任何适用的利息以替代财产返还。

续表

	《欧盟 TTIP 草案》	《欧盟—加拿大全面经济与贸易协定》	《欧盟—新加坡投资保护协定》	《欧盟—越南投资保护协定》	《欧盟—墨西哥新全球协定》	《全面与进步跨太平洋伙伴关系协定》
裁决 裁决的对象	如果诉请代表当地开业公司提起，任何裁决应规定：（a）任何金钱损害赔偿和利息的支付对象为当地开业公司；（b）任何返还的对象为当地开业公司。	除第一款和第五款另有规定，如果根据第 8.23 条第 b 项提起诉请：（a）金钱损害赔偿和利息适用的裁决规定的支付对象为当地开业企业；（b）财产返还返还对象为当地投资企业；（c）有利于投资者的费用裁决应规定支付对象为当地开业公司者；（d）该规定个人根据方法律可获得金钱损害赔偿或财产的权利，除非该个人依据第 8.22 条放弃该权利。	如果诉请代表当地开业公司提起，裁决对象为当地开业公司。	如果诉请代表当地开业公司提起，任何裁决应规定：（a）任何金钱损害赔偿利息的支付对象为当地开业公司；（b）任何返还的对象为当地开业公司。	受第一款限制，如果诉请代表当地开业公司提起，有利于当地开业公司的裁决应规定：（a）任何金钱损害赔偿和利息的对象为当地开业公司；（b）任何返还的对象为当地开业公司；（c）该裁决规定的作出不妨碍任何人在该裁决规定的救济中所适用的国内法项下的任何可能权利。	在符合第 1 款的情况下，如一诉请根据第 9.18 条第 1 款（提交仲裁申请）提交日所作出的裁决有利于该企业：（a）财产返还对象为该企业规定返还对象为该企业；（b）裁决任何使用的利息赔偿和任何返还的裁决支付对象为企业；以及（c）裁决应说明其利息裁定寻求救济所提供的国内法规据适用的权利。

续表

	《欧盟 TTIP 草案》	《欧盟—加拿大全面经济与贸易协定》	《欧盟—新加坡投资保护协定》	《欧盟—越南投资保护协定》	《欧盟—墨西哥新全球协定》	《全面与进步跨太平洋伙伴关系协定》
内容的限制	法庭不得命令废除、取消或修改所涉待遇。			法庭不得命令废除所涉待遇。	为了更加明确,法庭作出之外的其他中所措施不得作出救济,也不得命令废除、取消或修改所涉措施。	
金额的限制	作为违反第二章相关条款的结果,金钱损害赔偿不得高于申请人或当地开业的损失,并扣减由相关缔约方先前提供的任何损害赔偿或补偿。	金钱损害赔偿不得高于投资者或企业遭受的损失,应减除先前已经给予的任何损害赔偿或补偿。对于金钱损害赔偿的计算,法庭还应当考虑任何财产的返还或废除的措施,从而减除赔偿金。	作为违反第二章相关条款的结果,金钱损害赔偿不得高于申请人或公司遭受的损失,并扣减由相关缔约方先前提供的任何损害赔偿或补偿。	作为违反第二章(投资保护)条款的结果,金钱损害赔偿不得高于申请人或公司遭受的损失,并扣减由相关缔约方先前提供的任何损害赔偿或补偿。	作为违反本协定的结果,金钱损害赔偿不得高于申请人或公司遭受的损失,并扣减由相关缔约方先前提供的任何损害赔偿或补偿。	为进一步加以明确,对于指控违反第1节规定的投资义务的诉请,当裁决有利于申请人时,可裁定其损害赔偿(仅限于申请进行投资时所产生的损失,且申请人也证明系该违反是此类损失的直接原因。如仲裁庭认定该诉请为无理滥诉,则仲裁庭可裁定由申请人承担合理的费用和律师费。
求偿范围的限制				为了更加明确,在投资者以自身名义提交诉请时,投资者就该投资者为缔约方遭受的投资所遭受的损失或损害。	为了更加明确,在投资者以自身名义提交诉请时,投资者就该投资者为缔约方遭受的投资所遭受的损失或损害。	为进一步明确,如一缔约方的投资者依据第9.18条第(a)项将一诉请提交仲裁申请,该投资者只能就其作为一缔约方遭受的投资的损失或损害得到赔偿。

裁决

续表

	《欧盟TTIP草案》	《欧盟—加拿大全面经济与贸易协定》	《欧盟—新加坡投资保护协定》	《欧盟—越南投资保护协定》	《欧盟—墨西哥新全球协定》	《全面与进步跨太平洋伙伴关系协定》
关于惩罚性赔偿	法庭不得作出惩罚性赔偿的裁决。	法庭不得作出惩罚性赔偿的裁决。	法庭不得作出惩罚性赔偿的裁决。	法庭不得作出惩罚性赔偿的裁决。	法庭不得作出惩罚性赔偿的裁决。	仲裁庭不得裁决惩罚性赔偿。
程序费用的分配	法庭应裁定程序的费用由争端败诉方承担。在例外情形，法庭可以在争端费用之间分担，如果它认为分担对该诉请的情况是适合的。其他合理费用，包括法律代理和协助的费用，应由争端败诉方承担，除非法庭认为这种分担在该诉请的情况下是不合理的。	法庭应裁定程序的费用由争端败诉方承担。在例外情形，法庭可以在争端费用之间分担，如果它认为分担对该诉请的情况是适合的。其他合理费用，包括法律代理和协助的费用，应由争端败诉方承担，除非法庭认为这种分担在该诉请的情况下是不合理的。	第3.21条（费用）：1.法庭应裁定程序的费用由争端败诉方承担。在例外情形，法庭可以在争端费用之间分担，如果它认为分担对该诉请的情况是适合的。其他合理费用，包括法律代理和协助的费用，应由争端败诉方承担，除非法庭认为这种分担在该诉请的情况下是不合理的。	法庭应裁定程序的费用由争端败诉方承担。在例外情形，法庭可以在争端费用之间分担，如果它认为分担对该诉请的情况是适合的。其他合理费用，包括法律代理和协助的费用，应由争端败诉方承担，除非法庭认为这种分担在该诉请的情况下是不合理的。	法庭应裁定程序的费用由争端败诉方承担。在例外情形，法庭可以在争端费用之间分担，如果它认为分担对该诉请的情况是适合的。其他合理费用，包括法律代理和协助的费用，应由争端败诉方承担，除非法庭认为这种分担在该诉请的情况下是不合理的。法庭也可以考虑其他合理性。在考虑费用分担比例为争端胜诉方的合理性时，法庭还会考虑争端胜诉方提出的诉请是否合过度超过应受到的费用。	仲裁庭还可根据本节以及适用的仲裁规则，对与该争端程序有关的仲裁和争端程序作出裁决，并应明确此类费用和律师费应由谁支付及如何支付。

裁决

续表

	《欧盟 TTIP 草案》	《欧盟—加拿大全面经济与贸易协定》	《欧盟—新加坡投资保护协定》	《欧盟—越南投资保护协定》	《欧盟—墨西哥新全球协定》	《全面与进步跨太平洋伙伴关系协定》
裁决 程序费用的分配	如果仅部分诉请是胜诉的，应根据该胜诉部分在诉请中胜诉部分的比例进行调整。上诉庭数量和程度进行调整。应根据本条处理费用。	如果仅部分诉请是胜诉的，应根据该胜诉部分在诉请中胜诉部分的比例数量和程度进行调整。	3. 如果仅部分诉请是胜诉的，应根据该胜诉部分在诉请中数量比例进行调整。 4. 如果根据第 3.14 条（明显无法律实体）或第 3.15 条（未发现请求事项的诉请）法律适用驳回该部分诉请或的部分适用驳回诉请，法院应裁定与此类诉请或争端败诉方承担，包括诉讼程序的费用以及其他合理费用，包括律代理和协助的费用。	如果仅部分诉请是胜诉的，应根据该胜诉部分在诉请中的比例数量和程度进行调整。应根据本条处理费用。	如果仅部分诉请是胜诉的，应根据该胜诉部分在诉请中胜诉部分的比例上诉庭数量和程度进行调整。上诉庭应根据本条处理费用。	

续表

	《欧盟 TTIP 草案》	《欧盟—加拿大全面经济与贸易协定》	《欧盟—新加坡投资保护协定》	《欧盟—越南投资保护协定》	《欧盟—墨西哥新全球协定》	《全面与进步跨太平洋伙伴关系协定》
裁决　费用减免	在不晚于本协定生效后的一年内，专门委员会应通过补充规则，规定作为自然人或中小企业的败诉申请人可能承担的法律费用的最高金额。特别是，这种补充规则可以考虑申请人的经济来源和所寻求补偿的金额。	CETA 联合委员会应考虑补充规则，以减轻作为自然人或中小企业的申请人的经济负担。特别是，这种补充这类来源和补偿的金额。	专门委员会应通过补充规则，规定作为特定类型的败诉申请人可能承担的法律代理和助费用的最高金额。这种补充规则可以考虑申请人或患作为中小企业的申请人的经济来源。专门委员会应努力在本协定生效后的一年内通过这种补充规则。	专门委员会应通过补充规则，规定作为特定类型的败诉申请人可能承担的法律代理和助费用的最高金额。这种补充规则可以考虑申请人或患作为中小企业的申请人的经济来源。专门委员会应努力在本协定生效后的一年内通过这种补充规则。	在不晚于本协定生效后的一年内，联合理事会应通过补充规则，规定作为特定类型的败诉申请人可能承担的法律代理和协助费用的最高金额，并考虑他们的经济来源。	
临时裁决的期限	法庭应在提交诉请之日起 18 个月内作出临时裁决。如果无法遵守该最后期限，法庭应通过这种延期决定并说明这种延期的理由。		第 3.18 条（裁决）：作为一般规则，法庭应在提交诉请之日起 18 个月内作出临时裁决。当法庭认为无法在 18 个月内作出临时裁决时，应书面通知争端方延迟计作出临时裁决的期限及预计作出这种裁决的期限。	法庭应在提交诉请之日起 18 个月内作出临时裁决。如果无法遵守该最后期限，法庭应通过这种延期决定并说明这种延期的理由。		

续表

		《欧盟TTIP草案》	《欧盟—加拿大全面经济与贸易协定》	《欧盟—新加坡投资保护协定》	《欧盟—越南投资保护协定》	《欧盟—墨西哥新全球协定》	《全面与进步跨太平洋伙伴关系协定》
裁决	最终裁决的期限	任一争端方均可以依据第29条对临时裁决提出上诉。在这种情况下，如果上诉庭修改或推翻法庭的临时裁决，那么在适当审理争端方之后，法庭应改变其临时裁决的认定，以反映上诉庭的认定和结论。该临时裁决将在其发布90天后成为最终裁决。法庭应受上诉庭所作认定的约束。法庭应在收到上诉庭作出裁决后的90天内作出其修改后的裁决。	法庭和争端双方应尽一切努力确保解决程序。法庭应在依据第8.23条提请诉请之日的24个月内作出最终裁决。如果法庭要求增加时间以作出最终裁决，它应向争端双方提供推迟的理由。	如果在临时裁决发布后过90天，任一争端方均未就该裁决向上诉庭上诉，那么该临时裁决就成为最终裁决。	第3.55条（最终裁决）： 1. 依据本节作出的临时裁决，如果争端方均未根据第3.54条第一款（上诉程序）就临时裁决提起上诉，就成为最终裁决。 2. 在临时裁决已被上诉且上诉庭根据第3.54条第二款作出裁决的情况下，该争端方均向上诉庭上诉，该裁决驳回该临时裁决之日成为最终裁决。	法庭和争端方应尽一切努力确保诉诸及时进行争端解决程序。法庭应在提交诉请之日起30个月内作出最终裁决。如果法庭额外时间作出最终裁决，应向争端方说明延期的理由。如果在临时裁决发布后已过90天，任一争端方均未向上诉庭上诉，该裁决就成为最终裁决。	

续表

	《欧盟 TTIP 草案》	《欧盟—加拿大全面经济与贸易协定》	《欧盟—新加坡投资保护协定》	《欧盟—越南投资保护协定》	《欧盟—墨西哥新全球协定》	《全面与进步跨太平洋伙伴关系协定》
裁决 最终裁决的期限				3. 在临时裁决已被上诉且上诉庭已作出最终裁决，经上诉庭修改或推翻后的该临时裁决应在上诉庭发布其最终裁定之日成为最终裁决。 4. 在临时裁决已被上诉时，如果上诉庭已修改或推翻临时裁决的法律认定，并将事项发回法庭，法庭应在适当审理争端方之后修改其最终裁决，以反映上诉庭的认定和结论。法庭应受该上诉庭所作认定和结论的约束。法庭应试图在收到上诉庭的90天内作出其修改后的裁决。修改后的临时裁决将在发布90天后成为最终裁决。	任一争端方均可以依据第30条对临时裁决提出上诉。在这种情况下，如果上诉庭修改或推翻那么临时裁庭法庭应在适当审理争端方之后修改其临时决定，以反映上诉庭的认定和结论。该临时裁决将成为最终裁决在其发布90天后成为其最终裁决。法庭其受上诉庭的约束。法庭应努力在收到上诉庭报告的90天内作出其修改后的裁决。	

续表

		《欧盟TTIP草案》	《欧盟—加拿大全面经济与贸易协定》	《欧盟—新加坡投资保护协定》	《欧盟—越南投资保护协定》	《欧盟—墨西哥新全球协定》	《全面与进步跨太平洋伙伴关系协定》
裁决	最终裁决的期限				5. 在本节的意义上，术语"最终裁决"包括依第 3.54 条（上诉程序）第四款所作的上诉庭的任何最终决定。		
上诉程序	上诉的理由	第 20 条（上诉程序）：任一争端方可以在临时裁决作出后的 90 天内向上诉庭提起上诉。上诉其理由是：(a) 法庭对所适用的法律在适用或解释上错误；(b) 法庭对事实的认定明显错误，包括对相关国内法的认定；(c) 《ICSID 公约》第五十二条第一款第五项至第一项规定的理由，只要它们不包括在第 a 项和第 b 项内。	（一）对所适用的法律在适用或解释上错误；（二）对事实认定明显错误，包括对相关国内法的认定；（三）《ICSID 公约》第五十二条第五款第一项至第五项规定的理由，只要它们不包括在第一项和第二项内。	第 3.19 条（上诉程序）：任一争端方可以在临时裁决作出后的 90 天内向上诉庭提起上诉。上诉其理由是：(a) 法庭对所适用的法律在适用或解释上错误；(b) 法庭对事实的认定明显错误，包括对相关国内法的认定；(c) 《ICSID 公约》第五十二条第一款第五项至第一项规定的理由，只要它们不包括在第 a 项和第 b 项内。	第 3.54 条（上诉程序）：任一争端方可以在临时裁决作出后的 90 天内向上诉庭提起上诉。上诉其理由是：(a) 法庭对所适用的法律在适用或解释上错误；(b) 法庭对事实的认定明显错误，包括对相关国内法的认定；(c) 《ICSID 公约》第五十二条第一款第五项至第一项规定的理由，只要它们不包括在第 a 项和第 b 项内。	第 30 条（上诉程序）：任一争端方可以在临时裁决作出后的 90 天内向上诉庭提起上诉。上诉其理由是：(a) 法庭对所适用的法律在适用或解释上错误；(b) 法庭对事实的认定明显错误，包括对相关国内法的认定；(c) 《ICSID 公约》第五十二条第一款第五项至第一项规定的理由，只要它们不包括在第 a 项和第 b 项内。	

续表

	《欧盟TTIP草案》	《欧盟—加拿大全面经济与贸易协定》	《欧盟—新加坡投资保护协定》	《欧盟—越南投资保护协定》	《欧盟—墨西哥新全球协定》	《全面与进步跨太平洋伙伴关系协定》
上诉程序——上诉庭的程序	如果上诉庭拒绝该上诉，临时裁决成为最终裁决。如果上诉明显无理，临时裁决也可以快速驳回该上诉。如果上诉庭支持上诉，临时裁决成为最终裁决，由此裁决的全面或部分法律认定或推翻，上诉庭可以修改或推翻临时裁决的相关法律认定。其决定应确认其如何修改或推翻法庭的相关认定和结果。	根据《CETA联合委员会决定》，如果"上诉庭"全部或部分支持上诉，则应全部或部分修改或推翻"法庭"的法律认定和结论。"上诉庭"应确认其如何修改或推翻"法庭"的相关认定和结论。上诉庭可视情况自己作出裁决，或驳回重审，或发回法庭。	如果上诉庭驳回上诉，临时裁决成为最终裁决。如果上诉明显没有根据，上诉庭也可以快速驳回该上诉。如果上诉有根据，上诉庭可以修改或推翻临时裁决的全面或部分法律认定或结论。上诉庭应将该事项发回法庭并确认其如何修改或推翻法庭的约束，并且在适当审理争端方之后，法庭应相应地修改其临时裁决。法庭应在发回的90天内作出其修改后的裁决。	如果上诉庭认定上诉没有根据，上诉应予驳回。如果上诉明显没有根据，也可以快速驳回该上诉。如果上诉庭认定上诉有根据，上诉庭可以修改或推翻临时裁决的全面或部分法律认定或结论。其决定应确认其如何修改或推翻法庭的相关认定和结果。如果法庭认定实允许自身适用对这类事实的法律认定，并作出最终裁定，如果不可能，应将事项发回法庭。	如果上诉庭拒绝该上诉，临时裁决成为最终裁决。如果上诉没有根据，上诉庭也可以快速驳回该上诉。如果上诉有根据，临时裁决由此成为最终裁决。如果上诉有根据，上诉庭可以修改或推翻临时裁决的全面或部分结论。其决定应确认其如何修改或推翻法庭推翻的全面或部分结论。其决定应确认相关的相关结果。	

续表

		《欧盟 TTIP 草案》	《欧盟—加拿大全面经济与贸易协定》	《欧盟—新加坡投资保护协定》	《欧盟—越南投资保护协定》	《欧盟—墨西哥新全球协定》	《全面与进步跨太平洋伙伴关系协定》
上诉程序	上诉程序的时间要求	作为一般规则，上诉程序应自一争端方正式通知其上诉决定之日，至上诉庭作出其决定之日，不应超过180天。如果上诉庭认为其无法在180天内作出决定，则应以书面形式将延迟的原因以及预计作出决定或裁决的期限通知争议双方。无论如何不应超过270天。	作为一般规则，上诉程序应自争议一方正式通知上诉之日起，至"上诉庭"作出其裁决或出决定之日，不应超过180天。如果"上诉庭"认为其无法在180天内作出决定或裁决，则应以书面形式将延迟的原因以及预计作出决定或裁决的期限通知争议双方。应尽一切努力确保上诉程序不超过270天。	作为一般规则，上诉程序应自正式通知其上诉决定之日，至上诉庭作出其决定之日，不应超过180天。如果上诉庭认为其无法在180天内作出决定，则应以书面形式将延迟的原因以及预计作出决定或裁决的期限通知争议双方。无论如何不应超过270天。	作为一般规则，上诉程序应自一争端方正式通知其上诉决定之日，至上诉庭作出其决定之日，不应超过180天。如果上诉庭认为其无法在180天内作出决定，则应以书面形式将延迟的原因以及预计作出决定或裁决的期限通知争议双方。除非特殊情况有此情况，无论如何不应超过270天。	作为一般规则，上诉程序应自一争端方正式通知其上诉决定之日，至上诉庭作出其决定之日，不应超过180天。如果上诉庭认为其无法在180天内作出决定，则应以书面形式将延迟的原因以及预计作出决定或裁决的期限通知争议双方。无论如何不应超过270天。	
	上诉费用的担保	提出上诉的争端方应提供支付上诉费用的担保，及应供裁决中对争议方还应提供的任何金额的担保。	提出上诉的争端方应提供支付上诉费用的担保，费用由为审理该案件而组成的上诉庭确定。该争议方还应提供"上诉庭"可能命令的任何其他担保。	提出上诉的争端方应对上诉费用提供在内的担保。该争端方也应提供上诉庭可能命令的任何其他担保。	提出上诉的争端方应提供支付上诉费用在内的担保以及由上诉庭根据案件情况确定的合理金额。	上诉庭可以命令提出上诉的争端方提供上诉费用的全部或部分的担保。	

续表

	《欧盟 TTIP 草案》	《欧盟—加拿大全面经济与贸易协定》	《欧盟—新加坡投资保护协定》	《欧盟—越南投资保护协定》	《欧盟—墨西哥新全球协定》	《全面与进步跨太平洋伙伴关系协定》
其他程序	对于上诉程序，第8条（第三方资助）、第18条（透明度）、第19条（临时决定）、第20条（停止程序）、第21条（诉讼的非争端方）应类推适用。		对于上诉程序，第3.8条（第三方资助）、附件8（关于公众获得向第三人提交材料的可能性的规则）及第3.17条（非争端缔约方）和第3.21条（费用）应类推适用。	对于上诉程序，第3.37条（第三方资助）、第3.46条（透明度）、第3.47条（临时决定措施）、第3.49条（停止程序）、第3.51条（非争端缔约方）、第3.53条（临时裁决）和第3.56条（赔偿保证和其他补偿）应类推适用。	对于上诉程序，第10条（第三方资助）、第19条（透明度）、第20条（临时保护措施）、第21条（停止程序）、第21条（非争端缔约方）应类推适用。	
补充规则					联合理事会可以通过指引上诉庭的规则，规定在上诉程序出现分歧时如何处理和进行上诉程序。	
保证赔偿或其他补偿	第25条：法庭不得接受一项以下的抗辩、反诉、抵销请、即申请人或投资者将接受依据保证保险或担保合同的保证赔偿或担保合同的其他补偿，该合同与依据本节启动的争端中寻求损害赔偿的全部或部分赔偿有关。	第8.40条：被申请人或被申请人接受一项以下的抗辩、反诉、抵销、即投资者或投资者将接受或接受依据保证保险或担保合同的保证赔偿或担保合同的其他补偿，该合同与依据本节启动的争端中寻求损害赔偿的全部或部分赔偿有关。	第3.20条：被申请人或被申请人接受一项以下的抗辩、反诉、抵销、即申请人或投资者将接受或接受依据保证保险或担保合同的保证赔偿或担保合同的其他补偿，该合同与依据本节启动的争端中寻求损害赔偿的全部或部分赔偿有关。	第3.56条（保证赔偿或其他补偿）：被申请人或被申请人接受将作为有效的抗辩、反诉、抵销，即被申请人或投资者将接受或接受依据保证保险或担保合同的保证赔偿或担保合同的其他补偿，该合同与依据本节启动的争端中寻求损害赔偿的全部或部分赔偿有关。	第26条：被申请人不得主张，并且法庭不得接受一项以下的抗辩、反诉、抵销或任何其他理由，即申请人或投资者已经接受或将得到赔偿或接受依据保证保险或担保合同的保证赔偿或担保合同的其他补偿，该合同与依据本节启动的争端中寻求损害赔偿的全部或部分赔偿有关。	第9.22条 仲裁庭的进行：被申请人不得以申请人已经得到补偿或将得到补偿或其他部分损失以弥补作为抗辩、反诉、抵销或其他理由的主张。

续表

		《欧盟TTIP草案》	《欧盟—加拿大全面经济与贸易协定》	《欧盟—新加坡投资保护协定》	《欧盟—越南投资保护协定》	《欧盟—墨西哥新全球协定》	《全面与进步跨太平洋伙伴关系协定》
裁决的执行	裁决的约束力	第30条（裁决的执行）：法庭依据本节作出的最终裁决应对争端双方有约束力，并且不得提起上诉、审查、撤置、撤销或任何其他救济。	第8.41条（裁决的执行）：依据本节作出的裁决应对争端当事方及就该特定案件具有约束力。	第3.22条（裁决的执行）：依据本节作出的裁决不应得到执行，直到依据第3.18条（裁决）、第3.19条第二款（上诉程序）或第3.19条第三款裁决成为最终裁决。法庭依据本节作出的最终裁决对争端双方具有约束力，并且不得提起上诉、审查、撤置、撤销或任何其他救济。	第3.57条（最终裁决的执行）：法庭依据本节作出的最终裁决应：（a）对争端双方就该特定案件具有约束力，并且（b）不得对其提起上诉、审查、撤置、撤销或任何其他救济。	第31条（裁决的执行）：依据本节作出裁决，直到得到执行不应得到执行。裁决依据第29条第八款或第九款（裁决）、第30条第四款（上诉程序）成为最终裁决，法庭依据本节作出的最终裁决应对争端双方有约束力，并且不得提起上诉、审查、撤置、撤销或任何其他救济。	第9.28条裁决：仲裁庭的裁决除对争端双方及特定案件外，不应具有约束力。
	缔约方的承认义务	各缔约方应承认依据本协定作出的裁决有约束力，并且在其境内执行该金钱义务如同它是该缔约方内法院的最终判决一样。	除第三款另有规定，争端方应承认并执行裁决，不得延误。	各缔约方应承认依据本协定作出的裁决有约束力，并且在其境内执行该金钱义务如同它是该缔约方内法院的最终判决一样。	各缔约方应承认依据本协定作出的裁决有约束力，并且在其境内执行该金钱义务如同它是该缔约方内法院的最终判决一样。	各缔约方应承认依据本协定作出的裁决有约束力，并且在其境内执行该金钱义务如同它是该缔约方内法院的最终判决一样。	在符合第8款和适用于临时救济的审查程序的情况下，争端方应就仲裁裁决在其领土内执行作出规定。

续表

	《欧盟 TTIP 草案》	《欧盟—加拿大全面经济与贸易协定》	《欧盟—新加坡投资保护协定》	《欧盟—越南投资保护协定》	《欧盟—墨西哥新全球协定》	《全面与进步跨太平洋伙伴关系协定》
裁决的执行	执行裁决的条件	争端方在如下情况下方可寻求执行最终裁决：（一）对《ICSID 公约》作出的最终裁决：（1）裁决作出后已满 120 天，并要求撤改、或撤消该裁决的争端方均未要求撤改或撤消该裁决的执行已经完成；或（2）被暂停，并且修改或撤消该裁决的程序已经完成。（二）对于根据《ICSID 附加便利规则》或根据第二款第四项适用的任何其他规则作出的任何其他裁决：（1）裁决作出后已满 90 天，并且争端方均未寻求撤改、撤销或撤消该裁决的程序；或（2）裁决的执行已被暂停，并且某法院已驳回或接受该改、撤销或撤消该裁决的申请，并且未进一步上诉。		尽管有第一款和第二款规定，在第四款所指期间内，对越南是被申请人情况下的最终裁决的承认和执行，应依据 1958 年《纽约公约》进行。第一款以及第 3.36 条（同意）在这期间同，本条第一款 b 项以及第四款第四项不适用于越南是被申请人时的争端。对于越南是被申请人情况下的最终裁决，第二款本条之后生效五年后适用，或由专门委员会在条件得到保障的情况下决定更长的时间。		争议方不得寻求执行一终局裁决，直至：（a）对于根据《ICSID 公约》作出的终局裁决，（i）裁决作出后已满 120 天且争端方均未要求修改或撤消该裁决；以及（ii）修改或撤消该裁决的程序已经完成；（b）对于根据《UNCITRAL 仲裁规则》或依据第 9.18 条第 4 款（d）项，提交仲裁申请所选择的仲裁规则作出的裁决，（i）裁决作出后均已满 90 天，且争端方均未启动修改、撤销或撤消该裁决的程序；以及（ii）法院已驳回或受理修改、撤销或撤消该裁决的申请，且无进一步上诉请求。

续表

	《欧盟 TTIP 草案》	《欧盟—加拿大全面经济与贸易协定》	《欧盟—新加坡投资保护协定》	《欧盟—越南投资保护协定》	《欧盟—墨西哥新全球协定》	《全面与进步跨太平洋伙伴关系协定》
实施裁决所适用的法律	裁决的实施应由被寻求实施地关于判决实施或裁决的实施的有效法律管辖。为了更加明确，本协定关于自然人或法人的权利与义务的条款不得妨碍依据本节作出的裁决的承认、实施和执行。	裁决的实施应由被寻求实施地关于判决实施或裁决的实施的法律管辖。	裁决的实施应由被寻求实施地关于实施的有效法律管辖。为了更加明确，第四节（机构、一般和最后条款）的第4.11条（无直接效力）不得妨碍依据本节作出的裁决的承认、实施和执行。	裁决的实施应由被寻求实施地关于实施的有效法律管辖。为了更加明确，第4.14条（无直接效力）不得妨碍依据本节作出的裁决的承认、实施和执行。	裁决的实施应由被寻求实施地关于判决实施或裁决的实施的有效法律管辖。为了更加明确，本协定关于自然人的权利和义务的第X条不得妨碍依据本节作出的裁决的承认、实施和执行。	
专家组						如被申请人未履行裁决或遵守终局裁决，则应申请人所属的缔约方申请，应根据第28.7条（设立专家组）设立专家组。提出申请的缔约方在该等程序中可请求：（a）裁定未遵守本条下义务不符；（b）依据第28.17条（初始报告），建议被申请人履行或遵守终局裁决。

裁决的执行

续表

	《欧盟 TTIP 草案》	《欧盟—加拿大全面经济与贸易协定》	《欧盟—新加坡投资保护协定》	《欧盟—越南投资保护协定》	《欧盟—墨西哥新全球协定》	《全面与进步跨太平洋伙伴关系协定》
裁决的执行 · 裁决与《纽约公约》	在《纽约公约》第1条的意义上，依据本节作出的最终裁决应视为仲裁裁决，并且与由商事关系或交易引起的仲裁诉请有关。	依据本节作出的最终裁决视为《纽约公约》第1条意义上与商事关系或交易引起的诉请有关的仲裁裁决。	在《纽约公约》第1条的意义上，依据本节作出的最终裁决是由商事关系或交易引起的诉请有关的仲裁裁决。	在《纽约公约》第1条的意义上，依据本节作出的最终裁决是由商事关系或交易引起的诉请有关的仲裁裁决。	在《纽约公约》第1条的意义上，依据本节作出的最终裁决是由商事关系或交易引起的诉请有关的仲裁裁决。	为《纽约公约》和《美洲国际商事仲裁公约》第1条之目的，在本节下提交仲裁的诉请应被视为产生于商业关系或交易。
裁决与《ICSID公约》	为了更加明确，如果依据第6条第一款第二款第一项提交仲裁诉请，依据本节作出的最终裁决应定性为《ICSID公约》第六节项下裁决。	为了更加明确，如果已经依据第8.23条第二款第一项或第二项提交仲裁诉请，依据本节作出的最终裁决应定性为《ICSID公约》第六节项下裁决。	为了更加明确并受第一款第二款限制，如果依据第3.6条第二款第一项提交仲裁诉请，依据本节作出的最终裁决应定性为《ICSID公约》第四章第六节项下裁决。	为了更加明确并受第一款b项限制，如果依据第3.33条（提起诉请）第二款a项提交仲裁诉请，依据本节作出的最终裁决定性为《ICSID公约》第四章第六节项下裁决。	为了更加明确并受第一款第二款限制，如果已经依据第7条（向法庭提起诉请）第二款a项提交仲裁诉请，依据本节作出的最终裁决应定性为《ICSID公约》第四章第六节项下裁决。	无论《ICSID公约》第11款规定的程序是否已经进行，一方可根据《纽约公约》或《美洲国际商事仲裁公约》要求执行仲裁裁决。

续表

	《欧盟 TTIP 草案》	《欧盟—加拿大全面经济与贸易协定》	《欧盟—新加坡投资保护协定》	《欧盟—越南投资保护协定》	《欧盟—墨西哥新全球协定》	《全面与进步跨太平洋伙伴关系协定》
缔约方的角色	第 26 条: 1. 对于依据第 6 条提交的诉请或对本节涵盖的待遇目受第 3 条调解的限制，缔约方不得交提起国际诉请，除非另一缔约方未能遵守并执行对该国家同争端作出的裁决。对于这不排用的措施，即使被主张违反了本协定关于特定投资依据规定，而已经请诉请。这不影响本第 22 条 或《UNCITRAL 透明度规则》第 5 条的适用。 2. 第一款不妨碍为了促进该争端解决而进行非正式的交流。	第 8.42 条: 1. 对于依据第 8.23 条提交的诉请，缔约方不得交提起国际诉请，除非另一缔约方未能遵守并执行对该争端作出的裁决。2. 或第一款不排除根据措施而言，第 29 章（争端解决）解决争端的可能性，即使该措施被主张违反了本协定关于特定投资的规定，而已依据第 8.23 条提请诉请并不影响本节第 8.38 条的适用。3. 第一款不妨碍为了促进该争端解决而进行非正式的交流。	第 3.23 条: 1. 对于依据本节提交的诉请，缔约方不得给予外交保护，或者提起国际诉请，除非另一缔约方未能遵守并执行对该争端作出的裁决。本款所指包括只是为了促进该争端解决而进行正式交流。2. 为了更加明确，对于一般适用的措施，第一款不排除根据第三章（争端解决）第 B 节（缔约方之同争端解决）解决争端的可能性，即使该措施被主张违反了本协定关于特定投资的规定，而已依据第 3.17 条提请诉请，而不影响本节第 3.6 条提请诉请。日且影响非争端缔约方）的适用。	第 3.58 条: 1. 对于依据本节提交的诉请，缔约方不得给予外交保护，或者提起国际诉请，除非另一缔约方未能遵守并执行对该争端作出的裁决。本款所指不包括只是为了促进该争端解决而进行非正式交流。2. 对于一般适用的措施，第一款不排除根据第 A 节争端解决的可能性，如该措施被主张关于特定争端违反了本协定关于特定投资的规定，而已依据第 3.33 条、第 3.51 条提请诉请。这不影响本节第 3.51 条或 UNCITRAL《透明度规则》第 5 条的适用。	第 27 条: 1. 对于依据第 7 条提交的诉请，缔约方不得提起国际诉请，除非另一缔约方未能遵守对该争端作出的裁决。2. 措施，第一款不排除根据其他可能性决争端可能性，即使该措施被主张违反了本协定关于特定投资而已经提请诉请，并且不影响本节第 23 条（本协定非争端缔约方）的适用。3. 第一款不妨碍为了促进该争端解决而进行非正式的交流。	

续表

	《欧盟TTIP草案》	《欧盟—加拿大全面经济与贸易协定》	《欧盟—新加坡投资保护协定》	《欧盟—越南投资保护协定》	《欧盟—墨西哥新全球协定》	《全面与进步跨太平洋伙伴关系协定》
合并审理	第27条：如果根据本节提起的两项或多项诉请的法律或事实问题系共同的，被申请庭庭长审理这类合并诉请或该部分诉请应说明……	第8.43条：若有两项或多项诉请分别提请，且这些诉请实质上涉及同样的法律或事实问题系共同的，依据本条，或者所有的争端方可以设立法庭以共同地寻求独立分庭，并且请求作出合并（合并请求）……	第3.24条：若有两项或多项诉请分别提请，第8.23条根据提起的诉请，且这些诉请实质上涉及同样的法律或事实问题系共同的，依据本条，或者所有的争端方可以，或者所有的争端方可以设立法庭以共同地寻求独立分庭，并且请求作出合并（合并请求）……	第3.59条：如果根据本节提起的两项或多项诉请的法律或事实问题系共同的，被申请庭庭长审理这类合并诉请或该部分诉请应说明……	第28条：若有两项或多项诉请分别提请，第7条根据实质上涉及同样的法律或事实问题系共同的，且这些诉请实质上源于相同事件或事端的，或者所有的争端方独立设立法庭，并且请求该分庭作出合并（合并请求）……	第9.27条 合并审理：1. 当两个或更多的诉请依据第9.18条第1款（提交仲裁）提交，且此类诉请涉及共同的法律问题或产生于相同争端或事件，任一争端方均可根据本款拟合并审理的所有争端方的命令寻求一致意见，或根据第2款至第10款的规定寻求合并审理的命令。2. 在本条下寻求合并审理的争端方应以书面式请求合并的命令，并递送一份请求副本在请求中写明下列内容：……
文件送达					第32条：向缔约方递交磋商请求、通知或其他文件，应向附件Ⅱ中该缔约方列名的地址送达。缔约方应迅速通知其他缔约方有关该地址和附件所指地点所指地点的任何变化。	第9.29条 文书送达：向每一缔约方送达通知和其他文书应根据附件9-D（根据B节中该缔约方送达的地点）中该缔约方指定的地点。对公众开放，缔约方应将该地点如有变化，及时提及该地点如有变化，缔约方应将该变化迅速公布并通知其他缔约方。

续表

	《欧盟 TTIP 草案》	《欧盟—加拿大全面经济与贸易协定》	《欧盟—新加坡投资保护协定》	《欧盟—越南投资保护协定》	《欧盟—墨西哥新全球协定》	《全面与进步跨太平洋伙伴关系协定》
相关委员会	专门委员会	CETA 联合委员会、服务与投资委员会	专门委员会	专门委员会	服务与投资分委员会	
附件清单	附件 I《投资者诉国家争端调解机制》附件 II《法庭、上诉庭和调解员行为守则》	《2021 年 1 月 29 日服务与投资委员会通过在投资争议中争议当事方使用调解的规则的第 002/2021 号决定》《2021 年 1 月 29 日服务与投资委员会第 1/2021 号决定法庭成员、上诉庭成员和调解员行为准则》《2021 年 1 月 29 日 CETA 联合委员会第 1/2021 号决定关于上诉庭运行的行政和组织事项》《2021 年 1 月 29 日 CETA 联合委员会通过关于有约束性规则解释的决定》	附件 6《投资与缔约方同争端解决的调解机制》附件 7《法庭成员、上诉庭成员和调解员行为守则》附件 8《关于公众获得文件、听证和第三人提交材料的可能性的规则》	附件 10《投资与缔约方同争端解决的调解机制》附件 11《法庭成员、上诉庭成员和调解员行为守则》附件 13《上诉庭工作程序》附件 12《平行诉讼》	附件 I《法庭成员、上诉庭成员行为守则》附件 II《投资庭第 XX 项下的缔约方文件送达地点》	附件 9—D《根据第 B 节（投资者—国家争端解决）方法达成文件》

《欧盟 TTIP 草案》第 23 条规定，法庭应允许与争端解决有直接或当前利益的任何自然人或法人（介入人）作为第三方介入（intervention as a third parties），以全部或部分支持某一方的诉求。第三方介入应在当事人公布诉请的 90 日内提交申请。若法庭批准介入申请，介入人应收到关于争端方的各程序文件的复件，保密文件除外。介入人可在收到程序文件后在特定时限内提交介入说明，争端方应有机会回应该介入说明。在上诉的情况下，已介入法庭的自然人或法人应有权介入上诉庭。对于介入人的范围，《欧盟 TTIP 草案》仅模糊地规定了"直接或当前利益"的宽泛标准。

但是，这一机制并未延续到欧盟的投资协定中，CETA、EMMGA、EUSIPA、EVIPA 仅有规定法庭之友参与诉讼的条款。允许第三人介入诉讼为利益相关者参与诉讼提供了一种可能机制，有观点认为，工会、非政府组织等参与诉讼能够有助于法庭平衡多方利益。

小结　欧盟投资法院体系的司法化特征

对于投资法院体系，欧盟委员会认为主要创新在于：（1）防止 ISDS 被滥用，不允许根据欧盟协定进行平行诉讼。ISDS 法庭有权快速和方便地驳回没有依据的或滥诉诉请。由败诉方承担仲裁的费用，包括被诉国的费用。（2）缩小 ISDS 的范围，避免"空壳公司"利用 ISDS 发起仲裁或"挑选条约"（Treaty shopping）。投资者要主张条约项下保护，必须在东道国境内进行实质性的商业活动。（3）仲裁员的道德操守，所有仲裁员必须遵守对仲裁员规定的特定和有约束力义务的行为准则，包括利益和道德冲突，以及如何实施的规则。在欧盟协定下，如果对仲裁庭主席的指定出现意见分歧，应从预先同意的 15 名仲裁员清单中选择该仲裁员。这就允许国家对仲裁庭的组成进行某些控制。（4）澄清和限制仲裁庭的权力，欧盟协定明确规定 ISDS 仲裁庭不得推翻措施，赔偿款不得高于经济损失。（5）透明性，在欧盟协定下，透明性是强制性的，要求缔约方应公开所有的案件材料和裁决。现在，缔约方必须同意公开文件。（6）ISDS 裁决上诉的可能性。

《欧盟—加拿大全面经济与贸易协定》（CETA）、《欧盟—新加坡投资保护协定》（EUSIPA）、《欧盟—越南投资保护协定》（EVIPA）以及《欧盟—墨西哥新全球协定》（EMMGA）草案是对欧盟改革 ISDS 概念文件和欧洲议会相关决议的落实。在这几部协定中，CETA 显得最为精简；欧越协定条理最为清晰，内容也更翔实；欧墨协定有不少亮点。欧盟与新加坡协定则更多地考虑到新加坡作为小国的需求，其投资法院体系因不强制要求国籍而更接近仲裁。

这些协定旨在从实体规则方面加强东道国的监管权，在程序规则方面推动 ISDS 的司法化。在传统的投资条约仲裁中，既没有单一的机构，也没有一整套程序规则，而是有多个机构可供选择，这些机构有自身的程序规则，对争端解决提供行政管理；争端双方有选择机构和选择程序规则的自由。

欧盟提出的投资法院体系将推动投资者诉国家争端解决机制司法化，主要表现在磋商机制和提交诉请的程序化，以及投资法院组织架构的司法化。在审理程序方面，尽管 CETA 有不少创新，例如引入两种快轨驳回程序、临时保护措施、非争端方参与、披露第三方资助以及程序的透明度要求等，但是这些创新或者改良的程序规则不能归入 ISDS 的司法化。这些程序规则是对 TPP 仲裁规则的借鉴，是投资仲裁机制本身的改良。由此，CETA 对投资争端解决机制的司法化，其特征为进入投资法庭（access to tribunal）的前置条件的程序化，以及法庭组织架构的司法化。在法庭审理程序方面，CETA 仍然借鉴仲裁机制，并非真正意义上的司法化，例如引入法院审理程序中的证据规则、质证规则，等等。

投资法院体系对磋商机制的程序化则比较完全。从严格意义上讲，程序化并不意味着司法化。CETA 对磋商机制的程序化，无论是磋商本身的时间要求，还是磋商与提起诉请的时间关系，以及磋商内容成为提请诉请的前置条件，都使磋商具有更强的强制性和机制性。但是，过于严格的时间要求，特别是要求磋商内容与诉请内容具有严格一致性，会降低传统磋商机制所具有的灵活性和包容性。

在投资法院组织架构方面，欧盟协定要求从固定而非专职的法庭成员名单、初步的法庭架构、由法庭庭长指定分庭成员、法庭成员的本国国籍成分、引入上诉庭等多个方面对 ISDS 进行组织化，使投资法庭在结构上具备某些法院的特征。然而，从法庭成员的非专职性、上诉庭组织方案处于待定之中以及欧盟协定需要借助《ICSID 公约》和《纽约公约》这些外部机制的支持和执行来看，欧盟建立的投资法院体系并非一个自给自足的机制，而是投资仲裁机制与法院机制的混合。就欧盟协定当前的设计来看，投资法院在现实中很难吸引到最有经验的仲裁员出任法庭成员。

尽管投资法院体系有助于法律的确定性与裁决的一致性，但是其代价是争端方丧失自主选择法庭成员的权利，使投资者处于相对被动和不利的地位，并且上诉机制会不可避免地给投资者带来时间上的损失。因此，投资法院体系更有利于东道国，而非投资者。

欧盟提出的投资法院体系受到了反对投资仲裁人士的欢迎。欧盟所称的机制创新能否实现其目的，取决于法院建立之后的发展。对于支持仲裁机制的人们而言，转向法院机制将意味着一种妥协，一方面确实维持了受国际法保护的国际争端解决框架，另一方面却取消了当事方选择仲裁员的机制。有意思的是，对投资法院方案的反对者不止来自支持仲裁机制的人士，更多的批评来自那些偏好由国内法院解决争端的人士，他们认为欧盟提出的投资法院体系是一种国际性法院，提供的是给予外国投资者特权的国际路径。

对于双向投资国而言，一方面需要吸引外国投资进入本国，另一方面也需要推动本国资本走出去。在投资争端解决机制方面，这就需要更加平衡的和多样化的争端解决方案。对于投资法院方案以及欧盟提出的常设的多边国际投资法院，如果这种法院机制是选择性的，而不是强制性的，可以给予投资者更多的选择机会。偏好诉讼的国际投资者可以选择法院机制，偏好仲裁的国际投资者可以选择仲裁，这不啻一种新的解决之道。

第四章　欧盟常设多边投资法院方案与 UNCITRAL 第三工作组进展

第一节　常设多边投资法院方案的提出

自 2015 年以来，欧盟开始酝酿并致力于在国际层面推动建立常设多边投资法院的方案。根据欧盟委员会职员的工作报告，在 2014 年 3 月至 7 月欧盟委员会关于美欧《跨大西洋贸易与投资伙伴关系协定》（TTIP）投资者与国家间争端解决机制（ISDS）的公共咨询中，有一小部分集体意见和少数非政府组织单独提出的意见认为，上诉机制应在多边层面建立，或者采取国际法院的形式。① 少数意见或者建议很快就引起了欧盟官员向国际层面推动建立新机制的兴趣。2014 年 7 月，欧盟委员会主席让-克洛德·容克（Jean-Claude Juncker）在欧洲议会演讲中呼吁，应取代掌管了绝大多数国际投资协定的 "过时的" 投资者与国家间争端解决机制。

欧盟层面并未花太多时间酝酿常设多边投资法院方案。2015 年 3 月 18 日，欧盟委员会贸易委员塞西莉亚·马尔姆斯特伦（Cecilia Malmström）在欧洲议会国际贸易委员会（INTA）首次提及 "多边法院"（a multilateral court）和 "多边上诉机制"（a multilateral appeal mechanism），特别指出在双边投资条约谈判之外，同步推动建立一个 "资源运用更为有效和更具正当性的多边投资法院"。② 2015 年 5 月 5 日，欧盟委员会公布供欧洲议会

---

① European Commission, "Report-Online Public Consultation on Investment Protection and Investor-to-State Dispute Settlement (ISDS) in the Transatlantic Trade and Investment Partnership Agreement (TTIP)", Commission Staff Working Document, SWD (2015) 3 final, 13 January 2015, pp. 127, 130.

② Cecilia Malmström, "Discussion on Investment in TTIP at the Meeting of the International Trade Committee of the European Parliament", SPEECH/15/4624, Brussels, 18 March 2015.

和欧盟理事会讨论的非正式的概念文件，即《TTIP 与其他协定的投资：改革之路》，提出要加强规制权以及从当前临时仲裁转向投资法院这一新的欧盟路径，并且应朝着建立解决投资争端的多边体系的方向开展工作。[①]

在获得欧洲议会决议的支持之后，[②] 欧盟委员会在 2015 年 10 月 14 日发布的贸易政策文件《贸易为了所有：朝向更负责任的贸易与投资政策》中正式提出，欧盟双边协定将把旧的 ISDS 转变为一个由初审庭和上诉庭组织的 "公共" 的投资法院体系，其运行方式与传统法院类似；同时，与合作伙伴共同致力于就建立一个完备的常设国际投资法院达成共识。[③] 欧盟委员会贸易总司负责贸易政策争端解决与法律事务的官员认为，创设常设多边法院机制是对当前争端解决机制运行相关关切作出最终回应的 "唯一" 路径。[④]

欧盟随即在投资协定的双边投资法院机制中加入关于多边投资法院（Multilateral Investment Court，MIC）的过渡条款。2015 年 11 月，欧盟公布 TTIP 投资保护和投资争端解决章节建议稿，其中专设多边争端解决机制条款。[⑤] 根据 TTIP 投资争端解决章节第 12 条，缔约方之间可适用于该协定的关于多边投资法庭和/或多边上诉机制的国际协定一旦生效，相关章节部分就停止适用。2016 年 2 月，欧盟在与加拿大经贸协定（CETA）和与越南自贸协定（EVFTA）中都加入了希望从双边投资法院体系转向常设多边投资法院的过渡条款。此后，欧盟在贸易或投资谈判中都试图加入类似的过渡条款，并且在推荐给成员国与第三国谈判或重新谈判双边投资

---

① European Commission, "Concept Paper: Investment in TTIP and Beyond—The Path for Reform: Enhancing the Right to Regulate and Moving from Current Ad Hoc Arbitration towards an Investment Court", 5 May 2015.

② European Parliament, "Resolution of 8 July 2015 Containing the European Parliament's Recommendations to the European Commission on the Negotiations for the Transatlantic Trade and Investment Partnership (TTIP) (2014/2228 (INI))", P8_TA (2015) 0252, 8 July 2015.

③ European Commission, "Trade for All—Towards a More Responsible Trade and Investment Policy", COM (2015) 497 final, Brussels, 14 October 2015.

④ Colin Brown, "The European Union's Approach to Investment Dispute Settlement", Speech at the 3rd Vienna Investment Arbitration Debate, 22 June 2018, p. 9.

⑤ European Commission, "EU Finalises Proposal for Investment Protection and Court System for TTIP", Press Release, IP/15/6059, Brussels, 12 November 2015.

协定的"示范条款"中也加入了多边争端解决机制条款。①

与此同时，欧盟积极推动关于多边投资法院的国际讨论，并且向欧盟理事会请求批准就相关多边公约进行谈判的授权。2016 年 8 月，欧盟委员会启动关于建立多边投资法院的影响评估，为获得谈判授权作准备。2018年 3 月，欧盟理事会通过授权委员会就"建立解决投资争端多边法院的公约"进行谈判的指令。②

为了获得国际支持，2016 年 7 月至 2017 年 1 月，欧盟与加拿大在内罗毕 UNCTAD 世界投资论坛、巴黎 OECD 投资条约对话以及日内瓦政府间专家会议等场合共同推进关于建立多边投资法院的国际讨论。在欧盟及其成员国的正式请求下，2017 年 7 月 10 日联合国国际贸易法委员会（UNCITRAL）同意就投资争端解决的多边改革议题开展进一步的工作。自 2017年 11 月 27 日至 12 月 1 日 UNCITRAL 第三工作组第三十四届会议首次正式讨论"投资人与国家间争议解决制度改革"以后，③ UNCITRAL 第三工作组的工作思路和方向在很大程度上受到欧盟多边投资法院方案的影响，甚至有学者指责 UNCITRAL 被欧盟成功地利用。④

第二节　欧盟对 ISDS 的双重定性与关切

在提交联合国国际贸易法委员会第三工作组的材料中，欧盟对国际投资制度作了双重定性，第一为"国际公法制度"（public international law regime）；第二为"公法"（public law），主要涉及的是投资者待遇以及个人与国家之间的关系。⑤

---

① European Commission, "Annotations to the Model Clauses for Negotiation or Re-negotiation of Member States' Bilateral Investment Agreements with Third Countries", 31 January 2024, https://circabc. europa. eu/ui/group/be8b568f-73f3-409c-b4a4-30acfcec5283/library/9a3525b5-a8cb-47e7-a96a-fe1e7d378809/details.

② Council of the European Union, "Negotiating Directives for a Convention Establishing a Multilateral Court for the Settlement of Investment Disputes", 12981/17 ADD 1, Brussels, 1 March 2018.

③ See https://uncitral. un. org/zh/working_ groups/3/investor-state.

④ Nikos Lavranos, "The First Steps towards a Multilateral Investment Court (MIC)", EFILA BLOG, 19 July 2017, at https://efilablog. org/2017/07/19/the-first-steps-towards-a-multilateral-investment-court-mic.

⑤ 附件《对投资者—国家争端解决（ISDS）机制中问题的辨识与思考》，《投资人与国家间争议解决领域可能的改革：欧洲联盟提交的材料》，A/CN. 9/WG. III/WP. 145，2017 年 11 月 20 日。

一　定性一：国际公法制度

对于国际公法制度的定性，欧盟材料给出的理由是，国际投资制度由大量国际条约组成，这些条约是"国际公法文件"（instruments of public international law），由具有行使主权能力的国际公法行为体缔结；即使国家在这些协定中赋予投资者执行条约的起诉权，但并没有消除这些协定的国际公法性质，即主权国家之间的协定；作为条约，这些协定也要根据国际公法进行解释，相关国际公法包括关于条约解释的规则，以及诸如国家责任的其他规则。

二　定性二：公法

对于公法的定性，欧盟材料给出的理由是，这些国际公法条约处理"主权国家的规制权"（sovereign capacity of states to regulate），所给予的保护可由投资者来执行。欧盟材料转引 Gus Van Harten 等学者的观点称，这创造了类似于公法或宪法的情形，即个人受到免于国家行为妨碍的保护并且可以采取行动执行这些保护。欧盟材料还称，投资条约义务适用于可归因于国家的任何行为，可以是议会通过的立法，或者市政当局采取的个别决定；当国家被认定未遵守这些义务时，必须给予赔偿；这类赔偿通常采取金钱补偿形式，意味着由国家预算支付。

三　欧盟的关切

基于国际公法制度和公法的双重定性，欧盟材料确认当前投资争端解决机制存在的问题包括：临时仲裁机制本质上影响一致性和可预测性；仲裁员与利益冲突有关的认知问题；缺乏上诉机制和纠偏机制，不足以解决正确性与一致性问题；裁判人员任命方式的性质会影响裁决结果；巨额仲裁成本；缺乏透明度。

欧盟材料还强调，欧盟及其成员国认为这些不同的关切问题是相互关联并且是系统性的，如果只着眼于某一个具体问题，其他问题就得不到解决。例如，费用和延续时间方面的问题与缺乏可预测性方面的问题有关。如果对法律的解释不稳定，费用就会增加，因为不同的临时仲裁庭总会给出不同的解释，那么，争端方就会提出每一种看似合理的论点，而如果对相关规范有稳定的解释，其中一些论点就不会得到考虑。由此，对该制度费用的关切与对缺乏可预测性的关切相关联，而这种关切又与对仲裁员任命方法的关切相关联，后者则与对仲裁员独立性和公正性的关切相关联。①

四　对欧盟定性的评价

对于欧盟对 ISDS 所做的国际公法制度和公法这一双重定性，其实不过是重复了罗马法和大陆法系将不同的部门法区分为公法与私法的二元分类法，而这种为了便于法科入门学生理解法律分类的简单二元论，早就被公认为无法准确界定经济法、劳动法等晚近出现的介于公法与私法之间的部门法。国际投资法也正是介于公法与私法之间的"新兴"经济法。对于国际公法机制的定性，欧盟材料所给的理由不太具有说服力，因为国际条约必然由国际公法行为体缔结，但并不妨碍《联合国国际货物销售合同公约》（CISG）此类私法条约的存在。欧盟材料对规制权的说明也站不住脚，例如，海牙国际私法会议（HCCH）关于管辖权的公约涉及限制或扩大主权国家的司法管辖权，但不妨碍将其定性为私法条约。欧盟材料的论证逻辑其实是将仲裁与私法机制画等号，这就更经不起推敲。当前 WTO 多方临时上诉安排（MPIA）采用仲裁机制，国际海洋法采用临时仲裁机制，不少国家间纠纷也采用临时仲裁机制——大量的公法纠纷采用仲裁机制，这恰恰说明仲裁无关乎公私，而在于这一古老的争端解决机制所具有的顽强生命力和内在合理性。

简单地将 ISDS 定性为国际公法和公法，不仅无益于对 ISDS 功能的理解，而且模糊了法院与仲裁这两种争端解决机制存在的法律土壤——相关实体法律的完备程度和被接受程度、争端解决机制本身的可获得性，在正确与效率之间寻求平衡的不同侧重点，以及在规制权与投资者保护之间的不同系统性偏好。

根据国际法院、国际刑事法院以及 WTO 争端解决机制等国际实践，国际性法院或司法机制存在的基础是相对完整并且被全体缔约国所接受的

---

① A/CN. 9/WG. III/WP. 159/Add. 1.

一套实体规则。然而，当前国际投资体制不存在被广泛接受的实体性多边公约，而是大约 3000 多个规定不一的双边或区域投资协定。临时仲裁机制就是建立在这样复杂法律土壤之上的最具可获得性的争端解决机制。在正确与效率的平衡问题上，法院机制因具备上诉纠偏机制而重视正确性，仲裁机制因一裁终局而更重视效率。在规制权与投资者保护之间的平衡上，毋庸讳言，法院因其构成受到国家的更大影响而存在对规制权的系统性偏好，而仲裁机制因投资者具有选任权而存在对投资者的系统性偏好。

第三节　欧盟常设多边投资法院体系的核心内容

2019 年 1 月 18 日，欧洲联盟及其成员国向联合国国际贸易法委员会第三工作组提交了材料，① 陈述了欧盟及其成员国对建立常设机制解决国际投资争端的观点，其中提出了常设多边投资法院方案。

欧盟常设多边投资法院方案的核心是两审制的常设法院架构，投资者无权选择审判员。欧盟建议，多边投资法院由初审法庭和上诉法庭组成，以透明方式开展工作；多边投资法院的管辖权，可以来自"多边投资法院公约"的授权，对多边条约缔约国之间的现行与未来协定进行管辖；也可以来自国家之间某项协定的特别授权，同意将两国双边投资协定项下的争端交由多边投资法院管辖。上诉法庭将审理对初审法庭裁决的上诉案件。两审法庭由常任审判员和秘书处组成，审判员固定取薪，由秘书处辅助其日常工作。②

一　欧盟多边法院方案的十六点建议

（一）争端避免机制

欧盟建议设置友好解决争端，提供机制以鼓励包括调解和磋商（conciliation and mediation）这种友好解决方式。欧盟还建议建立调解员名单，以提供机制性的支持，并且为实现友好解决争端提供其他支持。

---

① A/CN. 9/WG. Ⅲ/WP. 159/Add. 1.

② European Commission Staff Working Document, "Impact Assessment, Multilateral Reform of Investment Dispute Resolution", SWD (2017) 302 final, Brussels, 13 September 2017.

（二）初审

欧盟建议，常设机制应为包括初审和上诉在内的两审制，初审法庭对争端进行一审。欧盟建议按照当前仲裁庭的做法，初审法庭首先进行事实调查，然后对事实适用法律。

对于上诉法庭决定发回的案件，初审法庭还应进行重审。

初审法庭可以有自己的程序规则。

（三）上诉法庭

对于上诉机制，欧盟建议，上诉法庭审理对初审法庭裁决提起的上诉。上诉的理由应为法律错误（包括严重程序缺陷）或事实认定方面的明显错误。上诉法庭不应对事实进行重新审查。

为了防止上诉被滥用，欧盟建议纳入上诉费用担保机制。

（四）审判员的全职性质与薪酬

欧盟材料建议，审判员应为全职，并且不能从事除教学以外的任何其他庭外活动。审判员的人数应基于常设机构的预估工作量确定。

欧盟材料建议，审判员的薪金与其他国际法院法官的薪金相当。

（五）审判员的职业要求

欧盟建议，审判员必须遵守严格的操守要求。为确保其履行高标准职业操守，审判员应为全职并禁止从事其他活动，特别是有报酬的活动或政治活动。还应要求审判员确保在特定案件中不存在利益冲突的风险，为此，审判员应披露可能影响其独立性或公正性的既往利益、关系或事项，并在任期结束后继续履行相关义务，以确保其任期内的独立性和公正性不受质疑。

为确保审判员独立于政府，欧盟材料建议，其任期应该足够长且不可连任，例如许多国际法庭规定法官任期为九年。此外，还应规定严格且透明的任命程序。

（六）审判员的资格

对于审判员的资格，欧盟建议参照其他国际法院对法官的资格要求，例如《国际法院规约》第 2 条的规定。据此，审判员应是在其本国具有最高司法职位任命资格，或者为公认的国际法法学家。还可以要求审判员对某法律领域具有专门知识，并且最好具有司法工作经验和案件管理能力。

（七）多样性

欧盟建议建立确保地域多样性和性别多样性的机制。欧盟建议参考《国际刑事法院罗马规约》第 36 条第 8 款的规定，该条款规定，缔约国在推选法官时，应考虑法院法官的组成需具有：（1）世界各主要法系的代表性；（2）公平的地域代表性；以及（3）适当人数的男女法官。

对于性别代表性，根据《国际刑事法院法官、检察官、副检察官提名和选举程序》（ICC-ASP/3/Res. 6 号决议）第 20 条（c），男性或女性法官的最低人数为 6 名。目前国际刑事法院 18 名法官中，有 6 名女性法官。

对于地域代表性，欧盟建议参考联合国区域集团的地域代表方式。根据《国际刑事法院法官、检察官、副检察官提名和选举程序》第 20 条（b），如果区域集团①超过 16 个缔约国，代表该区域集团的法官至少为 3 名。

（八）任命程序

对于常设机制审判员的任命程序，欧盟建议，为了确保审判员的独立性和公正性，任命程序必须严格和透明。

对于候选人的甄别遴选机制，欧盟建议考虑所有可以确保中立性的做法，参考国际刑事法院、欧洲人权法院、加勒比法院和欧洲联盟法院等国际或区域法院，以确保被任命的审判员符合必要的司法独立标准。被委托参与甄别机制的人应首先具有独立性，欧盟建议基于职务权威性指定国际法院（ICJ）院长，由国际性法院或国内最高法院的资深或退休不久的法官对候选人进行甄别。

对于常设机制的候选人，可以由缔约方提名，也可以由候选人直接申请。为了加强中立性，欧盟建议考虑允许任用非缔约国国民作为常设机构的审判员。

对于最为重要的遴选决策机制，欧盟建议对候选人的任命必须获得缔约方的明显多数票（significant majority of votes）。欧盟仅提出多数制遴选决策方案，但并未进一步说明。② 值得注意的是，根据 WTO《关于争端解决规则与程序的谅解》（Understanding on Rules and Procedures Governing the

---

① 联合国区域集团，或称联合国地区组，分别为非洲组、亚洲组、东欧组、拉丁美洲和加勒比国家组、西欧及其他国家组。

② A/CN. 9/WG. III/WP. 159/Add. 1，para 22.

Settlement of Dispute，简称 DSU）第 2 条第 4 款，WTO 争端解决机构（Dispute Settlement Body，简称 DSB）的决策程序为协商一致（consensus），[①]因此 DSB 上诉机构成员遴选程序也应协商一致。欧盟提出的多数制方案显然是要避免少数国家滥用协商一致的规则而阻挠法院的组成和运行。

对于审判员由缔约方任命而非由争端方选任，欧盟认为，这种方式更有可能任命客观公正的审判员，而不太可能任命被认为过于偏袒投资者或国家的人。欧盟说明的理由是，缔约方不仅要作为投资争端的潜在被诉方，也要考虑起诉方的利益，即有必要确保对其投资人的充分保护。

对于分庭审判员的指定问题，为确保争端各方不会事先知晓由谁审理其案件，欧盟材料建议参考 WTO《上诉审议工作程序》（Working Procedures for Appellate Review）第 6 条第 2 款，以随机方式指定常设机制分庭的审判员。

（九）国家间争端解决

欧盟建议，也可以利用常设机制解决国家间投资争端。

（十）与条约缔约方的对话机制

欧盟指出，现代许多条约规定缔约方可以对项下义务作出有约束力的解释，例如《世界贸易组织协定》第 9 条第 2 款，最近不少投资保护条约也规定了缔约方作出有约束力解释的可能性。提供这种有约束力的解释是为了给争端解决的法庭提供指导。欧盟建议，有必要确保并扩大这一可能性，以涵盖那些没有明确作出这种规定的条约。欧盟认为，在一个覆盖众多双边协定的多边常设机制中，有必要确保某项双边协定的缔约方能够通过具有约束力的解释，以保留对其协定解释的控制权。

欧盟还建议，所涉条约的非争端缔约方也应当能够参与诉讼。此外，还应考虑的是，对于设立常设机制的多边条约的非争端缔约方政府，如果所涉解释问题具有系统重要性，是否以及在何种条件下能够介入并非缔约方的其他条约的项下争端，同时还要确保这种介入不会损害协定缔约方对协定解释保留控制权的能力。

[①] Article 2（Administration），DSU：Where the rules and procedures of this Understanding provide for the DSB to take a decision, it shall do so by consensus（1）.

（十一）透明度和第三方参与

欧盟建议，应当确保程序高度透明，应将 UNCITRAL《投资人与国家间基于条约仲裁透明度规则》作为可予适用的最低限标准之一。

欧盟还建议，应允许第三方参与投资争端，例如受争端影响的社团代表。

（十二）裁决的执行

欧盟建议常设机制建立自己的执行制度，无须在国内层面进行审查。欧盟提出，鉴于常设机制具有上诉机制的特点，没有必要在国内层面或者通过临时的国际机制对裁决进行审查。换言之，目前由国内法院和 ICSID 撤销裁决委员会所行使的废止或撤销职能，应由上诉机制所提供的更广泛的审查来行使。因此，不应在国内层面对此类裁决进行审查。

欧盟还建议，未来常设机制所作的裁决也能够根据《承认及执行外国仲裁裁决的纽约公约》执行。欧盟认为，根据《纽约公约》第 1 条第 2 款，"常设仲裁机构"（permanent arbitral bodies）作出的裁决是可以执行的，没有理由认为常设机制的裁决不能被视为"常设仲裁机构"的裁决，当然前提是争议各方表示同意。欧盟提交的材料在脚注中建议，在未来"国际投资法庭规约"通过之后，由 UNCITRAL 提出一项对《纽约公约》第 1 条第 2 款和第 7 条第 1 款的建议（recommendation），以澄清国际投资法庭属于《纽约公约》的适用范围。根据 2016 年版贸易法委员会秘书处关于《承认及执行外国仲裁裁决的纽约公约》的指南第 18 段，仲裁裁决由请示承认和执行所在地缔约国法院判定，因此，UNCITRAL 的建议有助于相关国内法院的理解和适用。

欧盟进一步建议，纳入机制以防止争端各方在以后阶段启动撤销程序，例如 EUSIPA 第 3.22 条规定，法庭根据本节作出的最后裁决在争端各方之间具有约束力，不得上诉、复审、撤销或要求任命其他救济。第 3.7 条第 1 款（f）项第 3 段要求申请人不寻求对根据本节作出的裁决向国际或国内法院或法庭提起上诉、复审、撤销、废止、修改或启动任何其他类似的程序。CETA 第 8.28 条第 9 款（b）项、EVIPA 第 3.36 条第 3 款（b）项和第 3.57 条第 1 款（b）项也有类似规定。

（十三）常设机制的资金来源与分摊方式

欧盟建议原则上由各缔约方为常设机制出资，出资额根据缔约方各自的发展水平进行加权，以使发展中国家或最不发达国家承担低于发达国家的负担。所采用的加权机制可参照其他国际组织采用的加权办法或以此为基础。欧盟建议，还应考虑要求常设机制的使用者支付某些费用，但不应将这些费用与审判员的报酬直接挂钩，并且不应过高而成为中小型企业提起诉讼的障碍。

欧盟建议按加勒比法院的做法，通过信托基金管理缴款。欧盟认为，从中长期角度来看，这将确保常设机制能够有效运作。

（十四）对现行条约的适用、选择加入适用机制和管辖权

对常设机制的管辖权范围而言，欧盟提出，最重要的是常设机制能够对现行和未来协定项下的众多争端作出裁定。欧盟建议：（1）规定"加入"条款；（2）允许缔约方作出特定通知"选择加入适用"（opt-in），说明某项现行或未来协议将受常设机制的管辖。缔约方一旦就某项协定发出此类通知，常设机制就有权对该协定项下发生的争端作出裁定。对于常设机制成立后缔结的协定，可在赋予常设机制管辖权的协定中提及，或者采取后续通知选择加入适用的方式。欧盟还建议探讨将常设机制管辖权扩大到非缔约国国民的可能性，即，如果只有被申诉方是常设机制的缔约国，非缔约国国民的投资者能否利用常设机制提起诉讼。

欧盟指出这一具有灵活性的模式已在《毛里求斯透明度公约》和《实施税收协定相关措施以防止税基侵蚀和利润转移的多边公约》（《BEPS公约》）中得到使用，并且国际公法还充分确立了将管辖权从一个机构（这里指特设法庭）移交给另一个机构的概念。

欧盟指出，这意味着常设机制管辖权的确切范围及其适用的实质性规则是由基础条约决定的，还意味着常设机制所适用的实质性规则可能会随着基础条约规则的变化而变化。

（十五）协助发展中国家机制

欧盟建议设计协助发展中国家参与争端的机制，以确保所有争端当事方都能够在投资争端解决制度中有效采取行动。这种机制可以在国际投资争端诉讼中以及在适用国际投资法的其他方面协助最不发达国家和发展中国家。这一倡议可构成建立常设机制进程的一部分。

（十六）开放式结构

尽管欧盟认为只有两审常设架构才能解决目前 ISDS 存在的所有结构性

问题，但提出需要在常设机制中建立一定程度的灵活性。欧盟建议，可以允许缔约国只将常设机制适用于解决国家间争端，而不适用于投资者和国家间争端；允许缔约国只使用上诉机制而不使用初审法庭，尽管欧盟也认为这不能有效解决已认定的若干关切问题。诚然，常设机制的开放式结构可以为不同立场的国家提供灵活性的方式。

二　对欧盟多边法院方案的简评

欧盟多边投资法院方案与其在双边协定中的投资法院方案思路是一致的。在欧盟 ISDS 司法化的方案中，无论是双边投资法院方案，还是多边投资法院方案，都隐含着国家在常任法官的选择上所具有的强大影响力，而这正是欧盟规范性软实力的传统优势所在。外国投资者在欧盟方案中处于权利被削弱的局面，失去了在投资仲裁机制下选择仲裁员的重要程序性权利。

欧盟方案的目的是极力减少 ISDS 对政府规制权的寒蝉效应，但其代价是同样削弱了对某些东道国政府"滥用"规制权的有效威慑。在看似中立的方案背后，是国家主导权的回归，不可避免地带来了滥用规制权和再政治化的新的风险。[1] 这里再次引述国际法院前院长琼·多诺霍（Joan Donoghue）的敏锐提醒，国际法院存在的问题之一就是政治化。[2] 曾担任国际法院专案法官的查尔斯·布劳尔（Charles Brower）也警示，只要让国家参与争端解决机制，特别是民主国家的加入，就会有政治，有交易。[3] 这种再政治化的风险正如当前 WTO 上诉机构的困境所示，仅美国一国政府就可以利用上诉机构成员遴选机制的协商一致方式来破坏争端解决机制。[4] 这种风险必须加以警惕，未来多边投资法院在上诉法庭成员遴选机制上同样面临这种政治化风险。

---

① Ksenia Polonskaya, "Selecting Candidates to the Bench of the World Court: (Inevitable) Politicization and Its Consequences", *Leiden Journal of International Law*, Vol. 33, No. 2, 2020, pp. 409–428.

② Joan E. Donoghue, "International Adjudication: Peaks, Valleys, and Rolling Hills", *Proceedings of the ASIL Annual Meeting*, Vol. 112, 2018, pp 15–22.

③ Charles N. Brower, "ISDS at a Crossroads", *Proceedings of the ASIL Annual Meeting*, Vol. 112, 2018, pp. 191–194.

④ 杨国华：《WTO 上诉机构危机的国际法分析》，《国际法研究》2024 年第 1 期。

对于至关重要的审判员遴选机制，欧盟提出的多数决策方案摒弃了多边机制通行的"协商一致"规则。然而，即使在一体化程度最高的地区，欧盟的决策机制从"协商一致"转向"特定多数"决策为主，经过了从1965年与1966年间"空椅危机"形成的《卢森堡协定》，到1986年《单一欧洲法令》、1992年《马斯特里赫特条约》、1997年《阿姆斯特丹条约》、2000年《尼斯条约》和2007年《里斯本条约》近半个世纪的逐步推进和缓慢延伸。① 直到今天，欧盟在外交与安全领域等敏感领域，仍保留着协商一致的规则。要在法律制度各异的世界各国之间建立多边投资法院，并且在如此重要且涉及政府规制权的机制中放弃协商一致规则，其难度之大，不容乐观。

此外，欧盟多边投资法院方案只提供司法化的程序框架，并未触及投资协定中的实体法。欧盟方案隐藏的另一个目的，是试图通过国际性法院的判例法来发展出更具一致性的国际投资法实体规则，然而，首先面临的难题是如何取得大多数国家对多边投资法院管辖权的同意或接受，而这正是当前国际法院和国际刑事法院这类国际司法机构难以克服的困难。

第四节　联合国国际贸易法委员会第三工作组的工作进展

联合国国际贸易法委员会（UNCITRAL）于1966年根据联合国大会第2205（XXI）号决议成立，其目标是促进国际贸易法的逐步协调和现代化。作为联合国大会的附属机构，联合国国际贸易法委员会由大会选举产生的60个国家组成。联合国国际贸易法委员会将特定主题的任务授权给由成员国组成的工作组，其他国家、政府间组织和非政府组织可以作为观察员参加工作组和联合国国际贸易法委员会会议。联合国国际贸易法委员会设有秘书处，负责准备工作文件、提供行政支持并报告工作组会议情况。联合国国际贸易法委员会制定并推动立法和非立法文书的使用和通过规范。除了贸易法工作外，联合国国际贸易法委员会还致力于国际仲裁规则，联合国国际贸易法委

---

① 可参见［英］保罗·克雷格、［爱尔兰］格兰妮·德布尔卡：《欧盟法：教程、案例与资料》，叶斌、李靖堃译，程卫东译校，中国社会科学出版社2023年版，第8—31、237—240页。

员会仲裁规则广泛应用于包括 ISDS 在内的国际仲裁，近期推动与 ISDS 相关的国际造法最终形成了《毛里求斯透明度公约》和《新加坡调解公约》。

2017 年 7 月，联合国国际贸易法委员会启动了"投资者与国家争端解决多边改革"工作，授权第三工作组具体讨论此项改革。[①] 联合国国际贸易法委员会第三工作组成员一般每年召开两次为期一周的会议，分别在维也纳和纽约举行，另外也举行非正式的届间会议。新冠疫情期间，会议转到线上进行。随着进展加快，从 2023 年起第三工作组改为一年三次会议。[②]

截至 2025 年 2 月底，第三工作组和贸法会自 2017 年以来取得的改革进展，包括通过了《贸易法委员会国际投资争端调解示范条款》《贸易法委员会国际投资争端调解指南》《贸易法委员会国际投资争端解决仲裁员行为守则》《贸易法委员会国际投资争端解决法官行为守则》和《国际投资争端解决咨询中心章程》。

一　UNCITRAL 第三工作组取得 ISDS 改革任务授权的由来

对于取得 ISDS 改革任务授权，正如有人指出，联合国国际贸易法委员会秘书处实际上是特定改革议程的推手。[③] 在此之前，贸易法委员会秘书处委托日内瓦国际与发展研究所和日内瓦大学法学院联合研究中心"国际争端解决中心"（CIDS）进行研究。[④] 2016 年该研究中心发表"关于是否可以将《毛里求斯透明度公约》作为范例以通过引入常设投资法庭或上诉机制来改革投资者与国家间仲裁的报告：分析和路线图"。[⑤] 该

[①]　联合国国际贸易法委员会第三工作组"投资者与国家争端解决多边改革"进展，参见 http://www. uncitral. org/uncitral/en/commission/working_ groups/3Investor_ State. html。

[②]　Chiara Giorgetti, "The Transformation of International Organizations—Specialization, New Initiatives, and Working Methods—Some Observations on the Work of UNCITRAL Working Group III", *Journal of International Economic Law*, Vol. 26, No. 1, 2023, pp. 40-50.

[③]　Anthea Roberts, "Incremental, Systemic, and Paradigmatic Reform of Investor-State Arbitration", *American Journal of International Law*, Vol. 112, No. 3, 2018, p. 425.

[④]　联合国国际贸易法委员会：《第三工作组（投资人与国家间争议解决制度改革）第三十四届会议工作报告（2017 年 11 月 27 日至 12 月 1 日，维也纳）》，A/CN. 9/930/Rev. 1，第 1—2 段。

[⑤]　Gabrielle Kaufmann-Kohler and Michele Potestà, "Can the Mauritius Convention Serve as a Model for the Reform of Investor-State Arbitration in Connection with the Introduction of a Permanent Investment Tribunal or an Appeal Mechanism? Analysis and Roadmap", CIDS Research Paper, 2016.

报告的主要作者是全球最常被任命的著名投资仲裁员。该研究报告一经发表就成为 ISDS 改革的催化剂，同时巩固了联合国国际贸易法委员会作为该议题辩论场所的地位。该报告也引来了仲裁界的严厉批评，另一位著名仲裁员查尔斯·布劳尔（Charles Brower）批评该报告的作者作为公认的投资争端仲裁领导者却自掘坟墓，并且直言不讳地将 UNCITRAL 视为投资者国家仲裁的"最大敌人"。①

2017 年 7 月，联合国国际贸易法委员会启动"投资者与国家争端解决多边改革"工作，授权第三工作组来具体讨论此项改革。② 然而，在讨论授权过程中，美国和日本表示反对，认为多边改革没有必要，并且担心这一程序会被用来强迫各国接受多边投资法院。有学者指出，两国还有一种隐忧，即多边投资法院的倡导者欧盟可以依靠其在联合国国际贸易法委员会有多个成员国的优势以及欧盟自身作为观察员的角色，在辩论中出现欧盟"人多势众"的局面。③ 为了化解这种担心，欧盟和加拿大提出了所谓"往酒中掺水"的方案，强调讨论 ISDS 改革事宜与日后任何法院方案是两码事。由于有很多国家赞成授权，美国和日本的反对意见成为少数，但是也影响了联合国国际贸易法委员会第三工作组的工作方法，即在授权中不提及任何的改革选项，而是分阶段开展工作。

联合国国际贸易法委员会第三工作组分三阶段研究 ISDS 改革的可能性，要求该工作组：首先，确定并考虑与 ISDS 有关的关切点；其次，根据已确定的关切点，考虑是否需要进行改革；最后，如果改革是可取的，则制定相关解决方案并向联合国国际贸易法委员会提出建议。

针对有人担心联合国国际贸易法委员会的 ISDS 改革议题被仲裁从业者主导，该任务没有被交给传统上处理仲裁议题的第二工作组，而是交给原来处理国际货运规则、运输法和网上争议解决的第三工作组。这样

---

① Lindsey Pelucacci, "Hon. Charles N. Brower Delivers Keynote Address at International Arbitration Conference", Fordham Law News, 27 November 2017, at https：//news. law. fordham. edu/blog/2017/11/27/hon-charles-n-brower-delivers-keynote-address-international-arbitration-conference/.

② 联合国国际贸易法委员会第三工作组投资者国家间争端解决（ISDS）改革进展报告与相关文件，参见 https：//uncitral. un. org/zh/working_ groups/3/investor-state。

③ Anthea Roberts, "Incremental, Systemic, and Paradigmatic Reform of Investor-State Arbitration", *American Journal of International Law*, Vol. 112, No. 3, 2018, p. 425.

做的目的是减少由第二工作组中原有仲裁从业者担任代表的惯性，使各国派遣新的政府代表更加容易。然而，这也为联合国国际贸易法委员会第三工作组主要由政府派遣的外交官主导埋下了伏笔，尽管有一些仲裁从业者留在第三工作组，但是只有少数人代表其本国发言。[1]这种方式也遭到了严厉的批评，认为将 ISDS 改革授权给第三工作组并由政府主导这一进程的决定是"在掷骰子"。[2]

二 UNCITRAL 第三工作组确定的关切点

第三工作组在 2017 年 11 月第三十届至 2019 年 4 月第三十七届会议期间确定了 ISDS 相关关切点，并且认为根据所确定的关切点进行改革是可取的。[3]

第三工作组要求联合国国际贸易法委员会秘书处准备一份清单，列出工作组前几届会议上提出的有关 ISDS 的关切点，以协助各国了解其对 ISDS 的一些关切的范围。第三工作组确定了许多关切，在 2018 年秘书处说明报告中将关切分为以下三类。[4]

（一）与 ISDS 仲裁庭所作裁决的一致性、连贯性、可预测性和正确性有关的关切，即一致性和相关事项[5]

1. 对实质性标准的不同解释；与管辖权和可受理性有关的不同解释；以及程序不一致。

2. 缺少处理多重诉讼的框架。

3. 现行仲裁机制在处理裁定不一致和不正确方面具有局限性。第三

---

[1] Anthea Roberts，"Incremental，Systemic，and Paradigmatic Reform of Investor-State Arbitration"，*American Journal of International Law*，Vol. 112，No. 3，2018，pp. 426-427.

[2] Charles N. Brower and Jawad Ahmad，"Why the 'Demolition Derby' That Seeks to Destroy Investor-State Arbitration?"，*Southern California Law Review*，Vol. 91，No. 6，2018，pp. 1139-1196.

[3] 联合国国际贸易法委员会第三工作组第三十四届至第三十七届会议的审议情况和决定分别载于 A/CN. 9/930/Rev. 1、A/CN. 9/930/Rev. 1/Add. 1、A/CN. 9/935、A/CN. 9/964 和 A/CN. 9/970 号文件。

[4] 联合国国际贸易法委员会：《第三工作组第三十六届会议（2018 年 10 月 29 日至 11 月 2 日，维也纳）投资人与国家间争端解决制度的可能改革——秘书处的说明》，2018 年 9 月 5 日，A/CN. 9/WG. III/WP. 149，第 8—17 段。

[5] 联合国国际贸易法委员会：《第三工作组第三十六届会议（2018 年 10 月 29 日至 11 月 2 日，维也纳）投资人与国家间争议解决制度的可能改革：一致性和相关事项——秘书处的说明》，2018 年 8 月 28 日，A/CN. 9/WG. III/WP. 150。

工作组还提醒，ICSID 撤销程序、撤销裁决以及各国法院承认和执行程序等现有机制处理的是程序的完整性和公平性，而非裁决结果的一致性、连贯性或正确性；由于终局性概念，针对裁决的救济在本质上是有限的。

（二）与仲裁员和裁决者有关的关切

1. 对仲裁员和裁决者独立性和公正性的关切①

（1）要求个人仲裁员遵守的独立性和公正性标准，以及认为这些标准的范围可能不够明确，在实际应用中可能具有同质性。

（2）存在案件利益冲突，例如身兼两职和问题预判。

（3）回避机制（即以实际缺乏或主观认为缺乏独立性和公正性为根据而申请取消仲裁员的资格）及其局限性。

2. 对仲裁庭组成和仲裁庭成员资格的关切，即任命机制及相关问题②

（1）在涉及国家的案件中使用当事方任命机制及其局限性，包括在确保仲裁员的能力和资格方面。

（2）由当事方付酬、不同意见机制以及某些仲裁员被反复任命，这些机制对形成仲裁员存在偏见这一观念的影响。

（3）少数个人反复被任命为仲裁员，以及对程序费用和时间的可能影响。

（4）所任命的仲裁员在性别、年龄、族裔和地域分配方面缺乏多样性，因此没有在仲裁庭中按比例代表仲裁员的专业背景、不同的法律制度和经济发展水平。

（三）与投资人与国家间争议解决案件费用和延续时间有关的关切

1. 仲裁程序冗长且昂贵。

2. 仲裁庭在 ISDS 中的费用分担问题。

3. 胜诉国面临的困难是无法从申请方投资者收回部分或全部费用，以及需要制定费用担保规则。

4. 缺乏一种处理无根据或无意义诉请的机制。

---

① 联合国国际贸易法委员会第三工作组：《确保投资人与国家间争议解决制度中仲裁员和裁定人的独立性和公正性》，2018 年 8 月 28 日，A/CN. 9/WG. III/WP. 151。

② 联合国国际贸易法委员会第三工作组：《任命机制及相关问题》，2018 年 8 月 28 日，A/CN. 9/WG. III/WP. 152。

在确定上述关切之后，2019 年 10 月第三工作组第三十八届会议认为推动 ISDS 改革是可取的。[①] UNCITRAL 还同意，第三工作组在履行其职责时将拥有广泛的自由裁量权，并在设计解决方案时将考虑相关国际组织正在进行的工作。

三　UNCITRAL 第三工作组的工作方法

2019 年 10 月 UNCITRAL 第三工作组第三十八届会议决定启动实质性改革进程，并采取了具体的工作方法。[②] 第三工作组首先通过征求各国和其他利益攸关方的建议来确定需要编纂的问题。第三工作组目前正在制定并提交多个议题的草案供各国审议。同时，第三工作组也在推动通过新的国际法律文书的谈判。UNCITRAL 第三工作组改革计划雄心勃勃，考虑各种不同方案，其中一些方案有可能彻底改变 ISDS，某些方案则只解决非常具体的问题。[③]

第三工作组收到了来自各国政府提交的大量提案，[④] 它在收集并审查所有不同的提案后，决定关注与 ISDS 程序方面相关的六种可能改革方案。这些改革方案中的每一个本身就是一项重大改革项目，其中还包括各种可能的子方案。[⑤] 国际组织和非政府组织也提供了意见或评论。[⑥]

---

① 联合国国际贸易法委员会第三工作组第三十八届会议（2019 年 10 月 14 日至 18 日，维也纳）：《投资人与国家间争端解决制度的可能改革——秘书处的说明》，2019 年 7 月 30 日，A/CN. 9/WG. III/WP. 166。

② 联合国国际贸易法委员会第三工作组第三十八届会议（2019 年 10 月 14 日至 18 日，维也纳）：《投资人与国家间争端解决制度的可能改革——秘书处的说明》，2019 年 7 月 30 日，A/CN. 9/WG. III/WP. 166。

③ Chiara Giorgetti, "The Transformation of International Organizations—Specialization, New Initiatives, and Working Methods—Some Observations on the Work of UNCITRAL Working Group III", *Journal of International Economic Law*, Vol. 26, No. 1, 2023, pp. 40–50.

④ 例如中国提交的材料（WP. 177）、欧洲联盟及其成员国提交的材料（WP. 145、WP. 159）、俄罗斯提交的意见书（WP. 188）、日本与其他国家联合提交的材料（WP. 163、WP. 182），参见https://uncitral. un. org/zh/working_ groups/3/investor-state。

⑤ A/CN. 9/WG. III/WP. 166.

⑥ 国际组织提交的早期材料参见 WP. 143，第 38 届会议续会以后的材料，参见 https：//uncitral. un. org/en/library/online_ resources/investor-state_ dispute。

第三工作组确定了六个改革领域。① 有学者将其定性为系统性改革选项和渐进式改革方案,第三工作组审议的大多数改革提案都建议对 ISDS 进行渐进式和有针对性的改革,而其他一些则建议进行系统性的改革。②

渐进式改革的选项,例如,由缔约方控制条约解释、费用管理程序及其他改革,这些改革只解决具体问题,整个 ISDS 体系基本保持不变。又如,ISDS 仲裁员和法官行为准则,它们旨在澄清和确定一般适用的职业操守。这些改革选项只试图弥补 ISDS 中的具体缺陷,不会导致 ISDS 程序本身发生重大变化。

与渐进式改革选项不同,系统性改革涉及导致 ISDS 发生广泛系统性变化的选项,例如,引入常设多边投资法院,或者设立上诉机构来审查一审裁决。③ 鉴于系统性改革具有颠覆意义,在诸多改革选项中显得更为重要。

(一) 系统性改革选项

法庭、特设机制和常设多边机制,其中包括:多边咨询中心;独立的复审或上诉机制;由专职法官组成的常设多边投资法院,其中包括初审法庭和上诉机构。

(二) 渐进式改革选项

1. 仲裁员和审判员的任命方法和操守,其中包括:(1) ISDS 法庭成员甄选、任命和回避;(2) 行为准则。

2. 条约缔约方对条约解释的参与和控制,其中包括:(1) 加强条约

① 《投资人与国家间争端解决(投资争端解决)制度的可能改革——秘书处的说明(增编)——改革方案:讨论框架表格列示》(2019 年 7 月 30 日),A/CN. 9/WG. III/WP. 166/Add. 1。相关文件可参见 https://uncitral. un. org/en/reformoptions,其中包括秘书处的说明(A/CN. 9/WG. III/WP. 166、A/CN. 9/WG. III/WP. 166/Add. 1、A/CN. 9/WG. III/WP. 158、A/CN. 9/WG. III/WP. 149)、工作报告(A/CN. 9/1004、A/CN. 9/970)、改革要素(行为守则、投资争端调解和争端预防、多边咨询中心、程序规则改革和其他跨领域问题、多边常设投资法院、上诉机制、关于实施改革的多边文书)。

② Anthea Roberts, "Incremental, Systemic, and Paradigmatic Reform of Investor-State Arbitration", *American Journal of International Law*, Vol. 112, No. 3, 2018, pp. 410-411.

③ 对相关改革选项的分析,可参见 Sergio Puig and Gregory Shaffer, "Imperfect Alternatives: Institutional Choice and the Reform of Investment Law", *American Journal of International Law*, Vol. 112, No. 3, 2018, pp. 361-409; Anthea Roberts and Taylor St John, "Complex Designers and Emergent Design: Reforming the Investment Treaty System", *American Journal of International Law*, Vol. 116, No. 1, 2022, pp. 96-149.

缔约方对其文书的制定；（2）加强国家权力机关的参与。

3. 争端预防和缓解，其中包括：（1）加强仲裁以外的争端解决机制，例如监察或者调解；（2）用尽当地救济；（3）处理异议诉请的程序，包括快速驳回；（4）多重程序、反射性损失以及被告国反诉。

4. 费用管理及相关程序，其中包括：（1）快速审查机制；（2）关于费用分担和费用担保的原则/指南；（3）其他简化程序和费用管理工具。

5. 第三方资助透明度相关的改革。

此外，第三工作组还考虑制定 ISDS 改革多边文书，作为实施不同改革方案的一种方式。多边文书类似于保护伞，改革方案可以在多边文书下进行。各成员国都可有一种"选项菜单"，可以在一定程度上选择将部分进程纳入自身所需的改革方案。

在 2020 年第三十八届会议上，第三工作组请秘书处就实施改革方案的方法（即"改革要素"）开展筹备工作，并编写《关于投资争端解决制度改革多边文书》。据此，秘书处向工作组 2020 年第三十九届会议提交了一份文件，其中概述了与设计投资争端解决制度改革多边文书有关的关键问题。在该次会议上，有与会者指出，关于投资争端解决制度改革的多边文书应当为实施多项改革要素提供一个框架，而对不同的改革要素采取一致和灵活的做法，将允许缔约国选择是否采用以及在多大程度上采用相关改革要素。[1] 多边文书类似于保护伞，为各国提供了一个实施工作组制定的各项改革的机制。

关于投资争端解决制度改革的多边文书，与会者建议应当具有以下特点：（1）回应确定的关切（特别是一致性和连贯性），并促进投资争端解决中的法律确定性；（2）建立一个灵活的框架，各国可据此选择改革要素——包括投资争端解决机制和相关的程序工具，同时也考虑到投资争端解决领域未来的发展；（3）提供时间上的灵活性，以便不断有缔约国参与其中；（4）允许各国尽可能广泛地参与，以实现投资争端解决的全面改革；以及（5）为投资争端解决制度改革提供一个整体办法，明确提出通过国际投资实现可持续发展的目标。

---

[1]　联合国贸易法委员会：《第三工作组（投资人与国家间争端解决制度改革）第三十九届会议（2020 年 10 月 5 日至 9 日，维也纳）工作报告》，2020 年 11 月 10 日，A/CN.9/1044，第 105 段。

根据《投资争端解决制度改革多边文书草案》,[①] 公约包括下列议定书:议定书 A:《贸易法委员会国际投资争端解决仲裁员行为守则》(2023年);议定书 B:《贸易法委员会国际投资争端调解示范条文》(2023 年);议定书 C:《关于程序性问题和跨领域问题的条文草案——视可能的分类而定》;议定书 X:《国际投资争端解决咨询中心章程》;议定书 Y:《解决国际投资争端常设机制章程草案》;议定书 Z:《解决国际投资争端上诉机制章程草案》。

第三工作组确定的改革问题涵盖了 ISDS 的诸多方面,如此之多,如此复杂,将这些复杂且繁多的问题同时列入改革日程,任务颇具挑战性。有学者质疑这些提案前后顺序和逻辑,以及是否有可能在建立上诉机制和常设法院的同时考虑改革仲裁员的遴选方法。[②] 当然,现在下定论还为时过早,但无疑的是,同时平行考虑如此多不同的选项,必然使第三工作组的工作内容极具挑战性和复杂性,其最终结果存在很大的不确定性。

四　系统性改革选择:设立解决国际投资争端常设机制或单独的上诉机制

根据第三十八届会议决定,[③] 第三工作组于 2020 年 1 月 20 日至 24 日第三十届会议续会、2022 年 2 月第四十二届会议、2022 年 9 月第四十三届会议审议下列系统性改革方案:(1)独立复审或上诉机制;(2) 常设多边投资法院;(3) 仲裁员和审判员的甄选和任命。截至 2025 年 2 月底,第三工作组形成了《解决国际投资争端常设机制章程草案》(WP. 239)。[④]

《解决国际投资争端常设机制章程草案》(WP. 239)包括 A 至 H,共8 节。工作组尚未确定常设机制是否以及如何运作,也没有确定如何审议

---

①　A/CN. 9/WG. III/WP. 246.

②　Chiara Giorgetti, "The Transformation of International Organizations—Specialization, New Initiatives, and Working Methods—Some Observations on the Work of UNCITRAL Working Group III", *Journal of International Economic Law*, Vol. 26, No. 1, 2023, pp. 40-50.

③　《第三工作组第三十八届会议(2019 年 10 月 14 日至 18 日,维也纳)工作报告》,A/CN. 9/1004, 第 25 段。

④　《投资人与国家间争端解决制度的可能改革:解决国际投资争端常设机制章程草案——秘书处的说明》,2024 年 2 月 8 日, A/CN. 9/WG. III/WP. 239。

这些改革内容，目前章程草案只是对此前讨论过的部分进行汇编。如果第三工作组决定讨论两审制常设机制，则审议草案中的所有节。如果仅讨论由上诉机制组成的常设机制，则只讨论《解决国际投资争端常设机制章程草案》中的 A 节（常设机制的设立和结构）、B 节（两法庭成员的甄选和任命）、D 节（上诉法庭）、F 节（上诉法庭的程序）、G 节（常设机制的运行）和 H 节（最后条款）。

A 节为常设机制的设立和结构。目前常设机制名称未定。第 3 条规定常设机制由缔约方会议（Conference）、争端法庭（Dispute Tribunal）和上诉法庭（Appeals Tribunal）以及秘书处组成。章程草案未使用欧盟提议的术语初审法庭。争端法庭和上诉法庭的成员数目也尚未确定。根据第 4 条，可以将缔约方会议定性为常设机制的最高政治决策机构。缔约方会议由主席团组成，其职能众多，包括选举主席团成员、任命两法庭成员、通过自身议事规则、通过两法庭程序规则、监管咨询中心活动、确定成员薪酬，等等。两法庭的庭长由各自法庭成员以多数票选出，任期未定（第 5 条）。秘书处是缔约方会议及其附属机制的协助机构（第 6 条）。由于缔约方会议的议事规则可由其自己规定，现在还不清楚其决策机制是全体一致，还是绝对多数或特定多数。

B 节为两法庭成员的甄选和任命。对于成员资格和要求，两法庭成员应品格高尚，在公平和正直方面享有极高声誉，在国际公法、国际私法、国际投资法或解决国际争端领域具有公认能力。两法庭成员应为缔约方的国民，如果一人具有双重国籍，则以其惯常居住地或者通常行使其公民及政治权利的所在国为准（第 7 条）。两法庭的组成应反映公平地域分配、各主要法系代表性和性别平等代表性，并且两法庭成员中不得有二人为同一国家的国民。对于成员提名方式，由缔约方提名，不必为其本国国民。关于甄选委员会，由缔约方会议设立，人数待定，其程序和运行方式由缔约方会议以条例形成规定。由缔约方会议作出任命。

C 节为争端法庭。对于管辖权，根据第 14 条，争端法庭管辖权延及于争端各方书面同意提交争端法庭的任何国际投资争端。缔约方可以提供其加入的文书清单或其外国投资立法清单的方式，同意争端法庭的管辖权。对于审判小组和案件分派，根据第 16 条，由庭长会议将全体争端法庭成员组成几个小组（panel），各小组由［三名］成员组成，由庭长会议以随机的方式将案件分派给一个小组，类似案件也可同时分派给同一个小组。草案的案件分配方式明显不同于欧盟方案，欧盟方案旨在杜绝当事方事先知晓分庭成员的组成，草案的分组方式则可能会形成以案件类型来组成小组，当事方很容易猜到由哪个小组审理案件。

D 节为上诉法庭。上诉管辖权延及于争端各方书面同意向上诉法庭提出的、对仲裁庭（arbitral tribunal）或任何其他裁判机构（指一级法庭）所作裁决或裁定的上诉。缔约方可以以其加入的文书清单或本国立法清单，同意上诉法庭的管辖权。分庭（Chamber）和上诉案件的分派方式与争端庭类似。

E 节为争端法庭的程序。第 22 条规定给予各当事方陈述案件的合理机会。对于所适用的法律，规定缔约方对适用法律或文书的任何联合解决对小组具有约束力。对于裁定作出方面，第 23 条规定由成员多数作出，并指明所依据的理由。第 26 条规定承认与执行，规定缔约方应承认争端法庭的裁定具有约束力，并在其境内执行该裁定所规定的义务，如同该裁定为其本国法院的终审判决。为便于在非缔约方境内承认和执行，争端法庭的裁定应视为《纽约公约》意义上的仲裁裁决。

F 节为上诉法庭的程序。第 29 条第 1 款规定，上诉的理由应限于：（a）法律适用或解释［明显］错误；或者（b）事实认定有明显错误，［包括相关国内立法的认定］［和损害评估］。

第 2 款规定，尽管有第 1 款规定，仍可基于以下一项或多项理由提出上诉：

（a）启动一级程序的协议的当事一方有某种无行为能力情形，或者根据当事各方选择适用于该协议的法律，该协议是无效的；

（b）一级法庭的组成不适当；

（c）一级法庭明显超越其权力，或超出提交其审理的申请/争端的范围作出裁定；

（d）一级法庭的成员有腐败行为；

（e）有严重的背离一级法庭基本程序规则的情况；

（f）一级法庭的裁决或裁定未陈述所依据的理由，除非当事各方另有

约定;

(g)［一级法庭的裁定与国际公共政策相抵触］;

(h)［新的或新发现的事实;］

(i)［裁决没有提供证据,没有或缺乏推理;以及］

(j)［……］。

第 29 条第 2 款规定的上诉理由与《纽约公约》第 5 条拒绝承认与执行裁决的理由几乎措辞一样。

对于分庭的裁定,第 22 条规定,一审存在事实不足的,可以发回重审,也可以视情况组成新的法庭重审。对于裁定的竞争力,分庭维持原裁决的,原裁决具有终局性,或者经分庭修正后的一级法庭裁决具有终局性,或者重审所出的裁决具有终局性。对于承认与执行,与争端法庭规定类似。

G 节为常设机制的运行。第 37 条规定经费来源为缔约方的首次缴款和年度缴款、常设机制提供服务的收费以及自愿捐款。第 38 条规定常设机制具有完全法律人格,其总部待定。

H 节为最后条款,规定条约的保留、保存、生效、修订、退约程序等事宜。

建立常设法院或/和引入上诉机制将对 ISDS 和整个国际法律体系产生变革性影响。它们旨在解决批评者对 ISDS 提出的几个关键担忧,特别是裁决的一致性和可预测性问题。然而,尚不清楚建立常设机构方案已获得多少支持。批评者担心这可能会破坏 ISDS 的独特性,并且存在可行性和成本问题。① ISDS 系统性改革并非易事,未来能否取得成功,取决于这一改革是否可取、可行并得到各国的支持。

五 渐进式改革选项

渐进式改革选项内容众多,第三工作组从第三十八届会议开始分批审议②:(1)多边咨询中心及相关的能力建设活动;(2)行为守则(仲裁员守

---

① Chiara Giorgetti, "The Transformation of International Organizations—Specialization, New Initiatives, and Working Methods—Some Observations on the Work of UNCITRAL Working Group III", *Journal of International Economic Law*, Vol. 26, No. 1, 2023, pp. 40-50.

② 《第三工作组第三十八届会议(2019 年 10 月 14 日至 18 日,维也纳)工作报告》,A/CN.9/1004,第 25 段。

则与 ICSID 联合工作）；（3）第三方出资。原计划于 2020 年 3 月审议的选项因新冠疫情推迟到 2020 年 10 月线上第一审议并在后续线下审议。审议内容包括：（1）争端预防和缓解以及替代争议解决方面的其他手段；（2）缔约方解释条约；（3）费用担保；（4）处理无意义诉请的方法；（5）包括反诉在内的多重程序；（6）反射性损失和股东诉请（与经合组织的联合工作）。①

（一）多边咨询中心

在第三十八届会议上，第三工作组普遍支持就设立咨询中心开展准备工作，该中心将解决所确定的关切，包括对投资争端解决程序的费用、裁定的正确性和一致性以及诉诸司法的关切。会上还提到咨询中心可促进提高投资争端解决制度的透明度（A/CN.9/1004 *，第 28 段）。此后，第三工作组在第四十三届、第四十六届、第四十七届和第四十八届会议期间就国际投资争端解决咨询中心章程草案开展了工作，该草案案文于 2024 年 4 月第四十八届会议核准。② 2024 年 7 月，联合国国际贸易法委员会审定并原则上通过了《国际投资争端解决咨询中心（"咨询中心"）章程》（以下简称《章程》）。③《章程》由 16 条组成，规定了关于咨询中心的设立、目标、一般运作原则、成员、治理结构、服务、经费来源、法律地位和责任以及其他相关问题的规则。根据《章程》第 2 条，咨询中心的目的是在国际投资争端解决方面提供培训、支持和援助，并且加强各国和区域经济一体化组织预防和处理国际投资争端的能力，特别是最不发达国家和发展中国家的这种能力。

就与其他改革议题的关系，设立咨询中心独立 ISDS 改革多边文书所载的投资争端解决制度改革的其他内容。④ 目前咨询中心还未投入运行，还在进行关于预算、生效等筹备工作方面的讨论。⑤

---

① 《第三工作组（投资人与国家间争端解决制度改革）第三十八届会议（2019 年 10 月 14 日至 18 日，维也纳）工作报告》，A/CN.9/1004，第 25 段。

② 《投资人与国家间争端解决制度的可能改革：国际投资争端解决咨询中心章程草案——秘书处的说明》，2024 年 2 月 7 日，A/CN.9/WG. III/WP. 238。

③ 联合国：《大会正式记录，第七十九届会议，补编第 17 号》（A/79/17），第 167 段。

④ 联合国贸易法委员会：《第三工作组（投资人与国家间争端解决制度改革）第四十六届会议（2023 年 10 月 9 日至 13 日，维也纳）工作报告》，2023 年 10 月 27 日，A/CN.9/1160，第 17 段。

⑤ 相关进展，参见 https：//uncitral. un. org/zh/multilateraladvisorycentre。

（二）仲裁员和法官行为守则

联合国国际贸易法委员会第三工作组还在关注另一项具有影响力的改革方案，即起草 ISDS 仲裁员和法官行为守则。该方案被视为一种渐进式方案，与其他议题相比，进展最为顺利。

2019 年 4 月，第三工作组要求 UNCITRAL 秘书处和 ICSID 秘书处作为 ISDS 的主要机构参与者，协助起草 ISDS 仲裁员和法官行为准则。两项行为准则草案和预备性评论由两个秘书处共同编写。① 2023 年 12 月 7 日，联合国大会决议通过了《贸易法委员会国际投资争端解决仲裁员行为守则》②《贸易法委员会国际投资争端解决法官行为守则》③（以下简称《仲裁员行为守则》《法官行为守则》）及两守则所附评注。两守则主要规范兼职行为，包括禁止兼职，并且规定披露义务。

《仲裁员行为守则》和《法官行为守则》内容大致相当，主要差别在于对多重角色的限制。

根据《仲裁员行为守则》第 4 条（对多重角色的限制）：

1. 除非争议各方另有约定，仲裁员不应当同时在存在以下情况的任何其他程序中担任法律代表或专家证人：（a）涉及相同措施；（b）涉及相同或相关当事方；（c）涉及相同同意文书的相同条款。

2. 前仲裁员在 3 年内不得在涉及相同措施的任何其他国际投资争议或相关程序中担任法律代表或专家证人，除非争议各方另有约定。

3. 前仲裁员在 3 年内不得在涉及相同或相关当事方的任何其他国际投资争议或相关程序中担任法律代表或专家证人，除非争议各方另有约定。

4. 前仲裁员在 1 年内不得在涉及相同同意文书的相同规定的任何其他国际投资争议或相关程序中担任法律代表或专家证人，除非争议各方另有约定。

关于《仲裁员行为守则》的适用，根据第 2 条，守则适用于国际投资争议程序中的仲裁员或拟参与国际投资争议程序的候选人或前仲裁员。守

---

① https：//icsid. worldbank. org/resources/code-of-conduct.

② https://uncitral. un. org/sites/uncitral. un. org/files/media-documents/uncitral/en/coc ＿ arb ＿ ch. pdf.

③ https ://uncitral. un. org/sites/uncitral. un. org/files/media-documents/uncitral/zh/2318944 ＿ coc ＿ judges_e-book_c. pdf.

则可经争议各方同意而适用于任何其他争议解决程序。例如同意文书载有关于仲裁员、候选人或前仲裁员行为守则的规定，守则应作为此类规定的补充。守则与此类规定相抵触的，在相抵触的范围内以后者为准。

根据《法官行为守则》第 4 条（对多重角色的限制）：

1. 法官不得行使任何政治或行政职能。法官不得从事与其独立性和公正性义务或任职条款的要求相抵触的任何其他专业性职业。特别是，法官不得在任何其他程序中担任法律代表或专家证人。

2. 法官应根据常设机制的规则申报任何其他职能或职业。有关第 1 款的任何问题，应由常设机制解决。

3. 前法官不得以任何方式参与常设机制在其任期内审理的未决的任何程序。

4. 前法官在其任期结束后 3 年内，不得在常设审理的任何程序中担任法律代表或专家证人。

对于《法官行为守则》的适用问题，根据评注第 6 段，未来常设机制的规约或随附文书将确定谁是常设机制的常任成员（法官），从而使其受该守则的约束，其中包括该守则是否可适用于在非长期基础上或仅为特定争端而任命的法官。

（三）投资争端调解和争端预防

在 2021 年第五十四届会议上，联合国国际贸易法委员会肯定了第三工作组对其他替代性争端解决手段（ADR）的审议，例如将调解作为改革要素。在 2022 年第五十五届会议上，委员会对工作组取得的进展表示满意，并鼓励工作组提交关于替代性争端解决机制的案文供其审议。于是，第三工作组在其第三十九届[①]、第四十三届[②]和第四十五届会议上开展了关于有效利用调解指南的编写工作。2024 年 7 月 5 日，联合国国际贸易法委员会审议通过[③]《联合国国际贸易法委员会国际投资争端调解指南》，其中

[①]　A/CN. 9/WG. Ⅲ/WP. 190—预防和缓解争端——替代性争端解决办法。

[②]　A/CN. 9/WG. Ⅲ/WP. 217—关于调解的条文草案；A/CN. 9/WG. Ⅲ/WP. 218—投资争端调解准则草案。

[③]　联合国：《大会正式记录，第七十九届会议，补编第 17 号》（A/79/17），第 167 段。

包括《联合国国际贸易法委员会国际投资争端调解示范条款》。①

《联合国国际贸易法委员会国际投资争端调解指南》是一套无约束力的建议，旨在协助各方通过调解解决国际投资争端。该指南就调解程序提供了实用建议，包括调解员的任命、程序的进行以及和解协议的起草。这些建议旨在提高调解作为国际投资争端背景下的替代性争端解决机制的有效性。《联合国国际贸易法委员会国际投资争端调解示范条款》旨在为国际投资争端的调解规则提供示范框架。这些条款概述了启动和进行调解的程序，包括调解员的任命、保密性和和解协议的执行。它们旨在促进使用调解作为解决投资相关冲突的有效和高效的替代争议解决机制。

与投资争端预防和缓解相关的工作则未获得广泛支持，其趋势既不是立法指南，也不是非规范性指导文件，而是转向说明性文件。第三工作组在 2020 年 10 月第三十九届会议上以 A/CN.9/WG. III/WP. 190 号文件为基础初步审议了争端预防和缓解议题。在 2023 年 3 月第四十五届会议上，第三工作组讨论了其与世界银行集团联合编写的《投资争端预防和缓解立法指南草案》（A/CN.9/WG. III/WP. 228），以及一份载有最佳做法汇编的非正式文件。② 但是与会者广泛认为，立法指南并非处理与争端预防和缓解有关问题的最适当形式，原因是指南草案涉及的问题往往是一般政策问题而不能完全通过国内立法解决，并且应当避免一刀切的做法。③ 由此，指南草案的方向转为一份关于争端预防和缓解手段的非规范性指导文件，其中纳入最佳做法实例。在提交审议前，指南草案更名为《国际投资争端预防和缓解工具包草案》。④

2024 年 7 月，国际贸易法委员会审议《国际投资争端预防和缓解工具

① UNCITRAL Guidelines on Mediation for International Investment Disputes（2023）（Annex：UNCITRAL Model Provisions on Mediation for International Investment Disputes）.

② UNCITRAL Working Group III（Investor-State Dispute Settlement Reform）："Compilation of Best Practices on Investment Dispute Prevention and Mitigation"，March 2023.

③ 联合国国际贸易法委员会：《第三工作组（投资人与国家间争端解决制度改革）第四十五届会议（2023 年 3 月 27 日至 31 日，纽约）工作报告》，2023 年 4 月 14 日，A/CN.9/1131，第46—52 段。

④ 联合国国际贸易法委员会：《投资人与国家间争端解决制度的可能改革：国际投资争端预防和缓解工具包草案——秘书处的说明》，2024 年 5 月 6 日，A/CN.9/1185。

包草案》，但未获通过。① 会议对指南的指导性质不满意，普遍认为应将该工具包只作为说明性文件加以推进，说明各国如何建立和实施争端预防机制，并且要求秘书长进一步征求各国的意见和反馈，并核实其中所载信息是否正确。

（四）程序规则改革和其他跨领域问题

程序规则改革和其他跨领域问题从 2018 年就开始讨论，2023 年工作方向有较大调整。尽管第三国将其视为投资争端解决制度改革的关键支柱之一，但与其他议题相比，进展比较缓慢。

第三工作组于 2018 年 10 月第三十六届会议以 A/CN.9/WG.III/WP.149 和 A/CN.9/WG.III/WP.153 号文件为基础讨论程序规则改革和其他跨领域问题，2022 年将相关改革方案汇编成一组程序规则，形成《关于程序规则改革的条文草案》② 和《损害评估和补偿及其他跨领域问题》③。2023 年 10 月，第三工作组以《关于程序性和跨领域问题的条文草案》④ 和《草案说明》⑤ 为基础进行讨论。在此次会议上，该议题的工作方向有所调整。与会者普遍认为，条文草案的最终形式应有所不同，有些可能采取仲裁规则条款的形式，可以作为《贸易法委员会仲裁规则》的补编；有些可以作为条约条款，要么用于投资争端解决多边文书，要么作为供各国采用的范本；有些可以作为指导方针。经过讨论，第三工作组会议请秘书处将条文草案大体分为三类：（1）旨在与现行程序规则（包括 2022 年《投资争端解决中心仲裁规则》）相协调并可构成《贸易法委员会仲裁规则》补编的条文；（2）以最近投资条约中的现有程序规则和条款为基础的条文，这些条文可作为条约条款供各国采用；（3）处理所谓跨领域问题的程序规则中所没有的内容。⑥

---

① 《联合国国际贸易法委员会报告：第五十七届会议（2024 年 6 月 24 日至 7 月 12 日），A/79/17，第 168—169 段。

② A/CN.9/WG.III/WP.219.

③ A/CN.9/WG.III/WP.220.

④ A/CN.9/WG.III/WP.231.

⑤ A/CN.9/WG.III/WP.232.

⑥ 联合国国际贸易法委员会：《第三工作组（投资人与国家间争端解决制度改革）第四十七届会议（2024 年 1 月 22 日至 26 日，维也纳）工作报告》，2024 年 2 月 12 日，A/CN.9/1161，第 113—116 段。

第三工作组计划于 2025 年 4 月对《关于程序性和跨领域问题的条文草案》① 其及说明②进行审议。③ 该条文草案按工作组的要求分为三类：

①旨在补充适用的程序规则的条文，包括：证据（第 1 条）、分步审理（第 2 条）、临时/暂时措施（第 3 条）、明显缺乏法律意义/预先驳回（第 4 条）、费用担保（第 5 条）、暂停程序（第 6 条）、终止程序（第 7 条）、作出裁决的期限（第 8 条）、费用的分配（第 9 条）。

②以现有程序规则和投资协定为基础纳入关于提出申请的条文，包括：反诉（第 10 条）、程序的合并和协调（第 11 条）、第三方资助（第 12 条）、友好解决（第 13 条）、当地救济（第 14 条）、放弃启动争端解决程序的权利（第 15 条）、时效期限（第 16 条）、拒绝授惠（第 17 条）、股东诉请（第 18 条）。

③关于跨领域问题的条文，包括：规制权（第 19 条）、赔偿金的认定和补偿（第 20 条）。

根据秘书长的解释，相关条文草案是为纳入现有和未来的国际投资协定而编写的，沿用了最近缔结的国际投资协定中处理 ISDS 章节的结构。因此，条文草案需要结合其将被纳入的国际投资协定，包括实质性保护标准来理解。条文草案也可纳入外国投资人与国家或区域经济一体化组织之间的投资合同，并可供各国根据纳入本国有关外国投资的立法。

目前尚不清楚草案在多大程度上得到与会代表的支持，但是根据 2023 年第四十六届会议的工作报告，与会代表似乎对工作方向仍存在比较大的分歧。以下为摘录该工作报告中综述的与会代表的观点。④

有与会者表示，条文草案中处理的一些问题并不属于工作组的任务授权范围，工作组的任务授权是侧重于投资争端解决制度改革的程序方面，工作组不应将其工作扩及限制国际投资协定中所体现的国家同意或其中的实质性义务。特别是，有与会者对关于国家间争端解决的第 4 条草案（因

---

① A/CN. 9/WG. III/WP. 244.

② A/CN. 9/WG. III/WP. 245.

③ 联合国国际贸易法委员会第三工作组：《临时议程说明》，A/CN. 9/WG. III/WP. 250，2024 年 12 月 16 日，第 8 段。

④ 联合国贸易法委员会：《第三工作组（投资人与国家间争端解决制度改革）第四十六届会议（2023 年 10 月 9 日至 13 日，维也纳）工作报告》，2023 年 10 月 27 日，A/CN. 9/1160。

为据认为国家间争端解决不属于工作组的任务授权范围），以及拒绝授惠条款和规制权条款表示怀疑。有代表建议要么删除这些条文，要么将其置于方括号内。①

条文草案可促使协调统一关于投资争端解决的规则，并使老一代的国际投资协定符合现代需要。但也有与会者表示怀疑，条文草案的拟订如果只得到有限的国家通过，可能会导致进一步的不成体系，以及如果条文草案与现有条约条文以及仲裁规则一起适用，可能会造成法律上的不确定性。②

另外，也有与会者提到《投资争端解决中心仲裁规则》修正程序，该程序已历时数年，该程序的成果可在工作组审议与《投资争端解决中心仲裁规则》有重叠的条文草案时供其参考。但是，也有与会者提到，由于并非所有国家都是投资争端解决中心的成员，因此在工作组内审议有关条文（例如，对于第三方供资的关切）是有意义的。③

与会者普遍认为，编拟的条文草案应适用于国际投资协定、投资合同和国内立法引起的争端。对于编拟的条文草案应当普遍适用于所有形式的投资争端解决，还是应当适用于投资仲裁，与会者意见不一。④

经过讨论，第三工作组商定，第一步将审查 A 节中的条文草案，将其作为补充《贸易法委员会仲裁规则》的规则，以便将其提交贸法会审议。第二步将考虑如何将其转化为条约规定，或使其适用于现有的投资协定，并通过投资争端解决制度改革多边文书使之适用于根据其他仲裁规则进行的程序。会议还商定，这些条文草案如何适用于常设机制处理的程序将在第三阶段讨论。作为一个起草要点，商定如果条文草案所载措辞与《贸易法委员会仲裁规则》相同，则应当予以保留。⑤

---

①　A/CN. 9/1160，第 88 段。

②　A/CN. 9/1160，第 89 段。

③　A/CN. 9/1160，第 90 段。

④　A/CN. 9/1160，第 91 段。

⑤　联合国贸易法委员会：《第三工作组（投资人与国家间争端解决制度改革）第五十届会议（2025 年 1 月 20 日至 24 日，维也纳）工作报告》，A/CN. 9/1195，2025 年 2 月 7 日，第 22 段。

小　结

虽然欧盟将第三工作组当前的工作视为推动多边投资法院的平台，但实际上，第三工作组并不以多边投资法院的构建为议题，其议题涉及的是广泛意义上国际投资争端解决机制改革的程序方面问题。其最终改革方案是多样的，包括制定软性法律文书（如拟定投资争端解决规则、拟定关于预防争端的准则等）、建立国际投资法咨询中心、构建一个上诉机制或者设立一个多边投资法院。因而，第三工作组改革的路径可以是渐进式改革，即围绕以上提到的主要关切问题进行磋商并拟定相关多边改革文书；也可以是系统性改革，即建立一个内置上诉机制的多边投资法院。当前，第三工作组的工作方法是不区分渐进式改革和系统性改革的，同步讨论多种改革方案。[①] 对于采取渐进改革还是系统改革的问题，很多国家并没有绝对的立场，可以视磋商情况再行选择。欧盟的立场是一贯、清晰的，即建立多边投资法院。

联合国国际贸易法委员会第三工作组对 ISDS 改革的讨论已经进行了 8 年，目前仍在进行中。尽管大多数参与者在总体上同意就 ISDS 提出的各种关切，但对于 ISDS 的具体问题以及解决方案仍然存在分歧。由欧盟提出的建立多边投资法院的方案或许可以解决 ISDS 中存在的一些问题，例如缺乏仲裁员的独立性和公正性、仲裁裁决缺乏一致性和连贯性以及单个 ISDS 程序的费用过高。但是，至少在目前看来，第三工作组大多数国家并不赞成对 ISDS 进行这种彻底的改革。[②]

即使这些改革讨论成功结束，各国实施改革方案仍需要时间。尽管欧盟已引入投资法院系统，但尚未生效，目前欧盟很难获得成员国对相关条约的必要批准。

国际贸易法委员会的改革进程有一个重要的警示，其工作授权隐含地

---

① 张皎、李传龙、郑淑琴：《中欧投资协定投资者与国家争端解决条款设计——基于条款价值的考量》，《欧洲研究》2020 年第 2 期。

② Federico Ortino, "ISDS and Its Transformations", *Journal of International Economical Law*, Vol. 26, No. 1, 2023, pp. 177-187.

仅限于程序改革，因此投资条约中实体规则的改革基本上被排除在外。但是，这种解释引起了批评。不少人认为，如果不对基本规则进行实质性改革，就无法解决第三工作组确定的制度的核心问题。一些国家和学者认为，各国并未就实质性条约改革是否在授权之外达成共识。此外，有人指出程序性和实质性之间的区别往往是虚幻的。对于广泛的程序改革，最初只达成了脆弱的共识——美国和俄罗斯等一些大国对这一进程表示反对。①

尽管存在这些批评，但是不可否认，第三工作组正在推进迄今为止最雄心勃勃的 ISDS 改革。然而，人们越是密切关注更雄心勃勃的结构性改革，改革就会变得越复杂。对于成立咨询中心以及建立多边法院机制，最大的问题是其成本以及能力。仅就中心而言，它是否有能力参与并支持磋商、提供政策建议、协助法律意见书的撰写或进行实际辩护，其中的政治和法律挑战都提升了任务的难度，更不用说其运营成本了。帮助各国确保其裁决的一致性、执行法庭裁决、干预撤销或撤销程序以及发布联合解释，都需要大量资源。如果此类机构还承担着帮助各国预测、预防或调解争端以避免其升级或实际帮助被告国管理仲裁索赔的任务，那么成本只会更高，挑战只会加剧。② 考虑到辩护投资诉请案件的平均成本，一个可帮助案件人员配备、任命仲裁员、起草简报、与专家合作和进行调查的机构不会便宜。有研究表明，与典型的 WTO 案件相比，典型的 ISDS 辩护需要大约 40 到 50 倍的工作时间。③ 研究得出的结论是，所需的财政和人力资源将远远超过 WTO。这表明，即使假设各国能够就实施哪种援助模式达成一致，为其提供资金也将是一项艰巨的挑战。

---

① Malcolm Langford, Michele Potestà, Gabrielle Kaufmann-Kohler, and Daniel Behn, "Special Issue: UNCITRAL and Investment Arbitration Reform: Matching Concerns and Solutions", *Journal of World Investment & Trade*, Vol. 21, No. 2-3, 2020, pp. 167-187.

② José E Alvarez, "ISDS Reform: The Long View", *ICSID Review—Foreign Investment Law Journal*, Vol. 36, No. 2, 2021, pp. 253-277.

③ Lise Johnson and Brooke Guven, "Securing Adequate Legal Defense in Proceedings under International Investment Agreements: A Scoping Study", Columbia Center on Sustainable Investment, November 2019.

第五章 对策与建议

第一节 写在建议之前：需要强调的背景因素

在作对策建议之前，必须首先考虑 ISDS 的两个方面：一是中国作为投资协定的缔约方，是否存在很大的被诉风险；二是中国海外投资是否从 ISDS 中获得保护，或者如果不适用 ISDS，是否有可替代的方案。这两个问题之所以重要，是因为往往容易忽视欧盟提出法庭体系以及美国强调传统仲裁机制的重要背景差异，以及中国海外投资的最新背景。

一 欧盟的被诉风险高是其提出投资法庭体系的重要原因

在全球含有 ISDS 的 1969 个现行有效的投资协定中，欧盟成员国多达 1414 个，其中法国（92）、德国（84）、荷兰（83）和捷克（70）居欧盟成员国的前四位（见图 5-1），这意味着这些国家的投资协定对象国复杂，[①] 既有相互投资的发达国家和新兴国家，也有单向投资目的地的发展中国家。不同成员国的对象也不同，西欧国家与美国均无投资协定，而东欧国家普遍与美国达成投资协定。[②]

就西欧而言，以德国为例，截至 2022 年 8 月 30 日，德国签署的生效 IIAs 多达 111 个，其中 ISDS 多达 75 个。德国的 ISDS 对象国不仅有新兴国

---

① Laura Puccio and Roderick Harte, "From Arbitration to the Investment Court System (ICS) — The Evolution of CETA Rules", In-Depth Analysis, European Parliamentary Research Service, PE 607.251, June 2017.

② 在 2018 年 3 月 Achmea 案后，欧盟内部 BIT 已从欧盟法角度失去合法性。2020 年 5 月 5 日，23 个成员国签署《终止欧盟内部双边投资条约的协定》，该协定已于 2020 年 8 月 29 日生效。鉴于欧盟内部投资争端已归欧洲联盟法院管辖，本书不涉及欧盟内部投资争端事宜。

家中国、俄罗斯、印度，也有海湾国家。① 换言之，德国的协定对象复杂，部分协定实际上为双向投资保护，保护德国的海外投资，但也使德国政府面临被诉风险。

就东欧而言，以捷克为例，截至 2022 年 8 月 30 日，捷克签署的生效 IIAs 为 62 个，其中 ISDS 多达 57 个。捷克的 ISDS 对象国不仅有美国和英国以及西欧国家，也有中国、韩国、新加坡、以色列、沙特等投资输出国，也有蒙古、埃及、斯里兰卡等传统投资目的地国。ISDS 实践方面，捷克、斯洛伐克等东欧国家具有惨痛的失败经验。

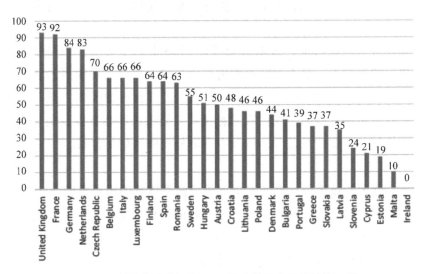

图 5-1　欧盟成员国包含 ISDS 的生效双边投资协定一览

（截至 2017 年 5 月 2 日）

二　美国在 ISDS 项下几乎无被诉风险是其坚持仲裁的重要背景

美国仅缔结了 39 个生效国际投资协定（包括 FTA 在内），其中几乎都含有 ISDS，比欧盟成员国少得多。欧盟的协定对象国一部分是东欧转型国家；另一部分是不到一半的美洲国家，以及极个别的非洲国家。美国与西欧、金砖国家或新兴国家均无投资协定。欧盟与仅有的两个非欧洲的发达国

---

① 根据 UNCTAD 数据库检索，时间截至 2022 年 8 月 30 日，参见 https：//investmentpolicy. unctad. org/international-investment-agreements/countries/78/germany。

家（澳大利亚和加拿大）的现行投资承诺中已经删除 ISDS。

美国的投资协定对象国几乎全是单向的投资目的地国。美国与其他国家缔结的投资协定实际上为单边保护协定，ISDS 亦是单边的。由此，美国在投资协定项下的被诉可能性极低。而欧盟或其成员国在 ISDS 项下被诉的风险明显大于美国。

三　中国 ISDS 立场的新背景：成为双向投资国，海外投资亟须保护

中国已从改革开放之初的单向投资目的国转变为双向的投资目的国和东道国。自 2012 年以来，中国对外直接投资流量一直位居全球前三，并于 2020 年对外直接投资流量首次位居全球第一（达 1537.1 亿美元，见图 5-2），占全球份额的 20.2%；中国对外直接投资存量自 2017 年以来一直处于前二或前三位，2020 年已达 2.58 万亿美元（占全球存量 6.6%），仅次于美国（8.1 万亿美元）、荷兰（3.8 万亿美元）。[①]

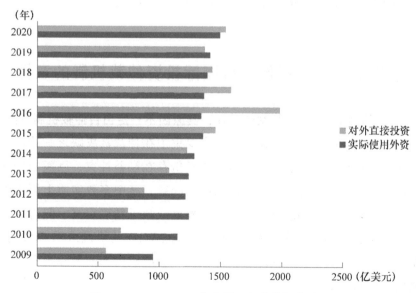

图 5-2　2009—2020 年中国双向直接投资对比

注：2009—2020 年中国实际使用外资数据来源于联合国贸发会议《2021 世界投资报告》。

---

① 中华人民共和国商务部、国家统计局和国家外汇管理局编：《2020 年度中国对外直接投资统计公报》，中国商务出版社 2021 年版。

就外国直接投资流向而言，流向欧洲的外国直接投资跌至 730 亿美元，跌幅达 80%。流向美国的外资减少了 40%，降至 1560 亿美元。美国仍然是最大的外国直接投资流入国，其次是中国。

就外资来源地而言，2020 年，在新冠疫情背景下，尽管中国的对外直接投资流出量较 2019 年的 1370 亿美元小幅下降至 1330 亿美元，但全球排名从 2019 年的第三名升至第一名。中国香港排名从第七位升至第四位。2019 年对外直接投资流出量第一的日本（2270 亿美元），2020 年腰斩至 1160 亿美元，排名跌至第三位。德国对外直接投资降幅最为明显，从 2019 年的 1390 亿美元降至 350 亿美元，下滑幅度达 74.8%，排名从第二名降至第八名。美国的变化较小，2019 年流出量为 940 亿美元，2020 年为 930 亿美元。

截至 2022 年 8 月 30 日，根据 UNCTAD 数据库提供的信息，中国对外签署的有效投资协定有 90 个，其中含有 ISDS 的有 87 个（包括不同范围）。中国 IIAs 对象国涵盖除爱尔兰以外的所有欧盟成员国，并且还有很多发展中国家。

第二节　对于评价现行国际投资仲裁机制的意见

一　对国际投资仲裁机制的批评，其原因不一定出自仲裁机制本身

对现行国际投资仲裁机制的批评主要集中在仲裁裁决缺乏一致性和可预测性、不存在上诉机制、仲裁员双重身份存在利益冲突、巨额的仲裁成本以及缺乏透明度。对于这些批评指出的问题，其中多数实质上源于国际投资实体规则的缺陷和缺乏，例如定义模糊或缺乏精确定义、双边条约的碎片化、缺乏实体性的国际投资公约和类似 WTO 的协调或治理机制等，而非出于仲裁机制本身。国际投资仲裁机制不应成为当前国际投资治理机制缺陷的替罪羊。

传统老式的双边投资协定给予仲裁庭的指引十分有限，仲裁员不得不从国内行政法或商法中获得法律灵感，其结果是司法能动主义的滋生。但在实践上，投资仲裁机制被大多数的国家接受，表明这种司法能动主义不仅获得了资本输出国的支持，而且得到了大多数资本输入国的默许。

UNCTAD 的数据也表明，过去的投资仲裁裁决并未明显偏向投资者。但是，这种脆弱的机制建立在蛮荒的国际投资实体法基础之上，只要鲁莽的仲裁员行差踏错——任意扩大管辖权范围或者对东道国国内法的合法性进行不当适用或解释，就可能引起灾难性的后果。不好的投资仲裁裁决，如同各国司法制度中的常见痼疾，它们并不能代表投资仲裁世界或者司法世界的全部。就那些具有不良后果的仲裁裁决而言，其产生的根源也不在于仲裁机制本身，而在于传统投资条约实体规则的笼统和模糊性，以及缔约国在条约更新上的懈怠和动作迟缓。投资仲裁机制本不应成为这场危机的核心。

二　相比其他机制，国际投资仲裁机制具有更加中立和去政治化的优点

国际投资时刻面临着政治化的风险，这一点在当前百年未有之大变局背景下尤为突出。与外交方式解决投资争端、在本国法院诉讼或国际性的法院诉讼相比，仲裁机制是由当事双方指定仲裁员，机制本身更加中立和去政治化，更少政治运作和干涉的余地。而国际性的法院机制，存在政治干涉的空间和风险，当前美国政府阻挠 WTO 上诉法官任命一事正表明了这一点。

三　国际投资仲裁机制具有灵活性和当事者意思自治的优点

国际投资仲裁机制给予争端双方选择仲裁员和仲裁机构的权利。无论是投资者还是东道国政府，都可以在国际上挑选最顶尖的仲裁员，而不论仲裁员的国籍。争端双方可以选择仲裁机构，也可以采用临时仲裁。在程序上，国际投资仲裁机制更加灵活，例如，仲裁员名单的选择空间更大；磋商请求不一定与日后仲裁请求完全一致，以避免过早地进入对抗性程序。当事方的合意，在一定程度上可以缩短仲裁时间和减少仲裁费用。

四　根本性的解决方案在于实体规则与程序规则的结合

从根本上解决当前国际投资仲裁机制存在的问题，需要综合性的解决方案，包括改革当前投资仲裁机制，以及通过实体性的投资公约和投资争端机构。

正如前面所言，对当前国际投资仲裁机制的批评不一定来自仲裁机制本身的缺陷，要从根本上解决这些问题，需要综合性的解决方案，包括建立类似 WTO 的国际投资治理机构，商讨起草国际投资实体公约的可能性，以及通过国际投资条约范本或者示范法修改双边条约中的实体规则，等等。

对于当前投资仲裁机制，可以通过引入程序化的磋商机制、引入透明度规则、推动仲裁员利益披露、修改仲裁费用分担规则、限定仲裁费用、引入法庭之友、设立中小企业基金等方式对仲裁机制进行改良。建议建立为发展中国家培养投资仲裁员、法官和法律顾问的专门机构。

第三节　对于投资法院体系的评价和应对建议

一　投资法院的时机并不成熟

欧盟对于 ISDS 是有两套方案的，一套为 2014 年 9 月版《欧盟—加拿大全面经济与贸易协定》中改良的投资者诉国家仲裁机制；[①] 另一套是 TTIP 谈判草案的投资法院版本。前者可以称为低版本的 ISDS，后者为欧盟高版本的 ISDS。欧盟 TTIP 的 ISDS 建议稿是将现有的投资仲裁机制司法化，不仅引入上诉机制，而且将仲裁庭的临时机制固化为常设的法官。在推动国际投资法院这一点上，欧盟确实是雄心勃勃的。不过，欧盟草案中流露出对仲裁机制的固有偏见，表现出过于取悦公众关切的倾向。尽管当前的投资仲裁机制存在各种问题，但是欧盟提出的投资法院系统与其说是改良仲裁机制，不如说是对投资仲裁机制的终结。

欧盟的提议忽视了各国希望在 ICSID 机构下建立上诉机制的共识。2004 年 ICSID 曾发布报告讨论建立上诉机制。[②] 尽管很多人认为有必要建

---

① 关于 2014 年版《欧盟—加拿大全面经济与贸易协定》（CETA）草案中的 ISDS，可参见叶斌《中欧双边投资协定谈判展望》，《国际展望》2015 年第 6 期。

② ICSID Secretariat, "Possible Improvements of the Framework for ICSID Arbitration", Discussion Paper, 22 October 2004.

立上诉机制，但是 ICSID 成员国认为还为时过早。如果未来需要建立上诉机制，最好的办法是通过 ICSID，以提高不同条约之间结果的一致性。① 双边机制所建立的上诉机制更可能导致投资法的碎片化，上诉机制对于提升裁决结果一致性的作用很可能会被夸大。

二　承认欧盟提出的投资法院体系存在一定的合理性，但是也存在内生性问题

诚然，法院机制可以消除法官在案件中与投资者的潜在利益冲突，但是也可能变成国家主导的投资法院。这一机制消除了投资争端当事方（包括投资者和东道国）选择裁判的自主权，使原来自主、灵活的仲裁机制变成僵化、单一的法院体制。在当前投资仲裁实践中，投资者和东道国不一定选择本国国民担任仲裁员，往往选择更适合的仲裁员裁决案件，而不考虑其国籍。② 这一体制设计僵化和可能倾向于保护东道国，可能导致投资者回避它而求诸其他机制，例如借由其子公司选择适用欧盟成员国与其他国家的双边条约中的 ISDS，从而加重投资者的挑选条约（treaty shopping）倾向。

尽管上诉机制可以增强裁决的一致性，但是增加了案件的审理时间，使案件成本更加高昂，这将加重中小投资者和发展中国家的负担。③ 欧盟建议稿要求上诉方提交一定金额的保证金，这可能导致中小投资者以及发展中国家无力使用上诉机制。④ 而且，上诉机制同样也可能被滥用，给投资者或者东道国带来不必要的时间和金钱损失。即使是在国内法院，上诉机制并不能完全保证裁决的一致性。以法院系统代替仲裁机制，将使仲裁机制便捷和自主的好处消失殆尽。

---

① Doak Bishop, "Investor-State Dispute Settlement under the Transatlantic Trade and Investment Partnership: Have the Negotiations Run Around?" *ICSID Review*, Vol. 30, No. 1, 2015, p. 6.

② 例如安城住房株式会社诉中华人民共和国案（Ansung Housing Co., Ltd. v. People's Republic of China, ICSID Case No. ARB/14/25），中方最后选择的仲裁员为荷兰人，韩国投资者选择的仲裁员为澳大利亚人。

③ Ian Laird and Rebecca Askew, "Finality Versus Consistency: Does Investor-State Arbitration Need an Appellate System?", *The Journal of Appellate Practice and Process*, Vol. 7, No. 2, 2005, p. 298.

④ Gloria Maria Alvarez, Blazej Blasikiewicz, Tabe van Hoolwerff, et al., "A Response to the Criticism against ISDS by EFILA", *Journal of International Arbitration*, Vol. 33, No. 1, 2016, p. 6.

不一致的投资仲裁裁决只是个案，这些个案在很大程度上是投资规则的非机制化和碎片化以及投资保护规则本身过于简约和模糊造成的。上诉机制可能带来的裁决一致性，是以耗时和耗费金钱为代价的，这与投资者寻求及时和充分的赔偿诉求是背道而驰的，而东道国也可能因为陷入旷日持久的诉讼而使其保障公共和社会利益的目标落空。目前在双边机制下建立上诉机制并且将仲裁员固定为法官的时机并不成熟。欧盟提出的投资法院体系，包括在 CETA、欧新 IPA、欧越 IPA 和欧墨新全球协定中提出的双边投资法院或法庭以及未来常设的国际投资法院，包括建立上诉机制在内，具有提高裁决的一致性和可预测性的优点。然而，欧盟提出的投资法院体系也带来了机制的重新政治化、降低专业性、程序上的僵化、增加诉讼时间和成本等问题。

在保护东道国的监管权与保护投资者之间，与仲裁机制相比，欧盟提出的法院机制在本质上更有助于东道国政府保护其监管权。在法官任命过程中，各国政府可以选择更注重保护东道国利益或者偏好的人员担任法官，从而施加潜在的政治影响。由于法官与其本国政府具有天然的联系，存在再政治化的风险。

对于欧盟提出的投资法院体系中以常设的法官取代仲裁员，可以避免仲裁员双重身份可能存在的利益冲突，但是，其代价是降低仲裁员的专业性，特别是其强制的本国国籍比例要求。不可回避的现实是，最顶尖的仲裁员多来自欧洲与北美，发展中国家难以在短期内培养出多位足以抗衡欧美的投资仲裁员或法官。对于发展中国家而言，强制的本国国籍法官要求实际上是放弃引入国际智慧为本国利益裁判的机会。对于仲裁员双重身份可能存在的利益冲突，可以通过仲裁员利益披露或者经争端双方同意等方式处理。

欧盟在 CETA 等协定规定的前置磋商程序，提升了磋商的重要性，并且在时间要求和信息要求上更加规范和严谨。但是，磋商请求与日后仲裁请求的一致性要求过于严苛，可能使磋商本身流于形式，使当事双方过早地进入对抗性程序。

对于建立上诉机制，其加强裁决一致性的好处可能被夸大。建立上诉机制将增加诉讼的时间和费用，也易成为当事方的拖延工具。仲裁一裁终局的好处在于保证效率，这对于瞬息万变的投资市场而言尤其重要。对于欧盟在 CETA 中提出的上诉审既包括事实审又包括法律审的建议，这种方案将增加上诉机构的责任，提高审理的难度和延长审理的时间，降低初审的作用和意义。

对于国际投资法的公法化建议，是需要谨慎处理的。投资规则以及 ISDS 司法化的一个隐患，是国际人权法和环境法对投资保护规则的侵蚀，法院机制将扩大这种侵蚀。对于人权保护、环境保护等议题，最优的场所应该是人权和环境等议题本身的机制，赋予投资保护以过多的价值追求，有压垮现有机制之虞。中国在国际投资仲裁案件中的实践较少，最稳妥的方式是在现有机制之上不断地积累实践经验，保护和促进中国资本走出去。

三　可赋予投资者在投资法院体系与仲裁机制之间选择的权利

欧盟提出的投资法院体系为解决国际投资争端提供了一种新的机制，建议将这种方案修订为一种可供选择的任择机制，赋予争端方以选择权。

根据欧盟的设计，投资法院体系是排他性和强制性的，投资者与东道国不能选择其他的仲裁机制解决其争端。这种机制不仅排除了当事人的意思自治，也排除了当前国际仲裁机制多年积累的宝贵经验、专业度和权威性。

中国政府应采取一种折中的方案，将欧盟方案修订为一种可供争端方选择的任择机制，由争端方选择采取投资仲裁或者投资法院体系，一旦选定争端解决方式，则不可撤回，从而增强意思自治和法律的确定性。

对于由谁来选择仲裁或诉讼，有两种方案可供选择。方案一，由投资者和东道国合意选择，如果当事方在一定时间之内不能达成合意，则以抽签方式决定仲裁或者诉讼。抽签方式的设计目的在于，避免不必要的拖延和其他方案对仲裁或者诉讼的潜在偏好。方案二，仅给予投资者选择权，而不需要争端双方的合意。这种方案的好处在于程序上更加方便，缺点是给予投资者太大的选择权，方案容易被欧盟拒绝。

第四节　对中国参与多边投资争端
解决机制改革立场的建议

2020 年年底原则达成的《中欧全面投资协定》尚留下征收条款和投资争端解决机制。欧盟很可能向中方提出具有上诉机制的投资法院方案，这种方案脱离国际社会在国际投资保护方面成熟的仲裁实践，如果接受这种方案或类似方案，将使当前中国海外投资利益面临巨大的法律风险，建议中国谈判团拒绝欧盟的投资法院方案。

在欧盟的推动下，联合国国际贸易法委员会第三工作组正在积极审议投资者诉国家争端解决机制（ISDS）的改革，工作组绕开了是否需要引入上诉机制的前提问题，而是直接讨论引入上诉机制的各种可能方案。这种做法受到俄罗斯、伊朗和美国等国政府代表团的严重质疑。中国政府代表团向联合国国际贸易法委员会第三工作组提出的"一审仲裁+二审上诉庭"的立场文件更为折中，但对于上诉机制，本书持保留意见。建议在适当时放弃上诉方案。

一　中国的海外资本亟须与之相适宜的国际投资争端解决机制，为其提供有效、及时和充分的保护

中国已从单向的投资输入国转变为双向的投资输入国与输出国。在过去主要以吸引外资为主的时期，中国与 100 多个国家签署了双边投资协定，早期不接受投资者诉国家的仲裁机制，例如 1985 年《中意投资协定》；后来中国政府开始接受仲裁机制，但将争端范围限定于征收补偿额，例如 1986 年《中英投资协定》等。在作为单向投资输入国时期，这种方式有效地避免了中国政府被外国投资者起诉或索赔的风险，是符合当时中国国情与国家利益的方案。

但是随着中国大量资本走出去，尤其是在"一带一路"倡议的背景之下，中国海外资本亟须与之相适宜的国际投资争端解决机制。一旦发生因东道国政局变化、经济危机或政策重大调整等事件导致的投资争端，就需要国际投资争端解决机制为中国在这些东道国的海外资本提供有效、及时和充分的保护。在近年来的中国投资协定中，中国已逐渐地充分接受投资者诉国家的仲裁机制，仲裁范围涉及与投资有关的所有争议，例如2003年《中德投资协定》。在2012年《中国与加拿大投资协定》中，投资者诉国家仲裁机制的定义更加详细和明确。

二　当前的国际投资仲裁机制本质上有利于保护海外投资者

当前的国际投资仲裁机制为投资者创设了特殊权利，本质上有利于保护投资者。当前的国际投资仲裁机制最早由德国发明，在其与巴基斯坦双边投资条约中使用，后来被资本输出大国广泛接受，成为多边投资条约和双边投资条约中的主要争端解决机制。与通过外交渠道、本地法院等方式相比，国际投资仲裁允许投资者就投资争议问题起诉东道国政府。由于投资者具有选择中立仲裁人的权利，以及一裁终局，投资仲裁具有去政治化、中立性和灵活性的明显优势，很大程度上避免了外交渠道解决方式或者东道国本国法院处理中常见的政治因素干扰。投资仲裁机制是投资者在计划对外投资时必须考虑的最重要法律因素，为投资者实施海外投资项目提供了最后的法律防线。

三　国际投资仲裁机制是美欧资本输出国保护本国海外投资的有力工具

自20世纪80年代末起，国际投资仲裁被美欧发达国家投资者大量使用，成为保护美欧投资者的有力工具。根据2018年联合国贸易和发展会议（UNCTAD）对已知投资争端案件的统计，自1987年至2018年，排除管辖权等程序因素，就案件的是非曲直而言，61%的国际投资仲裁案件裁定投资者胜诉，其中使用国际投资仲裁最多的投资者依次来自美国（174起）、荷兰（108起）、英国（78起）、德国（62起）、西班牙（50起）、加拿大（49起）、法国（49起）、卢森堡（40起）、意大利（37起）、土耳其（23起）、瑞士（32起）和塞浦路斯（26起），同期被起诉最多的东道国依次是阿根廷（60起）、西班牙（49起）、委内瑞拉（47起）、捷克（38起）、埃及（33起）、墨西哥（30起）、波兰（30起）、加拿大（28起）、印度（24起）、俄罗斯（24起）、厄瓜多尔（23起）和乌克兰（23

起）。从这些数据可以明显看出，美欧等投资输出大国是国际投资仲裁机制的主要使用者和受益者。

过去 30 年的国际投资仲裁经验，为美欧投资输出大国的投资者提供了有力的保护，并且积累了大量的成熟经验。中国作为新兴的投资输出大国，应当充分利用当前这一有用的法律工具，并且汲取欧美等各国的成熟经验。

四　欧盟推行的投资法院方案颠覆当前仲裁机制，为人权、劳工、环保等议题的混入大开方便之门，中国海外投资保护面临风险

具有讽刺意味的是，德国是欧盟新近提出的国际投资法院体系的主要推动者，但是在此之前，德国却是国际投资仲裁机制的发明者和积极推广者。德国在实施去核化政策之前从来没有成为投资仲裁的被告，而是频繁使用仲裁机制起诉东道国政府。在《欧盟—加拿大全面经济与贸易协定》的草签版本中，其投资争端解决机制与美国 2012 年双边投资协定范本非常接近，都是在当前仲裁基础上进行适当改良。但是，在德国采取去核化政策之后，德国政府迅速改变了对国际投资仲裁的传统立场，转而在欧盟层面建立国际投资法院体系。欧盟与加拿大经贸协定最终版本，以及与新加坡、越南等国的最新双边投资协定中都拟建立投资法院体系。

当前的国际投资仲裁机制，是由投资者与东道国选择仲裁员，这种机制为投资者创设了特殊的权利。而根据欧盟提出的投资法院方案，法官由缔约国政府在双方国民和第三国国民之间以 1：1：1 的比例构成，并且设立上诉机制。投资者失去选择仲裁人的权利，将导致未来的规则解释倒向有利于缔约国，而非投资者。欧盟提出的法院机制表面上中立，但由于欧盟、加拿大等在国际规则塑造上有很强的影响力，实际上为未来案件审理过程中政治因素的潜在干预以及人权、劳工、环境等议题的加入提供了方便之门。

德国转变立场的导火索，是因为在瑞典大瀑布电力公司诉德国政府的平行案件中德国首次败诉。近年来德国在环保、能源等领域进行了重大的政策调整，导致外国投资者在相关领域的投资项目受损。德国政府意识到当前国际投资规则中较少考虑环境保护、可持续发展等问题，当前机制不利于德国以及欧盟层面的政策调整。为了防止在未来案件中败诉，德国推动欧盟层面引入颠覆性的投资法院体系，通过干预法院法官构成，间接性地输入环境保护、人权与劳工保护以及可持续发展等因素。欧盟提出的投资法院方案有利于欧盟成员国在环境保护等议题方面进行政策调整，但是却不利于外国投资者，尤其是中国在内的新兴国家对欧投资项目。

五　当前国际投资仲裁中存在的问题可以通过改良解决，引入上诉机制的方案在本质上与欧盟法院方案相同，都会增加投资以外人权、环保等议题输入的风险

目前国际投资仲裁中存在着裁决不一致性、仲裁人利益冲突、规则碎片化等问题，这些问题一部分是由于旧的投资协定规则过于简洁和缺乏准确性造成的，需要通过修订实体条约的方式解决，另一部分仍可以在投资仲裁框架内解决，例如加强缔约方对条约规则的解释权，引入法庭之友或第三方意见，提高仲裁透明度和仲裁员职业操守等。争端解决机制的目的是保护外国投资者，而不是追求裁决的一致性。事实上，裁决的不一致常常有利于保护投资者。

中国政府代表团向联合国国际贸易法委员会第三工作组提出的"仲裁+上诉"机制，虽然保留了当事方选择仲裁人的好处，但是由于上诉机制的引入，带来缔结方政府干预的风险，尤其是上述人权、环保等议题的纳入，造成一种"再政治化"，这种再政治化将对仲裁人产生寒蝉效应，在本质上与欧盟提出的投资法院体系接近。

对于引入上诉机制以解决裁决的不一致性问题，这种方式增加了时间成本和诉讼成本，提高了当事方运用诉讼策略导致拖延的风险，以丧失当事仲裁机制的灵活性与权威性为代价，实际上是饮鸩止渴。对于国际投资争端而言，投资者未必需要绝对的公正或者所谓裁决的一致性，投资者最大的利益在于——在复杂多变的国际环境中在较短的时间内解决纠纷，由此可以进一步寻求保险赔偿、代位赔偿或者清算债务等方式。追求投资仲裁裁决的所谓一致性，在当前各国投资协定众多且各异，同时缺乏广泛接受的多边投资条约的现状之下，实际上是一种不切实际的幻想。

第五节　建立"一带一路"投资争端
解决中心的潜在问题与建议

"一带一路"倡议引起了欧盟、美国的质疑，建立"一带一路"投资争端解决中心的方案存在被视为挑战当前国际机制与规则的风险，建议通过以下方式消除这种疑虑。

1. 建议将"一带一路"投资争端解决中心设计为选择性的、非排他性的和非强制性的，将选择权交给争端方，为国际社会提供另外一种解决投资争端的场所和方案。建立"一带一路"投资争端解决机制的目的不是取代现有的国际机制，也不是挑战现行的国际规则，而是弥补当前体制的空缺（例如不少国家尚未加入或者批准《ICSID公约》），为争端双方提供更多的选择。

2. 建议通过国际合作引入国际智慧、国际规则，提升中心的专业度和权威性。建议与欧盟、美国等进行国际合作，引入国际智慧参与中心方案及其规则的设计和运行。

中国与欧盟可以在ISDS改革方面进行合作，中国可以有条件地支持欧盟提出的国际投资法院（如果法院机制是选择性的），欧盟也可以为"一带一路"投资争端解决机制提供智力支持和专业经验。建议中心章程强调对《联合国宪章》的尊崇，强调对《维也纳条约法公约》的遵守。建议与国际社会一道，建立为发展中国家培养投资仲裁员、法官或者法律顾问的专门机构或者学院。建议设立为中小企业提起投资仲裁或者诉讼的基金。

3. 对于"一带一路"投资争端解决机制的设计方案，建议以ICSID为蓝本，引入最新的改革成果和国际规则。建议考虑在亚投行下设立"一带一路"投资争端解决中心，其管理所在地可设在北京或者上海，并且在境外（例如新加坡、伦敦、巴黎、布达佩斯等地）设立分支机构。在程序规则方面，建议考虑加入《毛里求斯透明度公约》以提高透明度；在实体规则方面，建议在中国BITs中加入环境保护和可持续发展等条款，未来为"一带一路"投资争端解决机制取得国际信誉度打下基础。

附件一 《欧盟—加拿大全面经济与贸易协定》第8章第F节（中译文）

《欧盟—加拿大全面经济与贸易协定》第8章第F节 投资者与国家间投资争端解决[*]

叶　斌　译

第8.18条
范围

1. 在不损害缔约双方在第29章（争端解决）项下权利和义务的情况下，缔约一方的投资者可以向依据本节设立的法庭就另一缔约方违反如下节的义务提起诉请：

（a）第C节，与涵盖投资的扩大、经营、运营、管理、维护、使用、享有和销售或处置有关；

（b）第D节；

如果投资者主张所遭受的损失或损害源于上述的违反行为。

2. 根据第1款（a）项对涵盖投资的扩大提起的诉请，其范围只指与涵盖投资的现行商业运营有关的措施，投资者因此遭受与涵盖投资有关的损失或损害。

3. 为进一步明确，如果投资的作出是通过欺诈性的错误陈述、隐瞒、贿赂或者行为达到滥用程序的程度，投资者不得根据本节提起诉请。

4. 对缔约方所发行债务的重组提请的诉请只能在本节下根据附件8-B

---

[*] Comprehensive Economic and Trade Agreement（CETA）between Canada, of the one part, and the European Union and its Member States, of the other part, OJ L 11, 14. 1. 2017, pp. 61-77.

提起。

5. 根据本节组建的法庭不得裁定属于本条范围之外的诉请。

第 8.19 条

磋商

1. 争端应尽可能友好地解决。这种解决可在任何时间达成，包括在依据第 8.23 条提起诉请之后。除非争端双方同意更长的期限，否则应在依据第 4 款提起磋商请求之日起 60 日内进行磋商。

2. 除非争端双方另有约定，磋商地点为：

（a）渥太华，如果被质疑的措施是加拿大的措施；

（b）布鲁塞尔，如果被质疑的措施包括一项欧盟的措施；或者

（c）欧盟成员国的首都，如果被质疑的措施只是该成员国的措施。

3. 在适当情况下，例如投资者是中小企业，争端双方可以通过视频会议或其他方式进行磋商。

4. 投资者应在向另一缔约方提请的磋商请求中说明：

（a）投资者的姓名和地址，如果代表当地开业企业提请请求，还包括当地开业企业的名称、地址和法人成立地；

（b）如果有多个投资者，各投资者的名称和地址，如果有多个当地开业企业，各当地开业企业的名称、地址和法人成立地；

（c）声称违反本协定的哪些条款；

（d）诉请的法律和事实依据，包括有关措施；和

（e）寻求的救济和要求赔偿的估算数额。

磋商请求应载有证据证明投资者是另一缔约方的投资者，以及该投资者拥有或控制该投资，以及在适当时，其拥有或控制其代表提请请求的当地开业企业。

5. 第 4 款规定的对磋商请求的要求应以足够具体的方式满足，以允许被申请人有效地进行磋商并为抗辩作准备。

6. 磋商请求必须在以下期限内提交：

（a）自投资者或当地开业企业首次获知，或本应首次获知声称的违反行为以及获知投资者或当地开业企业因此而遭受损失或损害之日起 3 年。

（b）投资者或当地开业企业不再依照一缔约方的法律向法庭或法院寻求提请诉请或诉讼起 2 年，或者当这类诉讼以其他方式终止时，无论如何不得晚于投资者或当地开业企业首次获知，或本应首次获知声称的违反行为以及获知投资者或当地开业企业因此而遭受损失或损害之日起 10 年。

7. 声称欧盟或欧盟成员国违反行为的磋商请求应提交给欧盟。

8. 如果投资者在提交磋商请求后的 18 个月内没有按照第 8.23 条提请诉请，则被视为已经撤回了磋商请求，以及请求决定被申请人的通知，并且不得根据本节就相同措施提请诉请。这个期限可以通过争端双方的协议来延长。

第 8.20 条
调解

1. 争端双方可以随时同意进行调解。

2. 进行调解不影响本章规定的争端各方的法律地位或权利，并受争端双方同意的规则的约束，并且在可能时，受服务与投资委员会根据第 8.44 条第 3 款（c）项通过的调解规则的约束。

3. 调解员由争端双方通过协议任命。争端双方也可以请求 ICSID 秘书长任命调解员。

4. 争端双方应在任命调解员起 60 日内努力解决争端。

5. 如果争端双方同意进行调解，第 8.19 条第 6 款和第 8.19 条第 8 款自争端双方同意进行调解之日到任一争端方决定终结调解之日起不再适用。争端方终结调解的决定应该以书信方式提交给调解员和另一争端方。

第 8.21 条
决定欧盟或其成员国作为争端的被申请人

1. 如果争端不能在提请磋商请求的 90 日内解决，该请求涉及声称欧盟或欧盟成员国违反本协定，并且投资者有意依据第 8.23 条提请诉请，投资者应向欧盟递交请求决定被申请人的通知。

2. 第一款项下的通知应该列明投资者有意提请诉请的措施。

3. 欧盟在作出决定之后应告知投资者是由欧盟还是某欧盟成员国作为

被申请人。

4. 如果投资者在递交请求作出此类决定的通知的 50 日内未被告知该决定：

（a）如果通知中列明的措施都只是欧盟某成员国的措施，该成员国应为被申请人；

（b）如果通知中列明的措施包括欧盟的措施，欧盟应为被申请人。

5. 在依据第 3 款所作决定的基础之上，或者如果此类决定未告知给投资者，在适用第 4 款的基础之上，投资者可以依第 8.23 条提请诉请。

6. 如果欧盟或欧盟成员国是被申请人，根据第 3 款或第 4 款，欧盟或欧盟成员国均不得以未根据第 3 款适当地决定被申请人或未在适用第 4 款的基础上认定被申请人为由，主张该诉请不可受理、法庭缺乏管辖权，或另外反对该诉请或裁决。

7. 法庭应受第 3 款所作决定的约束，如果此类决定未传达给投资者，则适用第 4 款。

第 8.22 条
向法庭提交诉请的程序性和其他要求

1. 投资者只有在如下情况下方可依据第 8.23 条提请诉请，如果投资者：

（a）与提交诉请一起，向被申请人一并递交其同意按照本节规定的程序由法庭解决争端；

（b）从提交磋商请求起至少经过 180 日，或者从提交决定被申请人的通知起至少经过 90 日；

（d）已经满足请求决定被申请人的要求；

（d）已经满足与请求磋商有关的要求；

（e）没有在其诉请中列明一项在其磋商请求中没有列明的措施；

（f）在国内或国际的法庭或法院撤回或停止就其诉请中所指的声称构成违反行为的措施的任何诉请或诉讼；并且

（g）放弃在国内或国际的法庭或法院就其诉请中所指的声称构成违反行为的措施提请任何诉请或诉讼的权利。

2. 如果根据第 8.23 条提请的诉请是出于当地开业企业的损失或损害，或者是出于由投资者直接或间接所有或控制的当地开业企业的利益所遭受的损失，第 1 款（f）项和（g）项的要求都适用于投资者和当地开业企业。

3. 如果被申请人或者投资者的东道国已经剥夺了投资者对当地开业企业的控制，或者以其他方式妨碍当地开业企业满足这些要求，那么第 1 款（f）项和（g）项以及第 2 款的要求不适用于该当地开业企业。

4. 应被申请人的请求，如果投资者或者当地开业企业未能满足第 1 款和第 2 款的任何一项要求，法庭应拒绝管辖；

5. 第 1 款（g）项规定的弃权，或者适用第 2 款时，应终止适用于以下情形：

（a）如果法庭以不满足第 1 款或第 2 款的要求为由，或者以其他程序性或管辖权依据为由，拒绝该诉请；

（b）如果法庭依据第 8.32 条或第 8.33 条驳回该诉请；

（c）如果投资者以符合第 8.23 条第 2 款所适用规则的方式，在法庭分庭组成的 12 个月内撤销其诉请。

第 8.23 条
向法庭提请诉请

1. 如果争端未能通过磋商解决，可根据本节提请诉请，由：

（a）缔约一方的投资者，以其本身的名义；或者

（b）缔约一方的投资者，以其直接或者间接地所有或者控制的当地开业企业的名义。

2. 诉请可根据以下规则提请：

（a）《ICSID 公约》和《ICSID 仲裁程序规则》；

（b）《ICSID 附加便利规则》，如果程序条件依据第一款不适用；

（c）《UNCITRAL 仲裁规则》；或者

（d）争端双方同意的任何其他规则。

3. 如果投资者依据第 2 款（d）项提议规则，被申请人应该在收到提议的 20 日内对投资者的提议作出答复。如果争端双方在收到提议的 30 日内无法就这类规则达成一致，投资者可以根据第 2 款（a）、（b）或（c）

项规定的规则提请诉请。

4. 为了进一步明确，依据第 1 款（b）项提请的诉请应该满足 ICSID 公约第 25 条第 1 款的要求。

5. 投资者可以在提请诉请时提议只由法庭的独任成员审理诉请。被申请人应该积极考虑该请求，尤其是投资者是中小企业或者请求的补偿或赔偿金较低时。

6. 第 2 款适用的规则应在诉请或者多个诉请根据本节提交给法庭之日生效，应符合本节规定的具体规则，并且由根据第 8.44 条第 3 款（b）项通过的规则所补充。①

7. 在下列情况下，一项诉请被视为根据本节的规定提请：

（a）ICSID 秘书长收到根据《ICSID 公约》第 36 条第 1 款提出的请求；

（b）ICSID 秘书长收到根据《ICSID 附加便利规则》附录 C 第 2 条提出的请求；

（d）被申请人收到根据《UNCITRAL 仲裁规则》第 3 条项下通知；或者

（d）被申请人收到根据第 2 款（d）项同意的规则提出的启动程序的请求或通知。

8. 缔约各方应向另一方告知送达地址，以便投资者依据本节递交通知和其他文书。缔约各方应确保该信息可公开获取。

第 8.24 条

另一国际协定项下的程序

如果诉请依据本节和另一国际协定提请，并且：

（a）有可能重复补偿；

（b）该国际诉请可能对依本节提请诉请的解决具有重要影响，

法庭应在听证争端方之后尽快中止其程序，或者确保在其决定、命令或裁决中考虑依据另一国际协定提起的程序。

---

① 第二款项下适用的规则是指在根据本节提请诉请或多个诉请之日生效的规则，除非本节规定了具体规则，并且由根据第 8.44 条第三款第二项通过的规则所补充。

第 8.25 条

同意由法庭解决争端

1. 被申请人同意根据本节规定的程序由法庭解决争端。

2. 根据第一款的同意和根据本节向法庭提请的诉请应满足：

（a）《ICSID 公约》第 25 条和《ICSID 附加便利规则》附录 C 第二章关于争端双方书面同意的要求；并且

（b）《纽约公约》第 2 条关于书面协议的要求。

第 8.26 条

第三方资助

1. 如果有第三方资助，从中获益的争端方应向另一争端方和法庭披露第三方资助者的名称和地址。

2. 披露应在提请诉请时作出，或者，如果资助协议的缔结或捐款或捐赠的作出是在提请诉请之后，则应在协议缔结或捐款或捐赠作出后毫不延迟地披露。

第 8.27 条

法庭的组成

1. 根据本节设立的法庭应决定依据第 8.23 条提请的诉请。

2. 在本协定生效后，CETA 联合委员会应任命十五名法庭成员。法庭成员中五名应为欧盟成员国国民，五名为加拿大国民,① 五名为第三国国民。

3.CETA 联合委员会可决定以三的倍数增加或减少法庭成员人数。增加的任命应该按照第二款规定的相同基础进行。

4. 法庭成员应具有在其本国担任司法职位的资格，或者是能力被认可的法学家。他们应已展现出国际公法方面的专长。理想的话，他们尤其在国际投资法、在国际贸易法和在解决国际投资或国际贸易协定引起的争端

---

① 缔约各方可以替代地提议任命最多五名任何国籍的法庭成员。在这种情况下，这类法庭成员应被视为为本条的目的而提议任命的该缔约方自己的国民。

方面具有专长。

5. 根据本节任命的法庭成员的任期为五年，可连任一次。但是，本协定生效之后立即任命的十五人中，以抽签的方式决定出七人，其任期延长为六年。应及时填补空缺。被任命替换任期尚未届满的法庭成员的人员，在前任的剩余任期任职。原则上，法庭成员在法庭分庭任职时其任期届满，仍可继续在该分庭任职，直至最终裁决作出为止。

6. 法庭应在由三名法庭成员组成的分庭审理案件，其中一人为欧盟成员国国民，一名为加拿大国民，一名为第三国国民。该分庭应该由是第三国国民的法庭成员担任首席。

7. 在依据第 8.23 条提请诉请的 90 日内，法庭庭长应在轮流审理案件的基础上任命法庭成员组成法庭分庭，确保分庭的组成是随机的和不可预测的，并且给予所有法庭成员以平等任职的机会。

8. 法庭庭长和副庭长负责组织事项，任期两年，从是第三国国民的法庭成员中抽签选出。他们以轮流方式任职，由 CETA 联合委员会主席抽签决定。庭长空缺时，副庭长替代庭长任职。

9. 尽管有第 6 款的规定，争端双方可以同意从第三国国民中随机任命一名独任法庭成员审理案件。被申请人应积极考虑申请人提出的独任法庭成员审理案件的请求，特别是在申请人是中小企业或要求的补偿或赔偿金相对较低的情况下。这种请求应在法庭分庭组成之前提出。

10. 法庭可拟定自己的工作程序。

11. 法庭成员应确保他们可以到任并且能够履行本节规定的职能。

12. 为确保他们可以到任，应每月向法庭成员支付聘用费，聘用费由 CETA 联合委员会决定。

13. 第 12 款所指的费用应由缔约双方平等支付到一个由 ICSID 秘书处管理的账户。如果一方没有支付聘用费，另一方可以选择代为支付。任何一方拖欠的款项仍须支付，包括支付适当的利息。

14. 除非 CETA 联合委员会根据第 15 款通过一项决定，否则法庭成员组成分庭审理诉请的费用和开支的数额，不包括第 12 款所指的费用，应指依据提请诉请之日生效的《ICSID 公约行政和财务条例》第 14 条第 1 款决定的费用，并且由法庭根据第 8.39 条第 5 款在争端双方之间分配。

15. CETA 联合委员会可以通过决定将聘用费和其他费用开支转换为固定薪资，并且决定适用的模式和条件。

16. ICSID 秘书处应担任法庭的秘书处，并提供适当的支持。

17. 如果 CETA 联合委员会没有在提请解决争端的诉请之日起 90 日内依照第 2 款作出任命，ICSID 秘书长应任一争端方的请求，任命三名法庭成员组成分庭，除非争端双方同意案件由独任法庭成员审理。ICSID 秘书长应从现有提名中随机抽选任命。ICSID 秘书长不得任命加拿大或欧盟成员国国民担任首席，除非争端双方同意。

第 8.28 条
上诉庭

1. 特此设立上诉庭，以审查根据本节作出的裁决。

2. 上诉庭可以根据以下理由维持、修改或者撤销法庭裁决：

（a）对所适用的法律在适用或解释上错误；

（b）对事实的认定明显错误，包括对相关国内法的认定；

（d）ICSID 公约第 52 条第 1 款（a）项至（e）项规定的理由，只要它们不包括在（a）项和（b）项内。

3. 上诉庭成员应由 CETA 联合委员会以一项决定任命，作出时间与第 7 款所指的决定同时。

4. 上诉庭成员应满足第 8.27 条第 4 款的要求，并且符合第 8.30 条。

5. 为审理上诉而组成的上诉庭分庭，应该由随机任命的三名上诉庭成员组成。

6. 第 8.36 条和第 8.38 条适用于上诉庭的诉讼程序。

7. CETA 联合委员会应及时通过一项决定以规定如下有关上诉庭运作的行政和组织事项：

（a）行政支持；

（b）启动和进行上诉的程序，以及发回法庭修改裁决的程序；

（c）填补上诉庭空缺和审理案件的上诉庭分庭空缺的程序；

（d）上诉庭成员的报酬；

（e）与上诉开支有关的规定；

（f）上诉庭成员的人数；

（g）对上诉庭有效运作所必需的任何其他因素。

8. 服务与投资委员会应定期审查上诉庭的运作情况，并可向 CETA 联合委员会提出建议。如有必要，CETA 联合委员会可以修改第 7 款所指的决定。

9. 在通过第七款所指的决定之后，

（a）争端方可在依据本节作出裁决后的 90 日内向上诉庭提出上诉；

（b）争端方不得就本节项下裁决寻求审查、搁置、废止、修改或发起任何相似程序；

（c）根据第 8.39 条作出的裁决不得视为最终裁决，不得为裁决的执行采取行动，直到：

（1）从法庭作出裁决起已经过 90 日，并且未启动上诉；

（2）上诉的启动被拒绝或者撤销；

（3）从上诉庭作出裁决起已经过 90 日，并且上诉庭没有将事项发回法庭。

（d）上诉庭作出的最终裁决应被视为第 8.41 条意义的最终裁决；并且

（e）不适用第 8.41 条第 3 款。

第 8.29 条
设立多边投资法庭和上诉机制

缔约双方应与其他贸易伙伴一起寻求设立解决投资争端的多边投资法庭和上诉机制。在设立这样的多边机制之后，CETA 联合委员会应通过一项决定，规定本节项下的投资争端将依照该多边机制审理，并作出适当的过渡安排。

第 8.30 条

操守

1. 法庭成员应独立。他们不得隶属于任何政府。[①] 他们不得接受任何组织或政府就与争端有关的事项作出的指示。他们不得参与审议可能造成直接或间接利益冲突的任何争端。他们应遵守《国际律师协会关于国际仲裁中利益冲突的指南》或根据第 8.44 条第 2 款通过的任何补充规则。另外，在任命后，他们应不再在本协定或其他任何国际协定项下的任何未决或新的投资争端中担任代理人或担任当事人指定的专家或证人。

2. 如果争端一方认为法庭成员有利益冲突，应向国际法院院长发送质疑其任命的通知。质疑通知应在法庭分庭的组成已经告知该争端方之日起 15 日内发送，或者在知道相关事实之日起 15 日内，如果在组成分庭时不可能合理地知道这些事实。质疑通知中应陈述质疑的理由。

3. 如果在质疑通知之日起 15 日内，被质疑的法庭成员选择不从该分庭辞职，国际法院院长在听取争端双方并且在给予该法庭成员提交任何意见的机会之后，在收到质疑通知之日起 45 日内作出决定，并且通知争端各方和分庭其他成员。应及时填补由于法庭成员不适格或辞职造成的空缺。

4. 经法庭庭长具理由建议，或经缔约方联合动议，缔约方可以通过 CETA 联合委员会的决定开除法庭成员，如果其行为不符合第 1 款规定的义务并且与其继续担任法庭成员的身份不符。

第 8.31 条

适用的法律与解释

1. 在作出决定时，依据本节设立的法庭应根据《维也纳条约法公约》以及可适用于缔约方之间的其他国际法规则和原则解释适用本协定。

2. 对于主张的构成违反本协定的措施，法庭无权根据争端方的国内法决定该措施的合法性。为了更加明确，在判断措施与本协定的一致性时，法庭可以在适当时将争端方的国内法作为事实问题考虑。在这么做时，法

---

① 为了更加明确，个人接受政府报酬的事实本身并不使他不适格。

庭应遵循该缔约方法院或机关对其国内法的通行解释，法庭给予国内法的任何含义对该缔约方的法院或机关没有约束力。

3. 如果对可能影响投资的解释问题引起严重关切，服务与投资委员会可以依据第 8.44 条第 3 款（a）项建议 CETA 联合委员会通过对本协定的解释。CETA 联合委员会通过的解释应对依据本节设立的法庭具有约束力。CETA 联合委员会可以决定解释从某个具体日期起具有约束力。

第 8.32 条
明显没有法律实体问题的诉请

1. 被申请人可以在组成法庭分庭后的 30 日内，以及在第一次开庭前的任何时候，对明显没有法律实体问题（legal merit）的诉请提出书面异议。

2. 如果被申请人已经依据第 8.33 条提出异议，则不得提出第 1 款项下的异议。

3. 被申请人应尽可能准确地说明异议的根据。

4. 在收到依据本条提出的异议后，法庭应中止关于案件实体问题的程序，确定一项日程以考虑此种异议，该日程与考虑其他先决问题的日程相协调。

5. 法庭在给予争端双方陈述其意见的机会后，应在第一次开庭时或随即作出一项决定或裁决，其中说明理由。在这样做时，法庭应假定所主张的事实是真实的。

6. 本条不妨碍法庭将其他异议作为先决问题处理的权力，也不妨碍被请求人在审理过程中提出某项诉请缺乏法律实体问题的异议的权利。

第 8.33 条
未发现法律问题的诉请

1. 在不妨碍法庭将其他异议作为先决问题处理的权力或被请求人在适当时候提出任何此类异议的权利的情况下，法庭应将被请求人提出的任何异议作为先决问题处理，并决定依据第 8.23 条提请的诉请或其任何部分，作为法律问题（a matter of law）并非为了根据本节取得有利于申请人的裁决的诉请，即使假定所称的事实是真实的。

2. 根据第一款向法庭提交的异议不应迟于法庭为被申请人设定的提交答辩状的日期。

3. 如果已经根据第 8.32 条提出异议，考虑到该异议的情况之后，根据本条规定的程序，法庭可以拒绝处理依据第 1 款提出的异议。

4. 在收到第一款项下异议后，以及在适当时，在依据第 3 款作出决定之后，法庭应中止对实质问题的任何审理程序，确定一项日程以考虑该异议，该日程与已经确定考虑的任何其他先决问题的日程相协调，并且就该异议作出一项决定或裁决，其中说明理由。

第 8.34 条
临时保护措施

法庭可以命令采取临时保护措施，以维护争端方权利，或确保该法庭的管辖权能完全有效行使，包括保存争端方具有所有权或控制权的证明的命令，或保护法庭管辖权的命令。法庭不得命令扣押财产或者要求适用被指控违反第 8.23 条的措施。为本条的目的，命令也包括一项建议。

第 8.35 条
停止

在根据本节提请诉请之后，如果投资者在连续 180 日内或争端双方可能同意的期限内未能采取任何步骤的程序，应视为投资者已撤销其诉请并且已停止程序。应被申请人的请求，在通知争端双方之后，法庭应在命令中注明该停止。在作出该命令后，法庭的权力终止。

第 8.36 条
程序的透明度

1. 经本章修改后的 UNCITRAL《透明度规则》应适用于与本节有关的程序。

2. 磋商请求、请求决定被申请人的通知、决定被申请人的通知、同意调解的协议、质疑法庭成员的意向通知、对质疑法庭成员的决定以及合并的请求，应包括在 UNCITRAL《透明度规则》第 3 条第 1 款项下向公众提供的文件清单中。

3. 证据证物应包括在根据 UNCITRAL《透明度规则》第 3 条第 2 款向公众提供的文件清单中。

4. 尽管有 UNCITRAL《透明度规则》第 2 条的规定，在法庭组成之前，加拿大或欧盟应依照第 2 款及时公布有关文件，但须编辑处理保密或者受保护信息。这些文件可以以传送给保管处的方式向公众公开。

5. 听证应向公众开放。经与争端双方磋商，法庭应决定适当的后勤安排以便公众参加听证。如果法庭决定有必要保护保密或受保护信息，法庭应作出适当的安排以私下审理需要保护的部分。

6. 本章并不要求被申请人隐瞒其法律要求披露的信息。被申请人应适用这些法律，以审慎的方式保护已被认定为保密或者被保护信息免于披露。

第 8.37 条
信息共享

1. 争端一方可以向程序中的其他人，包括证人和专家，披露它认为对本节项下程序过程有必要的未经编辑处理的文件。但是，该争端方应确保这些人保护这些文件中包含的保密或受保护信息。

2. 本协定不妨碍被申请人向欧盟、欧盟成员国和地方政府的官员披露它认为对本节项下程序过程有必要的这种未经编辑处理的文件。但是，被请求人应确保这些官员保护这些文件中包含的保密或受保护信息。

第 8.38 条
非争端缔约方

1. 被请求人应在收到后的 30 日内，或者在任何涉及保密或受保护信息的争端解决之后立即向非争端缔约方递交：

（a）磋商请求、请求决定被申请人的通知、决定被申请人的通知、根据第 8.23 条提请的诉请、合并的请求以及附于这些文件的任何其他文件。

（b）根据请求：

（i）起诉书、陈述书、摘要、请求，以及由争端一方向法庭呈递的其他文件；

（ii） 依据 UNCITRAL《透明度规则》第四条向法庭呈递的书面材料；

（iii） 法庭听证的纪要或记录，如果有；以及

（iv） 法庭的命令、裁决和决定；以及

（c） 根据请求并且由非争端缔约方承担费用，所有或者部分提交给法庭的证据，除非被请求的证据是公开的。

2. 法庭应该接受，或者在与争端各方磋商后可以邀请，非争端缔约方就协定的解释提交口头或书面材料。非争端缔约方可以出席根据本节举行的听证。

3. 法庭不得对未依据第 2 款提交材料作任何的推论。

4. 法庭应确保争端各方获得合理的机会对非争端缔约方对本协定提交的材料提出意见。

第 8.39 条
最终裁决

1. 如果法庭作出不利于被申请人的最终裁决，法庭只能单独或一并裁决：

（a） 金钱损害赔偿和任何适用的利息；

（b） 财产返还，在此种情况下，该裁决应规定被申请人可以支付在征收发生之前的即刻，或即将发生的征收为公众所知时，两者取更早者，代表该财产当时公平市场价值的金钱损害赔偿，以及任何适用的利息，以替代财产返还，所决定的方式应符合第 8.12 条。

2. 除第 1 款和第 2 款另有规定，如果根据第 8.23 条第 1 款（b）项提请诉请：

（a） 金钱损害赔偿和任何适用的利息的裁决应规定支付对象为当地开业企业；

（b） 财产返还的裁决应规定返还对象为当地开业企业；

（c） 有利于投资者的费用裁决应规定支付对象为投资者；

（d） 该裁决应规定其不影响个人根据缔约方法律可获得金钱损害赔偿或财产的权利，除非该个人依据第 8.22 条放弃该权利。

3. 金钱损害赔偿不得高于投资者或者当地开业企业遭受的损失，应减

除先前已经给予的任何损害赔偿或补偿。对于金钱损害赔偿的计算，法庭还应考虑任何财产的返还或者措施的废除或修改，从而减除损害赔偿金。

4. 法庭不得裁决惩罚性赔偿金。

5. 法庭应裁定程序的费用由败诉的争端方承担。在例外情形，法庭可以在争端双方之间分担费用，如果它认为分担对该诉请的情况是适合的。其他合理费用，包括法律代理和协助的费用，应由败诉的争端方承担，除非法庭认为这种分担在该诉请的情况下是不合理的。如果仅部分诉请是胜诉的，应根据该胜诉部分在诉请中数量和程度的比例进行调整。

6. CETA 联合委员会应考虑补充规则以减轻作为自然人或中小企业的申请人的经济负担。特别是，这种补充规则可以考虑这类申请人的经济来源和所寻求补偿的金额。

7. 法庭和争端双方应尽一切努力确保及时进行争端解决程序。法庭应在依据第 8.23 条提请诉请之日的 24 个月内作出最终裁决。如果法庭要求增加时间以作出最终裁决，它应向争端双方提供推迟的理由。

第 8.40 条
保证赔偿或其他补偿

被申请人不得主张，并且法庭不得接受一项以下的抗辩、反诉、抵销或类似主张，即投资者或者在适当时当地开业企业已经接受或者将接受依据保险或担保合同的保证赔偿或其他补偿，该合同与依据本节启动的争端中寻求的全部或部分补偿有关。

第 8.41 条
裁决的执行

1. 依据本节作出的裁决应对争端双方及就该特定案件具有约束力。

2. 除第 3 款另有规定，争端方应承认并执行裁决，不得延误。

3. 争端方在如下情况下方可寻求执行最终裁决：

（a）对于根据《ICSID 公约》作出的最终裁决：

（i）裁决作出后已满 120 日，并且争端方均未要求修改或取消该裁决；

（ii）裁决的执行已被暂停，并且修改或取消该裁决的程序已经完成。

（b）对于根据《ICSID 附加便利规则》或依据第 8.23 条第 2 款（d）项适用的任何其他规则作出的最终裁决：

（i）裁决作出后已满 90 日，并且争端方均未启动修改、撤销或取消该裁决的程序；或

（ii）裁决的执行已被暂停，并且某法院已驳回或接受修改、撤销或取消该裁决的申请，并且未进一步上诉。

4. 裁决的实施应由寻求实施地关于判决或裁决的实施的法律管辖。

5. 依据本节作出的最终裁决是一项可以被视为《纽约公约》第 1 条意义上与由商事关系或交易引起的诉请有关的仲裁裁决。

6. 为了更加明确，如果已经依据第 8.23 条第 2 款（a）项提请的诉请，依据本节作出的最终裁决应定性为《ICSID 公约》第六节项下裁决。。

第 8.42 条
缔约方的角色

1. 对于依据第 8.23 条提交的诉请，缔约方不得提起国际诉请，除非另一缔约方未能遵守并执行对该争端作出的裁决。

2. 就一般适用的措施而言，第 1 款不排除根据第 29 章（争端解决）解决争端的可能性，即使该措施被主张违反了本协定关于特定投资的规定，而已依据第 8.23 条提请诉请并且诉请不影响第 8.38 条的适用。

3. 第 1 款不妨碍只是为了促进解决该争端的目的而进行非正式的交流。

第 8.43 条
合并审理

1. 若有两项或多项诉请根据第 8.23 条分别提请，且这些诉请的法律或事实问题系共同的，且源于相同事件或情况，依据本条，争端一方可以，或者所有争端方可以共同地寻求设立法庭的单独分庭，并且请求该分庭作出合并令（合并请求）。

2. 寻求合并令的争端方应首先向所有争端方递交通知，告知它寻求受本合并令的约束。

3. 如果依据第 2 款被通知的所有争端方同意寻求该合并令，他们可以共同请求设立法庭的独立分庭并下达依据本条的合并令。如果依据第 2 款被通知的所有争端方未在通知的 30 日内就寻求合并令达成一致，争端一方可以请求设立法庭的独立分庭并下达依据本条的合并令。

4. 该请求应以书面提交至法庭庭长，并且提交至寻求受该合并令涵盖的所有争端方，并且应注明：

（a）被请求为该合并令涵盖的所有争端方的名称与地址；

（b）请求为该合并令涵盖的诉请，或部分诉请；并且

（c）寻求合并令的理由。

5. 涉及多个被申请人的合并请求应该要求所有申请人达成一致。

6. 本条项下程序的适用规则根据以下情形决定：

（a）如果寻求合并令的所有诉请已经依据第 8.23 条根据相同规则提交争端解决，这些规则应予适用；

（b）如果寻求合并令的诉请尚未根据相同规则提交争端解决：

（i）投资者可以依据第 8.23 条第 2 款集体同意这些规则；或者

（ii）如果在法庭庭长收到合并请求的 30 日内投资者无法就适用的规则达成一致，则适用 UNCITRAL 仲裁规则。

7. 法庭庭长在收到合并请求之后，应根据第 8.27 条第 7 款的要求组成新的法庭分庭（合并分庭），合并庭应对多个或所有诉请具有整体或部分的管辖权，并且受联合合并请求的限制。

8. 在听证所有争端方之后，如果合并庭认定根据第 8.23 条提请的诉请的法律或事实问题系共同的，且源于相同事件或情况，并且合并符合公正和高效解决诉请的利益，包括裁决一致性的利益，法庭合并分庭可以通过命令主张对多个或者所有诉请具有整体或者部分的管辖权。

9. 如果法庭合并分庭已经依据第 8 款主张管辖权，根据第 8.23 条提请诉请但其诉请尚未合并的投资者可以向法庭作出书面请求，请求被加入该合并令，前提是其请求符合第四款规定的要求。该法庭合并分庭应作出这类合并令，如果它满足第八款的条件，并且批准这类请求不会造成不当负担或者不公正地妨碍争端方或者不当地打扰审理过程。在法庭合并分庭作出该合并令之前，它应咨询争端各方。

10. 应争端一方的申请，依据本条设立的法庭合并分庭，如果尚未根据第 8 款作出决定，可以命令依据第 8.27 条第 7 款任命的法庭的审理程序暂停，除非后者已经中止其审理程序。

11. 根据第 8.27 条第 7 款任命的法庭应该放弃对该诉请或者部分诉请的管辖权，如果根据本条设立的法庭合并分庭已经就诉请主张管辖。

12. 根据本条设立的法庭合并分庭，就其已行使管辖权的这些诉请或者部分诉请所作出的裁决，对根据第 8.27 条第 7 款任命的法庭而言，就这些诉请或者部分诉请具有约束力。

13. 投资者可以撤销本节项下正处于合并处理中的诉请，并且这类诉请不应根据第 8.23 条再次提请。如果在收到合并通知之后的 15 日内这么做，其早先提请诉请不得妨碍投资者求诸本节之外的争端解决方式。

14. 应投资者的请求，法庭合并分庭可以采取其认为适当的措施，以保护与其他投资有关的该投资者的保密或受保护信息。这些措施可以包括向其他投资者提交将含有保密或受保护信息经过编辑处理后的版本，或者作出举行部分非公开听证的安排。

第 8.44 条
服务与投资委员会

1. 服务与投资委员会应为缔约方磋商与本章有关的议题提供场所，包括：

（a）在实施本章中可能引起的困难；

（b）可能对本章的改进，特别是鉴于其他国际裁判庭以及根据缔约双方的其他协定的经验和发展。

2. 经缔约方同意，并且在完成各方相应的内部要求和程序之后，服务与投资委员会应通过法庭成员的行为守则，以适用于本章引起的争端，该守则可以取代或补充适用的规则，并且可以处理以下议题：

（a）披露义务；

（b）法庭成员独立性和公正性；以及

（c）保密性。

缔约双方应尽最大努力确保在本协定临时适用或生效的第一日之前通

过该行为守则，在可能的情况下，无论如何也不迟于该日期之后的两年。

3. 经缔约方同意，并且在完成各方相应的内部要求和程序之后，服务与投资委员会可以：

（a）建议 CETA 联合委员会根据第 8.31 条第 3 款通过对协定的解释；

（b）通过和修订补充适用的争端解决规则，并且修订关于透明度的适用规则。这些规则和修订约束根据本节设立的法庭。

（c）通过调解规则，适用于第 8.20 条中所指的争端双方；

（d）建议 CETA 联合委员会依据第 8.10 条第 4 款通过公平公正待遇义务的其他因素；并且

（e）依据第 8.28 条第 8 款向 CETA 联合委员会提交关于上诉庭运作的建议。

第 8.45 条
排除

本节和第 29 章（争端解决）的争端解决条款不适用于附件 8-C 所指的事项。

《欧盟—加拿大全面经济与贸易协定》 第 13 章 *

第 13.21 条
金融服务业中的投资争端

1. 经本条和附件 13-B 修改，第 8 章第 F 节（投资者与国家间投资争端解决）适用于：

（a）与本章适用的措施有关的投资争端，投资者声称缔约方违反了第 8.10 条（投资者和涵盖投资的待遇）、第 8.11 条（损失补偿）、第 8.12 条（征收）、第 8.13 条（转移）、第 8.16 条（拒绝授予利益）、第 13.3 条或第 13.4 条；或者

（b）根据第 8 章第 F 节（投资者与国家间投资争端解决）开始的投资

＊ Comprehensive Economic and Trade Agreement（CETA）between Canada, of the one part, and the European Union and its Member States, of the other part, OJ L 11, 14.1.2017, pp.101-102.

争端，其中引用了第 13.16 条第 1 款。

2. 对于第 1 款第 1 项项下投资争端，或者如果被申请人在根据第 8.23 条（向法庭提请诉请）向法庭提请诉请起 60 日内援引第 13.16 条第 1 款，法庭分庭应根据第 8.27 条第 7 款（法庭的组成）从根据第 13.20 条第 3 款规定的名单中挑选成员组成。如果被申请人在提请诉请起 60 日内援引第 13.16 条第 1 款，对于除第 1 款第 1 项以外的投资争端，适用于第 8.27 条第 7 款项下法庭分庭的组成的期限开始于被申请人援引第 13.16 条第 1 款之日。如果 CETA 联合委员会没有在第 8.27 条第 17 款（法庭的组成）规定的期限内按照第 8.27 条第 2 款（法庭的组成）作出任命，任一争端方可以要求国际投资争端解决中心（ICSID）秘书长从根据第 13.20 条设立的名单中选出法庭成员。如果在根据第 8.23 条（向法庭提请诉请）提出诉请之日还没根据第 13.20 条确定名单，ICSID 秘书长根据第 13.20 条从缔约一方或双方提议的个人中选出法庭成员。

3. 被申请人可以以书面形式申请金融服务业委员会作出决定，第 13.16 条第 1 款项下的例外是否以及在多大程度上对该诉请构成有效的抗辩。该申请不应迟于法庭为被申请人设定的提交答辩状的日期。如果被申请人根据本款向金融服务业委员会提出申请，第 8 章第 F 节（投资者与国家间投资争端解决）所涉及的期限或程序中断。

4. 对于根据第 3 款提出的申请，金融服务业委员会或 CETA 联合委员会（视情况而定），可以就第 13.16 条第 1 款是否以及在多大程度上对诉请构成有效抗辩作出联合决定。金融服务业委员会或 CETA 联合委员会（视情况而定）应将联合决定的副本转交投资者和法庭（如果法庭已组成）。如果联合决定认定，第 13.16 条第 1 款完全构成对诉请所有部分的有效抗辩，则投资者被视为符合第 8.35 条（停止）已经撤销其诉请并且停止程序。如果联合决定认定第 13.16 条第 1 款仅仅构成部分诉请的有效抗辩，对于该部分诉请，联合决定对法庭具有约束力。第 3 款规定的期限或程序中断不再适用，投资者可以继续剩余部分的诉请。

5. 如果 CETA 联合委员会在金融业委员会在提出此事的三个月内未作出联合决定，第 3 款所指的期限或程序中断不再适用，投资者可以继续其诉请。

6. 应被申请人的请求，法庭应将第 13.16 条第 1 款是否以及在多大程度上构成对该诉请的有效抗辩作为先决问题来决定。被申请人未提出该请求，不影响被申请人在后续的程序中将第 13.16 条第 1 款作为抗辩的权利。法庭不得从金融业委员会或 CETA 联合委员会尚未就根据附件 13-B 作出联合决定的事实作出不利的推论。

附件二　CETA 法庭成员、上诉庭成员和调解员行为准则（中译文）

2021 年 1 月 29 日服务与投资委员会第 1/2021 号决定
法庭成员、上诉庭成员和调解员行为准则
［2021/263］

服务与投资委员会：

考虑到《欧盟—加拿大全面经济与贸易协定》（CETA）（以下简称《欧加协定》）第 26.2 条第 1 款（b），

鉴于《欧加协定》第 8.44 条第 2 款规定，服务与投资委员会应制定一套适用于《欧加协定》第 8 章（投资）项下争端的行为准则，该准则可取代或补充现行适用的规则，

兹通过本决定：

第 1 条　定义

为本决定的目的，适用下列定义：

（a）《欧加协定》第 1 章（一般定义和初始条款）第 1.1 条（一般适用的定义）中的定义；

（b）《欧加协定》第 8 章（投资）第 8.1 条（定义）中的定义；

（c）"上诉庭"（the Appellate Tribunal）指根据《欧加协定》第 8 章（投资）第 8.28 条（上诉庭）设立的"上诉庭"；

（d）"协理员"（Assistant）是指在 ICSID 秘书处雇用的人员之外，根据"成员"的任命条件，为该"成员"开展研究或提供协助的自然人；

（e）"候选人"是指已提交申请或以其他方式知晓其正在被考虑遴选为"成员"的自然人；

（f）"调解员"是指根据《欧加协定》第8.20条（调解）进行调解的自然人；

（g）"成员"（Member）是指根据《欧加协定》第8章（投资）F节（投资者与国家间投资争端解决）所设立的"法庭"（the Tribunal）或"上诉庭"的"成员"。

第2条　对程序的责任

候选人、"成员"和前任"成员"应避免不当行为或表现不当行为，应遵守严格的行为标准，以维护争端解决机制的完整性和公正性。

第3条　披露义务

1. 候选人应向缔约方披露过去和现在的任何可能影响或可合理地被视为可能影响其独立性或公正性的利益、关系或事项，这些利益、关系或事项造成或可合理地被视为造成直接或间接利益冲突，或造成或可能合理地被视为造成不当行为或偏见的表现。为此，候选人应尽一切合理努力了解任何此类利益、关系或事项。所披露的过去利益、关系或事项，应至少涵盖候选人提交申请或以其他方式知晓其正在被考虑遴选为"成员"之前的五年。

2. "成员"应将有关实际或潜在违反本行为准则的事项以书面形式通报各缔约方，并且在涉及争端时通报给争端各方。

3. "成员"应始终继续尽一切合理努力，以知晓本条第1款所述的任何利益、关系或事项。各"成员"应在履行其职责的过程中始终向各缔约方及（如相关）争端方披露此类利益、关系或事项。

4. 为确保候选人和"成员"提供相关信息，披露应通过标准化表格进行，并可添加或附上任何文件，并按照双方确定的任何其他程序进行。

第4条　"成员"的独立性、公正性和其他义务

1. 除本决定第2条所规定的义务外，"成员"应该并且应该表现出独

立和公正，并应避免直接和间接的利益冲突。

2.“成员”不得受自身利益、外界压力、政治考量、公众舆论，对某一缔约方、争端方或任何涉及或参与程序的其他人的忠诚，对批评的恐惧，或财务、商业、职业、家庭或社会关系或责任的影响。

3.“成员”不得直接或间接地承担任何义务、接受任何利益、建立任何关系或者获取任何经济利益，以至于可能影响或表现出影响其独立性或公正性。

4.“成员”不得进行涉及程序的单方面接触。

5.“成员”应在整个程序过程中完全且快速履行职责，并应公平且勤勉行事。

6.“成员”应仅考虑程序中提出的、对作出决定或裁决所必需的问题，并且不得将此职责委托给任何其他人。

7.“成员”应采取一切适当步骤以确保其助理知晓并遵守本决定第 2 条（对程序的责任）、第 3 条（披露义务）第 2 款和第 3 款、第 4 条（“成员”的独立性和公正性以及其他义务）第 1 至 5 款、第 4 条（前任“成员”的义务）第 1 款和第 3 款以及第 6 条（保密）的相应规定。

8.“成员”应适当考虑《欧加协定》项下其他的争端解决活动，特别是“上诉庭”作出的裁定或裁决。

第 5 条　前任“成员”的义务

1. 前任“成员”应避免采取可能表现出其在履行职责时存在偏见或从“法庭”或“上诉庭”的决定或裁决中获取利益的行为。

2.“成员”应承诺，在其任期结束后三年内不得在“法庭”或“上诉庭”担任任何投资争端方的代表。

3. 在不影响继续在分庭任职直至该分庭程序结束的情况下，“成员”应承诺在其任期结束后，不得参与以下活动：

（a）在其任期结束前以任何方式参与“法庭”或“上诉庭”未决的投资争端；

（b）以任何方式参与与他们作为“法庭成员”或“上诉庭成员”处理过的争端（包括已解决的争端）直接和明显相关的投资争端。

4. 如果"法庭"或"上诉庭"的"庭长"被告知或以其他方式获悉某位前任"成员"被指控在担任"成员"期间违反了第1、2和3段或本决定任何其他部分规定的义务，他或她应审查此事，给予该前任"成员"听审的机会，并在核实后告知：

（a）该前任"成员"所属的专业机构或其他类似机构；

（b）各缔约方；

（c）争端各方，如果涉及具体争端；以及

（d）任何其他相关国际性法院或法庭的院长或庭长，以便采取适当措施。

"法庭"或"上诉庭"的"庭长"应公开他或她采取上述第（a）至（d）项所述行动的决定及其理由。

第6条　保密

1. "成员"和前任"成员"在任何时候不得披露或使用有关程序或在程序过程中获得的任何非公开信息，但为程序目的除外，并且在任何情况下不得披露或使用任何此类信息来获取个人利益，为他人谋利或对他人利益造成不利影响。

2. "成员"不得在根据《欧加协定》第8.36条（程序透明度）的透明度规定进行公布之前披露任何命令、决定、裁决或其部分内容。

3. "成员"或前任"成员"不得披露"法庭"或"上诉庭"的任何审议内容或任何"成员"的观点，命令、决定或裁决除外。

第7条　开支

各"成员"应记录并最终核算其用于该程序的时间和所产生的开支，以及其助理的时间和开支。

第8条　处罚

1. 为进一步明确，本行为准则的规定应与《欧加协定》第8.30条第1款规定的义务一并适用，《欧加协定》第8.30条第2款、第3款和第4款规定的程序应适用于违反本行为准则的行为。

2. 为更加确定起见，CETA 联合委员会应在根据《欧加协定》第 8.30 条第 4 款作出任何决定之前，给予"成员"听审的机会。

第 9 条　调解员

1. 本决定所规定的适用于候选人的规则，经适当修改后，应适用于知晓自己被考虑指定为调解员的自然人。

2. 本决定所规定的适用于"成员"的规则，经适当修改后，应自调解员被指定为调解员之日起至下列日期止：

（a）争端方达成双方同意的解决方案之日；

（b）调解员提出书面声明辞去调解员职务之日；或

（c）争端一方或争端双方以书面信函形式通知调解员和另一争端方终止调解员的任命或终止调解程序，取较早时间者。

3. 本决定所规定的适用于前任"成员"的规则，经适当修改后，也适用于前任调解员。

第 10 条　各咨询委员会

1. "法庭庭长"和"上诉庭庭长"应各由一个咨询委员会协助工作，以确保本行为准则和《欧加协定》第 8.30 条（操守）的适当实施，并执行任何其他规定的任务。

2. 本条第 1 款所指咨询委员会应由各自的副庭长以及"法庭"或"上诉庭"中最资深的两名"成员"组成。

第 11 条　作准文本

本决定一式两份，以保加利亚语、克罗地亚语、捷克语、丹麦语、荷兰语、英语、爱沙尼亚语、芬兰语、法语、德语、希腊语、匈牙利语、意大利语、拉脱维亚语、立陶宛语、马耳他语、波兰语、葡萄牙语、罗马尼亚语、斯洛伐克语、斯洛文尼亚语、西班牙语和瑞典语写成，各文本具有同等效力。

第 12 条　生效

本决定应予公布并于《欧加协定》第 8 章（投资）F 节（投资者与国家间投资争端解决）生效之日生效，但须经双方通过外交渠道交换书面通知，证明各自已完成必要的内部要求和程序。

2021 年 1 月 29 日订于布鲁塞尔。

服务与投资委员会

联合主席

卡罗·佩蒂纳托（Carlo PETTINATO）

唐纳德·麦克杜格尔（Donald McDOUGALL）

附件三　CETA 上诉庭运行的行政和组织事项（中译文）

2021 年 1 月 29 日 CETA 联合委员会第 1/2021 号决定关于上诉庭运行的行政和组织事项

[2021/264]

CETA 联合委员会：

考虑到《欧盟—加拿大全面经济与贸易协定》（CETA）（以下简称《欧加协定》）第 26.1 条，

鉴于《欧加协定》第 8.28 条第 7 款规定，联合委员会应通过一项决定，列出关于上诉法庭运行的行政和组织事项，

兹通过本决定：

第 1 条　定义

为本决定的目的，适用下列定义：

（a）《欧加协定》第 1 章（一般定义和初始条款）第 1.1 条（一般适用的定义）中的定义；

（b）《欧加协定》第 8 章（投资）第 8.1 条（定义）中的定义；

（c）"上诉庭"（the Appellate Tribunal）指根据《欧加协定》第 8 章（投资）第 8.28 条（上诉庭）设立的"上诉庭"；

（d）"成员"（Member）是指根据《欧加协定》第 8 章（投资）第 8.28 条（上诉庭）设立的"上诉庭"的"成员"。

第2条　组成和行政安排

1. "上诉庭"应由 CETA 联合委员会任命的六名"成员"组成，且体现多样性和性别平等原则。就此项任命而言：

（a）两名"成员"应从加拿大提议名单中选出；

（b）两名"成员"应从欧洲联盟提议名单中选出；

（c）两名"成员"应从加拿大或欧洲联盟提议名单中选出，且不得是加拿大或欧盟任何成员国的国民。

2. CETA 联合委员会可决定将"成员"人数增加至三倍。增加的任命应按照本条第1款规定的相同方式进行。

3. "成员"任期为九年，不得连任。但是，根据《欧加协定》第8.28条第3款任命的第一批六名"成员"中有三人的任期不得超过六年。这三名"成员"应通过抽签决定，从根据本条第1款（a）、（b）和（c）项任命的三组"成员"中各选出一名"成员"。原则上，在"上诉庭"某个分庭任职的"成员"任期届满后，可继续在该分庭任职，直至该分庭程序结束，除非"上诉庭庭长"在与该分庭其他"成员"磋商后另有决定，并且仅为此目的，应被视为继续担任"成员"。"上诉庭"的空缺应及时填补。

4. "上诉庭"应设一名"庭长"和一名负责组织事务的"副庭长"，由 CETA 联合委员会主席从系第三国国民的"成员"中抽签选出，任期两年。他们应轮流任职。当"庭长"缺席时，"副庭长"应替代"庭长"。

5. 根据《欧加协定》第8.28条第5款成立的审理每个案件的"上诉庭"应由三名"成员"组成，其中一名"成员"已根据本条第1款（a）项任命，一名"成员"已根据本条第1款（b）任命，一名"成员"已根据本条第1款（c）任命。"上诉庭"应由根据本条第1款（c）任命的"成员"担任首席。

6. 审理每一上诉的"上诉庭"的组成应由"上诉庭庭长"轮流确定，以确保"上诉庭"的组成具有随机性和不可预测性，同时给予所有"成员"平等的任职机会。

7. 如果"上诉庭"正在审理的案件对《欧加协定》第8章（投资）

的解释或适用提出了严重问题，则"上诉庭"可由六名"成员"组成分庭审理。如果争端双方均提出要求或者多数"成员"认为可行，"上诉庭"应由六名"成员"组成分庭审理。"上诉庭庭长"应主持由六名"成员"组成的分庭进行审理。

8. "上诉庭"可以制定自己的工作程序。

9. "成员"应确保其有能力并有条件履行本决定和《欧加协定》第 8 章（投资）F 节（投资者与国家间投资争端解决）所规定的职能。

10. 为确保"成员"的可用性，应向"成员"支付由 CETA 联合委员会确定的每月聘用费。

11. 本条第 10 款所述费用应由缔约双方平均支付至 ICSID 秘书处管理的账户。如一方未能支付聘用费，另一方可选择支付。任何此类欠款均应支付，并计适当利息。

12. 除本条第 10 款所述费用外，各"成员"参加为审理诉请而组成的分庭的费用和开支应由 CETA 联合委员会确定，并按照《欧加协定》第 8.39 条第 5 款的规定在争端双方之间分配。

13. 经 CETA 联合委员会决定，聘用费和工作日费用可转为固定工资。在这种情况下，"成员"应为全职，CETA 联合委员会应确定其薪酬和相关组织事项。在这种情况下，"成员"不得从事任何职业，无论是否取酬，除非上诉庭庭长例外批准豁免。

14. ICSID 秘书处应担任"上诉庭"的秘书处，并向其提供适当的支持。由该支持发生的开支由缔约双方平均承担。

第 3 条　上诉的进行

1. 任何争端一方均可在《欧加协定》第 8.28 条第 9 款（a）项规定的时间范围内以《欧加协定》第 8.28 条第 2 款规定的理由，对"法庭"依据《欧加协定》第 8 章（投资）F 节（投资者与国家间投资争端解决）所作裁决，向"上诉庭"提起上诉。

2. 如果"上诉庭"全部或部分支持上诉，则应全部或部分修改或推翻"法庭"的法律认定和结论。"上诉庭"应明确说明其如何修改或推翻"法庭"的相关认定和结论。

3. 如果"法庭"认定的事实允许，"上诉庭"应对这类事实作出自己的法律认定和结论，并作出最终裁决。如果这不可能，则应作出决定，将此事项发回"法庭"，由"法庭"根据"上诉庭"的认定和结论作出裁决。如果可能，"上诉庭"应将此事项发回"法庭"先前成立的同一分庭决定此事项。

4. "上诉庭"认定上诉无理的，应当驳回上诉。如果上诉明显无理，"上诉庭"也可以迅速驳回上诉。如果"上诉庭"驳回上诉，则"法庭"作出的裁决成为终局裁决。

5. 作为一般规则，上诉程序自争端一方正式通知其上诉决定之日起，至"上诉庭"作出决定或裁决之日止，不得超过 180 日。如果"上诉庭"认为其无法在 180 日内作出决定或裁决，则应书面通知争端方拖延的原因以及预计作出决定或裁决的期限。应尽一切努力确保上诉程序不超过 270 日。

6. 提起上诉的争端方应提供上诉费用担保，担保费由受理该案件的"上诉庭"裁定。该争端方还应提供"上诉庭"可能命令的任何其他担保。

7. 《欧加协定》第 8.20 条（调解）、第 8.24 条（另一国际协定项下的程序）、第 8.26 条（第三方资助）、第 8.31 条（适用的法律与解释）、第 8.34 条（临时保护措施）、第 8.35 条（停止）、第 8.36 条（程序的透明度）①、第 8.38 条（非争端缔约方）、第 8.39 条（最终裁决）和第 8.40 条（保证赔偿或其他补偿）的规定应比照上诉程序予以相应适用。

第 4 条　作准文本

本决定一式两份，以保加利亚语、克罗地亚语、捷克语、丹麦语、荷兰语、英语、爱沙尼亚语、芬兰语、法语、德语、希腊语、匈牙利语、意大利语、拉脱维亚语、立陶宛语、马耳他语、波兰语、葡萄牙语、罗马尼亚语、斯洛伐克语、斯洛文尼亚语、西班牙语和瑞典语写成，各文本具有同等效力。

---

① 为更加明确起见，上诉通知、对"成员"提出异议的意向通知以及对"成员"提出异议的决定应包括在《联合国国际贸易法委员会透明度规则》第 3 条第 1 款规定应向公众公开的文件清单中。

第 5 条　生效

本决定应予公布并于《欧加协定》第 8 章（投资）F 节（投资者与国家间投资争端解决）生效之日生效，但须经双方通过外交渠道交换书面通知，证明各自已完成必要的内部要求和程序。

2021 年 1 月 29 日订于布鲁塞尔。

CETA 联合委员会

联合主席

瓦尔迪斯·东布罗夫斯基（Valdis DOMBROVSKI）

伍凤仪（Mary NG）

附件四 CETA 联合解释的通过程序（中译文）

2021 年 1 月 29 日 CETA 联合委员会第 2/2021 号决定关于根据 CETA 第 8.31 条第 3 款和第 8.44 条第 3 款（a）项解释的通过程序并将其作为议事规则的附件（2021/265）

服务与投资委员会：

考虑到《欧盟—加拿大全面经济与贸易协定》（CETA）（以下简称《欧加协定》）第 26.1 条，特别是其中第 26.1 条第 4 款（d）项和第 26.2 条第 4 款，

鉴于：（1）《欧加协定》第 26 条第 4 款（d）项规定，CETA 联合委员会应制定自身议事规则。

（2）《欧加协定》第 26.2 条第 1 款（b）条规定，服务与投资委员会是协定设立的专门委员会之一。

（3）《欧加协定》第 26.2.4 条规定，各专门委员会认为适当时，可以制定和修改其自身议事规则。

（4）《CETA 联合委员会议事规则》第 14.4 条载于《2018 年 9 月 26 日 CETA 联合委员会第 001/2018 号决定》，该规则规定，除非各专门委员会根据《欧加协定》第 26.2 条第 4 款另有决定，否则《议事规则》适用于根据协定设立的各专门委员会和其他机构。

（5）根据《欧加协定》第 8.9 条第 1 款，缔约双方重申其在公共利益方面的规制权，以实现合法的公共政策目标，例如保护公众健康、安全、

环境（包括气候变化和生物多样性）、公共道德、社会或消费者保护或促进和保护文化多样性。

（6）根据《欧加协定》的《联合解释工具》第 6（e）段，为确保根据《欧加协定》第 8 章（投资）F 节（投资者与国家间投资争端解决）设立的"法庭"和"上诉庭"在任何情况下均尊重《欧加协定》中所载缔约双方的意图，《欧加协定》包括允许缔约双方发布具有约束力的解释说明的条款，且缔约双方重申，加拿大和欧盟及其成员国致力于使用这些条款以避免和纠正"法庭"和"上诉庭"对《欧加协定》的任何错误解释。

（7）根据《欧加协定》第 8.31 条第 3 款和第 8.44 条第 3 款（a）项，如对可能影响投资的解释事项出现严重关切，服务与投资委员会可在缔约双方同意下，在完成各自的内部要求和程序后，向 CETA 联合委员会建议对《欧加协定》作出解释；CETA 联合委员会作出的解释对根据《欧加协定》第 8 章（投资）F 节（投资者与国家间投资争端解决）设立的"法庭"和"上诉庭"具有约束力；CETA 联合委员会可决定，某项解释自特定日期起具有约束力。

兹通过本决定：

第 1 条

1. 本决定附件中规定的根据《欧加协定》第 8.31 条第 3 款和第 8.44 条第 3 款（a）项作出解释的程序，现作为《2018 年 9 月 26 日 CETA 联合委员会第 001/2018 号决定》所规定的《CETA 联合委员会议事规则》的附件予以通过。

2. 该附件应构成《2018 年 9 月 26 日 CETA 联合委员会第 001/2018 号决定》所规定的《CETA 联合委员会议事规则》的组成部分。

第 2 条

该附件构成本决定的组成部分。

第 3 条　作准文本

本决定一式两份，以保加利亚语、克罗地亚语、捷克语、丹麦语、荷兰语、英语、爱沙尼亚语、芬兰语、法语、德语、希腊语、匈牙利语、意大利语、拉脱维亚语、立陶宛语、马耳他语、波兰语、葡萄牙语、罗马尼亚语、斯洛伐克语、斯洛文尼亚语、西班牙语和瑞典语写成，各文本具有同等效力。

第 4 条　生效

本决定应予公布并于《欧加协定》第 8 章（投资）F 节（投资者与国家间投资争端解决）生效之日生效，但须经双方通过外交渠道交换书面通知，证明各自已完成必要的内部要求和程序。

2021 年 1 月 29 日订于布鲁塞尔。

CETA 联合委员会

联合主席

瓦尔迪斯·东布罗夫斯基（Valdis DOMBROVSKI）

伍凤仪（Mary NG）

附件：《CETA 联合委员会议事规则之附件》

（2018 年 9 月 26 日 CETA 联合委员会第 001/2018 号决定）

1. 如果缔约一方对可能影响投资的《欧加协定》解释事项表示严重关切，包括如果该方对另一方投资者根据《欧加协定》第 8.19 条（磋商）提出磋商请求的具体措施表示严重关切，并声称该措施违反了《欧加协定》第 8 章（投资）规定的义务：

（a）该缔约方可以以书面形式将此事项提交给服务与投资委员会；

（b）在根据（a）段提交时，缔约双方应立即在服务与投资委员会内进行磋商；并且

（c）服务与投资委员会应尽快就此事项作出决定。

2. 缔约各方应充分考虑另一方就《欧加协定》第 8.31 条第 3 款所作的陈述，并应尽最大努力及时并以双方满意的方式应对该事项。

3. 经缔约双方同意，并在各自完成内部要求和程序后，服务与投资委

员会可向 CETA 联合委员会建议对《欧加协定》第 8 章（投资）相关条款作出解释。这些解释应特别处理某一类措施是否以及在何种条件下应被视为与《欧加协定》第 8 章（投资）相符的问题。

4. 如果服务与投资委员会决定向 CETA 联合委员会建议作出某项解释，CETA 联合委员会应尽快就此事作出决定。

5. CETA 联合委员会通过的某项解释应对根据《欧加协定》第 8 章（投资）F 节（投资者与国家间投资争端解决）设立的"法庭"和"上诉庭"具有约束力。CETA 联合委员会可决定，某项解释自特定日期起具有约束力。

6. CETA 联合委员会通过的解释应立即公布并送达缔约双方及"法庭"和"上诉庭"庭长，他们应确保将其内容传达至根据《欧加协定》第 8 章（投资）F 节（投资者与国家间投资争端解决）设立的"法庭"和"上诉庭"。

附件五　CETA 投资争端调解规则（中译文）

2021 年 1 月 29 日服务与投资委员会第 2/2021 号决定

投资争端调解规则

［2021/266］

服务与投资委员会：

考虑到《欧盟—加拿大全面经济与贸易协定》（CETA）（以下简称《欧加协定》）第 26.2 条第 1 款（b）项，

鉴于《欧加协定》第 8.44 条第 3 款（c）项规定，服务与投资委员会可制定调解规则，供《欧加协定》第 8.20 条（调解）项下争端双方使用，

兹通过本决定：

第 1 条　定义

为本决定的目的，适用下列定义：

（a）《欧加协定》第 1 章（一般定义和初始条款）第 1.1 条（一般适用的定义）中的定义；

（b）《欧加协定》第 8 章（投资）第 8.1 条（定义）中的定义；

（c）"和解协议"是指根据本决定第 3 条第 4 款达成的协议；

（d）"调解员"是指根据《欧加协定》第 8.20 条（调解）进行调解的自然人。

第 2 条　目的和范围

调解机制的目标是在调解员的协助下，通过全面且迅速的程序促成双

方同意的解决方案。

第 3 条　程序的启动

1. 争端任何一方均可随时请求开始调解程序。此项请求应以书面形式向争端另一方提出。

2. 如果请求涉及欧盟机构或欧盟成员国机关涉嫌违反《欧加协定》，且根据《欧加协定》第 8.21 条（确定由欧盟还是其成员国作为争端的被告）尚未确定被告，则应向欧盟提出请求。如果请求被接受，答复中应说明欧盟或有关成员国是否将成为调解的争端一方。①

3. 接受请求的争端方应当对请求予以充分考虑，并于收到请求之日起 10 日内以书面形式表示接受或者拒绝。

4. 如果争端各方同意采用调解程序，则应签署书面和解协议，列明争端各方所同意的规则，其中应包括本决定中的规则。和解协议可包括不启动或不继续与调解程序所涉及的问题或争端有关的任何其他争端解决程序的协议：

（a）调解程序正在进行中；或者

（b）如果争端双方已经达成双方同意的解决方案。

如果争端一方或争端双方以信函形式向调解员和另一方争端方发出终止调解程序的书面通知，则根据本条第 4 款（b）项达成的协议应不再适用。

第 4 条　调解员的任命

1. 如果争端双方同意采取调解程序，则应根据《欧加协定》第 8.20 条第 3 款规定的程序任命一名调解员。争端双方应尽力在收到请求答复之日起 15 日内就调解员达成合意。此类同意可以包括从根据《欧加协定》第 8.27 条第 2 款设立的"法庭"的"成员"或根据《欧加协定》第 8.28 条第 3 款设立的"上诉庭"的"成员"中任命一名调解员。

---

① 为更明确起见，如果请求涉及欧盟给予的待遇，则调解的争端方应为欧盟，任何相关成员国均应充分参与调解。如果请求仅涉及成员国给予的待遇，则调解的争端方应为相关成员国，除非该成员国要求欧盟作为争端方。

2. 争端双方可以书面同意更换调解员。如果调解员辞职、丧失行为能力或因其他原因不能履行职责，应根据《欧加协定》第 8.20 条第 3 款和本条第 1 款的规定任命新的调解员。

3. 调解员不得是任何一方的国民，除非争端双方另有约定。

4. 调解员应根据《服务与投资委员会关于法庭成员、上诉庭成员和调解员行为准则的决定》协助争端方达成双方同意的解决方案。

第 5 条　调解程序规则

1. 自指定调解员之日起 10 日内，提起调解程序的争端方应以书面形式向调解员和另一争端方提交问题的详细说明。自收到此提交之日起 20 日内，另一争端方可以以书面形式对问题的说明提出意见。争端任何一方均可在其说明或意见中包含其认为相关的任何信息。

2. 调解员可决定以最适当的方式澄清有关问题。特别是，调解员可组织争端各方举行会议，联合或单独咨询争端各方，寻求相关专家和利益相关者的帮助或咨询，并提供争端各方所要求的任何额外支持。然而，在寻求相关专家和利益相关者的帮助或咨询之前，调解员应与争端各方协商。

3. 调解员可提出建议并提出解决方案，供争端双方考虑，争端双方可接受或拒绝所提出的解决方案，或同意不同的解决方案。但调解员不得就任何有争议的措施是否符合《欧加协定》作出裁定。

4. 该程序应在争端方境内进行，或经双方同意在其他地点或以其他方式进行。

5. 争端双方应努力在调解员任命后 60 日内达成双方同意的解决方案。在达成最终协议之前，争端双方可以考虑可能的临时解决方案。

6. 应争端方要求，调解员应向争端方书面提供事实报告草案，其中简要概述：（a）这些程序中存在争议的任何措施；（b）所遵循的程序；以及（c）作为这些程序的最终结果达成的任何双方同意的解决方案，包括可能的临时解决方案。调解员应在事实报告草案发布之日起给予争端方 15 日的时间对报告草案提出意见。在考虑争端方在此期间提交的意见后，调解员应在收到争端方意见之日起 15 日内向争端方书面提交最终事实报告。事实报告不得包括对《欧加协定》的任何解释。

7. 根据《欧加协定》第 8.20 条第 5 款，调解程序应由争端一方或争端双方以书面通知终止，该通知应于通知发出之日以信函形式送交调解员和争端另一方。

第 6 条　实施双方同意的解决方案

1. 如果争端方达成双方同意的解决方案，则争端各方应在商定的时间内采取必要措施执行该解决方案。

2. 实施解决方案的争端一方应以书面形式通知争端另一方为实施双方同意的解决方案而采取的任何步骤或措施。

第 7 条　与争端解决的关系

1. 无意将本调解机制下的程序作为《欧加协定》或其他协定所规定的其他争端解决程序下争端解决的基础。其他争端解决程序中的争端一方不得依据或者作为证据引入，任何裁决机构也不得考虑以下事项：

（a）争端一方在调解程序过程中采取的立场、所作的许可或表达的观点；

（b）争端一方已表示愿意接受通过调解程序解决问题或争端的解决方案的这一事实；

（c）调解员出具的意见、提出的建议或表达的观点；或

（d）调解员起草的事实报告或最终事实报告的内容。

2. 根据本决定第 2 条第 4 款，调解机制不影响缔约双方和争端双方根据《欧加协定》第 8 章（投资）第 F 节（投资者与国家间投资争端解决）和第 29 章（争端解决）所承担的权利和义务。

3. 争端方的和解协议以及双方同意的任何解决方案均应向公众公布。向公众披露的版本不得包含争端一方指定为机密的任何信息。除非争端双方另有约定，调解程序的所有其他步骤，包括任何建议或拟议的解决方案，均应保密。但是，任何争端一方均可向公众披露正在进行的调解。

第 8 条　时限

本决定中提及的任何期限均可经争端双方相互协商修改。

第 9 条　费用

1. 各争端方应承担其自身参加调解程序所产生的费用。

2. 争端方应共同平等分担因组织事项而产生的费用，包括调解员的报酬和费用。调解员的报酬应按照《欧加协定》第 8.27 条第 14 款规定的法庭"成员"的报酬计算。

第 10 条　作准文本

本决定一式两份，以保加利亚语、克罗地亚语、捷克语、丹麦语、荷兰语、英语、爱沙尼亚语、芬兰语、法语、德语、希腊语、匈牙利语、意大利语、拉脱维亚语、立陶宛语、马耳他语、波兰语、葡萄牙语、罗马尼亚语、斯洛伐克语、斯洛文尼亚语、西班牙语和瑞典语导成，各文本具有同等效力。

第 11 条　生效

本决定应予公布并于《欧加协定》第 8 章（投资）F 节（投资者与国家间投资争端解决）生效之日生效，但须经双方通过外交渠道交换书面通知，证明各自已完成必要的内部要求和程序。

2021 年 1 月 29 日订于布鲁塞尔。

服务与投资委员会

联合主席

卡罗·佩蒂纳托（Carlo PETTINATO）

唐纳德·麦克杜格尔（Donald McDOUGALL）

参考文献

一　中文文献

（一）书籍

姚梅镇：《国际投资法》（第三版），武汉大学出版社 2011 年版。

陈安主编：《国际经济法学》（第八版），北京大学出版社 2020 年版。

余劲松：《国际投资法》（第六版），法律出版社 2022 年版。

范剑虹编著：《国际投资法导读》，浙江大学出版社 2000 年版。

陈安主编：《国际投资争端仲裁——"解决投资争端国际中心"机制研究》，复旦大学出版社 2001 年版。

王贵国：《国际投资法》，北京大学出版社 2001 年版。

刘笋：《国际投资保护的国际法制：若干重要法律问题研究》，法律出版社 2002 年版。

李万强：《ICSID 仲裁机制研究》，陕西人民出版社 2002 年版。

丁伟主编：《经济全球化与中国外资立法完善》，法律出版社 2004 年版。

吕岩峰、何志鹏、孙璐：《国际投资法》，高等教育出版社 2006 年版。

张庆麟主编：《国际投资法问题专论》，武汉大学出版社 2007 年版。

单文华：《欧盟对华投资的法律框架：解构与建构》，蔡从燕译，北京大学出版社 2007 年版。

王鹏：《论国际混合仲裁的性质：与国际商事仲裁和国家间仲裁的比较研究》，人民出版社 2007 年版。

魏艳茹：《ICSID 仲裁撤销制度研究》，厦门大学出版社 2007 年版。

孙南申：《国际投资法》，中国人民大学出版社 2008 年版。

石慧：《投资条约仲裁机制的批判与重构》，法律出版社 2008 年版。

王立君主编：《国际投资法》，格致出版社、上海人民出版社 2010 年版。

姚天冲主编：《国际投资法教程》，对外经济贸易大学出版社 2010 年版。

单文华、娜拉-伽拉赫：《中外投资条约研究》，魏艳茹、李庆灵译，法律出版社 2015 年版。

蔡从燕、李尊然：《国际投资法上的间接征收问题》，法律出版社 2015 年版。

王彦志：《新自由主义国际投资法律机制：兴起、构造和变迁》，法律出版社 2016 年版；

张生：《国际投资仲裁中的条约解释研究》，法律出版社 2016 年版。

韩冰、姚枝仲等：《冲突与趋同：中美双边投资协定谈判研究》，中国社会科学出版社 2016 年版。

肖军：《规制冲突裁决的国际投资仲裁改革研究——以管辖权问题为核心》，中国社会科学出版社 2017 年版。

银红武：《中国双边投资条约的演进——以国际投资法趋同化为背景》，中国政法大学出版社 2017 年版。

韩立余主编：《国际投资法》，中国人民大学出版社 2018 年版。

何芳：《国际投资法律体系中的外资管辖权研究》，法律出版社 2018 年版。

王鹏：《国际投资协定的权力结构分析》，法律出版社 2019 年版。

张建：《国际投资仲裁管辖权研究》，中国政法大学出版社 2019 年版。

宁红玲：《投资者—国家仲裁与国内法院相互关系研究》，法律出版社 2020 年版。

陈虹睿：《国际投资条约程序性条款之改造——通向新卡尔沃主义?》，法律出版社 2020 年版。

袁小珺：《国际投资仲裁透明度改革》，武汉大学出版社 2020 年版。

单文华、王承杰主编：《中国国际投资仲裁常设论坛年度报告（2019-2020）》，法律出版社 2020 年版。

陈辉萍等：《国际投资仲裁程序问题研究：以 ICSID 仲裁规则修订为背景》，法律出版社 2021 年版。

漆彤、张昕主编：《中国国际投资仲裁常设论坛年度报告（2020—2021）》，法律出版社 2022 年版。

梁开银、谢晓彬：《国际投资法》，法律出版社 2022 年版。

朱玥：《可持续发展视角下国际投资法的新发展》，知识产权出版社 2022 年版。

高峰：《国际投资仲裁机制之改革路径研究》，华中科技大学出版社 2022 年版。

魏彬彬：《国际投资条约仲裁司法审查制度研究》，天津人民出版社 2022 年版。

［德］鲁道夫·多尔查（Rudolf Dolzer）、　［奥］克里斯托弗·朔伊尔（Christoph Schreuer）编：《国际投资法原则》（第二版），祁欢、施进译，中国政法大学出版社 2014 年版。

［美］加里·B. 博恩（Gary B. Born）：《国际仲裁：法律与实践》，白麟、陈福勇、李汀洁等译，商务印书馆 2015 年版。

［尼泊尔］苏里亚·P. 苏贝迪（Surya P. Subedi）：《国际投资法：政策与原则的协调》（第二版），张磊译，法律出版社 2015 年版。

［美］肯尼斯·J·范德威尔德（Kenneth J. Vandevelde）：《美国国际投资协定》，蔡从燕、朱明新等译，法律出版社 2017 年版。

［德］薄克暮（Marc Bungenberg）、［奥］芮离谷（August Reinisch）：《从双边仲裁庭、双边投资法庭到多边投资法院——投资者与国家间争端解决的机制化选择》（修订版），池漫郊译，法律出版社 2020 年版。

［英］艾瑞克·德·布拉班得瑞（Eric De Brabandere）：《作为国际公法的投资协定仲裁：程序方面及其适用》，沈伟等译，法律出版社 2021 年版。

［瑞士］克里斯塔·纳达尔夫卡伦·舍费尔（Krista Nadakavukaren Schefer）：《国际投资法：文本、案例及资料》（第三版），张正怡、王丹等译，上海社会科学院出版社 2021 年版。

［英］保罗·克雷格（Paul Craig）、　［爱尔兰］格兰妮·德布尔卡（Gráinne de Búrca）：《欧盟法：教程、案例与资料》，叶斌、李靖堃译，程卫东译校，中国社会科学出版社 2023 年版

　　（二）论文

叶兴平：《〈北美自由贸易协定〉投资争端解决机制剖析》，《法商研究》

2002 年第 5 期。

余劲松、詹晓宁：《论投资者与东道国间争端解决机制及其影响》，《中国法学》2005 年第 5 期。

陈安：《中外双边投资协定中的四大"安全阀"不宜贸然拆除——美、加型 BITs 谈判范本关键性"争端解决"条款剖析》，载陈安主编《国际经济法学刊》第 1 期，北京大学出版社 2006 年版。

单文华：《卡尔沃主义的"死亡"与"再生"——晚近拉美国家对国际投资立法的态度转变及其对我国的启示》，载陈安主编《国际经济法学刊》第 1 期，北京大学出版社 2006 年版。

林一飞：《双边投资协定的仲裁管辖权、最惠国待遇及保护伞条款问题》，载陈安主编《国际经济法学刊》第 1 期，北京大学出版社 2006 年版。

梁丹妮：《国际投资争端仲裁中的法庭之友制度研究》，《河南社会科学》2006 年第 2 期。

梁丹妮：《论国际投资争端仲裁机制对东道国公共健康保护权力的挑战》，《湖北社会科学》2006 年第 3 期。

蔡从燕：《外国投资者利用国际投资仲裁机制新发展反思——国际法实施机制与南北矛盾的双重视角》，《法学家》2007 年第 3 期。

陈辉萍：《美国投资者与东道国争端解决机制的晚近发展及其对发展中国家的启示》，《国际经济法学刊》2007 年第 3 期。

刘笋：《论国际投资仲裁对国家主权的挑战——兼评美国的应对之策及其永示》，《法商研究》2008 年第 3 期。

单文华、张生：《从"南北矛盾"到"公私冲突"：卡尔沃主义的复苏与国际投资法的新视野》，《西安交通大学学报（社会科学版）》2008 年第 4 期。

刘笋：《国际投资仲裁引发的若干危机及应对之策述评》，《法学研究》2008 年第 6 期。

魏艳茹：《论国际投资仲裁的合法性危机及中国的对策》，《河南社会科学》2008 年第 4 期。

谢宝朝：《投资仲裁上诉机制不是正当性危机的唯一解药》，《世界贸易组织动态与研究》2009 年第 4 期。

刘笋：《建立国际投资仲裁的上诉机制问题析评》，《现代法学》2009 年第 5 期。

梁丹妮：《国际投资争端仲裁程序透明度研究——〈从 ICSID 仲裁规则〉（2006）和〈UNCITRAL 仲裁规则（修订草案）〉谈起》，《国际经济法学刊》2010 年第 1 期。

徐崇利：《晚近国际投资争端解决实践之评判："全球治理"理论的引入》，《法学家》2010 年第 3 期。

余劲松：《国际投资条约仲裁中投资者与东道国权益保护平衡问题研究》，《中国法学》2011 年第 2 期。

蔡从燕：《国际投资仲裁的商事化与"去商事化"》，《现代法学》2011 年第 1 期。

王彦志：《国际投资争端解决的法律化：成就与挑战》，《当代法学》2011 年第 3 期。

韩秀丽：《后危机时代国际投资法的转型——兼谈中国的状况》，《厦门大学学报》（哲学社会科学版）2012 年第 6 期。

单文华、张生：《美国投资条约新范本及其可接受性问题研究》，《现代法学》2013 年第 5 期。

王彦志：《投资者与国家间投资争端仲裁机制的废除：国际实践与中国立场》，载《中国国际法年刊（2012）》，法律出版社 2013 年版。

韩秀丽：《再论卡尔沃主义的复活——投资者—国家争端解决视角》，《现代法学》2014 第 1 期。

黄世席：《国际投资仲裁中的挑选条约问题》，《法学》2014 年第 1 期。

漆彤：《论中国海外投资者对国际投资仲裁机制的利用》，《东方法学》2014 年第 3 期。

漆彤、余茜：《从新自由主义到嵌入式自由主义——论晚近国际投资法的范式转移》，《国际关系与国际法学刊》2014 年第 4 卷。

王燕：《国际投资仲裁机制改革的美欧制度之争》，《环球法律评论》2017 年第 2 期。

漆彤：《投资争议处理体系的三大构成》，《社会科学辑刊》2018 年第 4 期。

肖军：《建立国际投资仲裁上诉机制的可行性研究——从中美双边投资条约谈判说起》，《法商研究》2015 年第 2 期。

王鹏、郭剑萍：《论国际投资仲裁上诉机制的设计——以 TTIP 谈判为例》，《国际经贸探索》2015 第 5 期。

叶斌：《中欧双边投资协定谈判展望》，《国际展望》2015 年第 6 期。

石静霞：《国际贸易投资规则的再构建及中国的因应》，《中国社会科学》2015 年第 9 期。

张庆麟、黄春怡：《简评欧盟 TTIP 投资章节草案的 ISDS 机制》，《时代法学》2016 年第 2 期。

黄世席：《可持续发展视角下国际投资争端解决机制的革新》，《当代法学》2016 年第 2 期。

肖军：《欧盟 TTIP 建议中的常设投资法院制度评析》，《武大国际法评论》2016 年第 2 期。

祁欢、管宇钿：《ICSID 仲裁撤销制度之完善》，《国际经济法学刊》2016 年第 2 期。

张庆麟：《欧盟投资者—国家争端解决机制改革实践评析》，《法商研究》2016 年第 3 期。

黄世席：《欧盟国际投资仲裁法庭制度的缘起与因应》，《法商研究》2016 年第 4 期。

朱明新：《"被遗忘"的机制：投资争端解决的国家—国家仲裁程序研究》，《国际法研究》2016 年第 5 期。

叶斌：《欧盟 TTIP 投资争端解决机制草案：挑战与前景》，《国际法研究》2016 年第 6 期。

张晓君、陈喆：《"一带一路"区域投资争端解决机制的构建》，《学术论坛》2017 年第 3 期。

徐树：《国际投资仲裁庭管辖权扩张的路径、成因及应对》，《清华法学》2017 年第 3 期。

徐树：《国际投资仲裁中滥诉防范机制的构建》，《法学》2017 年第 5 期。

邓婷婷：《中欧双边投资条约中的投资者—国家争端解决机制——以欧盟投资法庭制度为视角》，《政治与法律》2017 年第 4 期。

叶斌：《〈欧盟与加拿大全面经济贸易协定〉对投资者诉国家争端解决机制的司法化》，《国际法研究》2017 年第 6 期。

刘万啸：《投资者与国家间争端的替代性解决方法研究》，《法学杂志》2017 年第 10 期。

廖凡：《投资者—国家争端解决机制的新发展》，《江西社会科学》2017 年第 10 期。

石静霞、董暖：《"一带一路"倡议下投资争端解决机制的构建》，《武大国际法评论》2018 年第 2 期。

王少棠：《正当性危机的解除？——欧盟投资争端解决机制改革再议》，《法商研究》2018 年第 2 期。

漆彤：《论"一带一路"国际投资争议的预防机制》，《法学评论》2018 年第 3 期。

肖军、康雪飘：《国际投资仲裁中国家反诉的仲裁同意问题》，《武大国际法评论》2018 年第 5 期。

张生：《CPTPP 投资争端解决机制的演进与中国的对策》，《国际经贸探索》2018 年第 12 期。

丁丁、刘璐：《论国际投资仲裁的公开》，《国际法研究》2019 年第 1 期。

池漫郊：《〈美墨加协定〉投资争端解决之"三国四制"：表象、成因及启示》，《经贸法律评论》2019 年第 4 期。

王彦志：《国际投资争端解决机制改革的多元模式与中国选择》，《中南大学学报（社会科学版）》2019 年第 4 期。

邓婷婷：《欧盟多边投资法院：动因、可行性及挑战》，《中南大学学报》（社会科学版）2019 年第 4 期。

单文华、王鹏：《均衡自由主义与国际投资仲裁改革的中国立场分析》，《西安交通大学学报》（社会科学版）2019 年第 5 期。

刘晓红、朱怡：《国际投资仲裁的"商事化"与中国进路》，《上海对外经贸大学学报》2019 年第 6 期。

刘万啸：《国际投资争端的预防机制与中国选择》，《当代法学》2019 年第 6 期。

陶立峰：《投资者与国家争端解决机制的变革发展及中国的选择》，《当代法学》2019 年第 6 期。

边永民：《国际投资仲裁机构对涉及人权问题的投资纠纷的审理》，《政法论丛》2020 年第 2 期。

银红武：《论国际投资仲裁"程序滥用"及其规制》，《西北大学学报》（哲学社会科学版）2020 年第 2 期。

张皎、李传龙、郑淑琴：《中欧投资协定投资者与国家争端解决条款设计——基于条款价值的考量》，《欧洲研究》2020 年第 2 期。

孔庆江：《〈中日韩自贸协定〉的投资规则谈判前瞻——争议解决机制走向及中国的政策选项》，《人民论坛·学术前沿》2020 年第 9 期下。

梁丹妮、戴蕾：《国际投资仲裁上诉机制可行性研究》，《武大国际法评论》2020 年第 6 期。

刘敬东、李青原：《论第三方资助国际投资仲裁及其规制》，《学术交流》2020 年第 12 期。

王鹏：《联合国国际贸易法委员会项下投资仲裁改革进展报告》，载单文华、王承杰主编《中国国际投资仲裁常设论坛年度报告（2019－2020）》，法律出版社 2020 年版，第 82—93 页。

池漫郊、任清：《中国国际投资仲裁年度观察（2021）》，《北京仲裁》2021 年第 2 辑。

肖军：《论投资者—东道国争端解决机制改革分歧的弥合进路》，《国际经济法学刊》2021 年第 2 期。

蒋小红：《欧盟新一代贸易与投资协定的可持续发展条款——软性条款的硬实施趋势》，《欧洲研究》2021 年第 4 期。

石静霞、陈晓霞：《〈中欧全面投资协定〉：我国商签经贸条约的新范式》，《国际法研究》2021 年第 5 期。

叶斌：《〈中欧全面投资协定〉与监管权：战略机遇及外部风险》，《国际法研究》2021 年第 6 期。

银红武：《国际投资仲裁反腐法治：概念、困难与因应》，《湖南财政经济学院学报》2021 年第 6 期。

张生、马燕飞：《〈中欧全面投资协定〉中的国家间争端解决机制：内容、特点与影响》，《武大国际法评论》2022 年第 1 期。

漆彤:《投资争端解决机制现代化改革的重要里程碑——评 2022 年 ICSID
　　新规则》,《国际经济评论》2023 年第 3 期。

邓婷婷:《〈中欧全面投资协定〉ISDS 机制的中国方案研究》,《法学》
　　2025 年第 1 期。

二　外文文献

Books

Alan M. Anderson and Ben Beaumont (eds.), *The Investor-State Dispute Settlement System*: *Reform*, *Replace or Status Quo?* Kluwer Law International, 2020.

Alec Stone Sweet and Florian Grisel, *The Evolution of International Arbitration*: *Judicialization*, *Governance*, *Legitimacy*, Oxford University Press, 2017.

Alexandr Svetlicinii and I-Ju Chen (eds.), *The EU-China Comprehensive Agreement on Investment*: *Towards a Binding Investment Liberalisation*, Springer, 2024.

Andrés Rigo Sureda, *Investment Treaty Arbitration*: *Judging under Uncertainty*, Cambridge University Press, 2012.

Arthur W. Rovine (ed.), *Contemporary Issues in International Arbitration and Mediation*: *The Fordham Papers 2013*, Nijhoff, 2013.

Chester Brown (ed.), *Commentaries on Selected Model Investment Treaties*, Oxford, 2013.

Christina Binder, Ursula Kriebaum, August Reinisch, and Stephan Wittich (eds.), *International Investment Law for the 21st Century*: *Essays in Honour of Christoph Schreuer*, Oxford, 2009.

Christoph H. Schreuer, *The ICSID Convention*: *A Commentary*, Cambridge University Press, 2001.

David Schneiderman, *Constitutionalizing Economic Globalization*: *Investment Rules and Democracy's Promise*, Cambridge University Press, 2008.

Ernst-Ulrich Petersmann, *Constitutional Functions and Constitutional Problems of International Economic Law*, Routledge, 2004.

Gary B. Born, *International Arbitration*: *Law and Practice*, 3rd ed, Kluwer Law International, 2021.

Gus Van Harten, *Investment Treaty Arbitration and Public Law*, Oxford University Press, 2007.

Jean E. Kalicki and Anna Joubin-Bret (eds.), *Reshaping the Investor-State Dispute Settlement System: Journeys for the 21st Century*, Brill, 2015.

Jeswald W. Salacuse, *The Law of Investment Treaties*, 3rd ed, Oxford University Press, 2021.

Jorun Baumgartner, *Treaty Shopping in International Investment Law*, Oxford University Press, 2016.

Jonathan Bonnitcha, Lauge Poulsen and Michael Waibel, *The Political Economy of the Investment Treaty Regime*, Oxford University Press, 2017.

Karl Sauvant, *Appeals Mechanisms in International Investment Disputes*, Oxford University Press, 2008.

M. Sornarajah, *The International Law on Foreign Investment*, Cambridge University Press, 2010.

Manfred Elsig, Rodrigo Polanco and Peter Van Den Bossche (eds.), *International Economic Dispute Settlement: Demise or Transformation?* Oxford University Press, 2021.

Marc Bungenberg and August Reinisch (ed.), *Standalone Appeal Mechanism: Multilateral Investment Appeals Mechanisms*, European Yearbook of International Economic Law, Springer, 2019.

Marc Bungenberg and August Reinisch, *From Bilateral Arbitral Tribunals and Investment Courts to a Multilateral Investment Court*, Options Regarding the Institutionalization of Investor-State Dispute Settlement, 2nd ed, European Yearbook of International Economic Law, Springer, 2020.

Michael Waibel, Asha Kaushal, Kyo-Hwa Liz Chung and Claire Balchin (eds.), *The Backlash against Investment Arbitration: Perceptions and Reality*, Kluwer Law International, 2010.

Nikos Lavranos and Stefano Castagna (eds.), *International Arbitration and EU Law*, 2nd ed, Edward Elgar, 2024.

Peter Drahos (ed), *Regulatory Theory: Foundations and Applications*, ANU

Press, 2017.

Peter Muchlinski, Federico Ortino and Christoph Schreuer (eds.), *The Oxford Handbook of International Investment Law*, Oxford University Press, 2008.

Rudolf Dolzer, Ursula Kriebaum and Christoph Schreuer, *Principles of International Investment Law*, 3rd ed, Oxford University Press, 2022.

Shaheeza Lalani and Rodrigo Polanco Lazo (eds.), *The Role of The State in Investor-State Arbitration*, Brill Nijhoff, 2015.

Stefan Griller, Walter Obwexer and Erich Vranes (eds.), *Mega-Regional Trade Agreements: CETA, TTIP, and TiSA, New Orientations for EU External Economic Relations*, Cambridge University Press, 2017.

Steffen Hindelang and Markus Kajewski (eds.), *Shifting Paradigms in International Investment Law, More Balanced, Less Isolated, Increasingly Diversified*, Oxford University Press, 2016.

Stephan Schill (ed), *International Investment Law and Comparative Public Law*, Oxford University Press, 2010.

Steve Charnovitz, Debra P. Steger and Peter Van den Bossche (eds.), *Law in the Service of Human Dignity: Essays in Honour of Florentino Feliciano*, Cambridge University Press, 2005.

Taylor St John, *The Rise of Investor-State Arbitration: Politics, Law, and Unintended Consequences*, Oxford University Press, 2018.

Zdenek Drabek and Petros Mavroidis (eds.), *Regulation of Foreign Investment: Challenges to International Harmonization*, World Scientific, 2013.

Articles

Alan Uzelac, "Why Europe Should Reconsider Its Anti-Arbitration Policy in Investment Disputes", *Access to Justice in Eastern Europe*, Vol. 2, No. 1, 2019, pp. 6–30.

Ahmed Arafa Abdelrehim Hammad and Dexiang Guo, "Evaluating an International Investment Court for International Investment Disputes under European Union's Proposal", *Journal of Politics and Law*, Vol. 14, No. 2, January 2021, pp. 74–84.

Albert Jan van den Berg, "Appeal Mechanism for ISDS Awards: Interaction with the New York and ICSID Conventions", *ICSID Review—Foreign Investment Law Journal*, Vol. 34, No. 1, Winter 2019.

Albert Jan van den Berg, "Charles Brower's Problem With 100 Per Cent—Dissenting Opinions by Party-Appointed Arbitrators in Investment Arbitration", *Arbitration International*, Vol. 31, No. 3, 2015, pp. 381-391.

Albert Jan van den Berg, "Dissenting Opinions by Party-Appointed Arbitrators in Investment Arbitration", in Mahnoush H. Arsanjani, Jacob Katz Cogan, Robert D. Sloane and Siegfried Wiessner (eds.), *Looking to the Future: Essays on International Law in Honor of W. Michael Reisman*, Brill Nijhoff, 2010, pp. 821-843.

Americo Beviglia Zampetti and Colin Brown, "The EU Approach to Investment", in Zdenek Drabek and Petros Mavroidis (ed.), *Regulation of Foreign Investment: Challenges to International Harmonization*, World Scientific, 2013.

Andrea K. Bjorklund, "Are Arbitrators (Judicial) Activists?", *The Law & Practice of International Courts and Tribunals*, Vol. 17, No. 1, 2018, pp. 49-60.

Andrea K. Bjorklund, "Arbitration, the World Trade Organization, and the Creation of a Multilateral Investment Court", *Arbitration International*, Vol. 37, No. 2, 2021, pp. 433-447.

Anna Joubin-Bret, "Why We Need a Global Appellate Mechanism for International Investment Law", Columbia Center on Sustainable Development, FDI Perspectives No. 146, Apr. 27, 2015.

Anthea Roberts, "Incremental, Systemic, and Paradigmatic Reform of Investor-State Arbitration", *American Journal of International Law*, Vol. 112, No. 3, 2018, pp. 410-432.

Anthea Roberts and Taylor St John, "Complex Designers and Emergent Design: Reforming the Investment Treaty System", *American Journal of International Law*, Vol. 116, No. 1, 2022, pp. 96-149.

August Reinisch, "Will the EU's Proposal Concerning an Investment Court System for CETA and TTIP Lead to Enforceable Awards? —The Limits of Modifying the

ICSID Convention and the Nature of Investment Arbitration", *Journal of International Economic Law*, Vol. 19, No. 4, 2016, pp. 761-786.

August Reinisch, "The EU and Investor-State Dispute Settlement: WTO Litigators Going 'Investor-State Arbitration' and Back to a Permanent 'Investment Court'", in M. Bungenberg et al. (eds.), *European Yearbook of International Economic Law 2017*, Springer 2017, pp. 247-300.

Benedict Kingsbury and Stephan Schill, "Investor-State Arbitration as Governance: Fair and Equitable Treatment, Proportionality and the Emerging Global Administrative Law", NYU School of Law, Public Law Research Paper No. 09-46.

Bruno Simma, "Arbitration as a Governance Tool for Economic Relations? Foreign Investment, Human Rights and Global Governance", in *Arbitration: The Next Fifty Years*, ICCA Congress Series, 2012, pp. 161-165.

Catherine M. Amirfar, "Treaty Arbitration: Is the Playing Field Level and Who Decides Whether It Is Anyway", in *Legitimacy: Myths, Realities, Challenges*, ICCA Congress Series No. 18, 2014, pp. 755-773.

Catharine Titi, "The Arbitrator as a Lawmaker: Jurisgenerative Processes in Investment Arbitration", *Journal of World Investment and Trade*, Vol. 14, No. 5, 2013, pp. 829-851.

Catharine Titi, "Investment Arbitration in Latin America: The Uncertain Veracity of Preconceived Ideas", *Arbitration International*, Vol. 30, No. 2, 2014, pp. 357-386.

Catharine Titi, "The European Union's Proposal for an International Investment Court: Significance, Innovations and Challenges Ahead", Transnational Dispute Management, Vol. 14, No. 1, 2017.

Catharine Titi, "Who's Afraid of Reform? Beware the Risk of Fragmentation", *American Journal of International Law*, Vol. 112, No. 3, 2018, pp. 232-236.

Charles N. Brower and Stephan W. Schill, "Is Arbitration a Threat or a Boon to the Legitimacy of International Investment Law?" *Chicago Journal of International Law*, Vol. 9, No. 2, 2009, pp. 471.

Charles N. Brower, Michael Pulos, and Charles B. Rosenberg, "So Is There Anything Really Wrong with International Arbitration as We Know It?", in Arthur W Rovine (ed), *Contemporary Issues in International Arbitration and Mediation— The Fordham Papers (2012)*, Martinus Nijhoff, 2013, p. 1–13.

Charles N. Brower and Charles B. Rosenberg, "The Death of the Two-Headed Nightingale: Why the Paulsson-van den Berg Presumption that Party-Appointed Arbitrators are Untrustworthy is Wrongheaded", *Arbitration International*, Vol. 25, No. 1, 2013, pp. 7–44.

Charles N. Brower and Sarah Melikian, " 'We Have Met the Enemy and He Is US!' Is the Industrialized North 'Going South' on Investor-State Arbitration?" *Arbitration International*, Vol. 31, No. 1, 2015, pp. 19–26.

Charles N. Brower, "Politics, Reason, and the Trajectory of Investor-State Dispute Settlement", *Loyola University Chicago Law Journal*, Vol. 49, No. 2, 2017, pp. 271–320.

Charles N. Brower, "ISDS at a Crossroads", *Proceedings of the ASIL Annual Meeting*, Vol. 112, 2018, pp. 191–194.

Charles N. Brower and Jawad Ahmad, "Why the 'Demolition Derby' That Seeks to Destroy Investor-State Arbitration?" *Southern California Law Review*, Vol. 91, No. 6, 2018, pp. 1139–1196.

Chester Brown, "Supervision, Control, and Appellate Jurisdiction: The Experience of the International Court", *ICSID Review—Foreign Investment Law Journal*, Vol. 32, No. 3, 2017, pp. 595–610.

Chiara Giorgetti, Laura Létourneau-Tremblay, Daniel Behn and Malcolm Langford, "Reforming International Investment Arbitration: An Introduction", *The Law & Practice of International Courts and Tribunals*, Vol. 18, No. 3, 2020, pp. 303–313.

Chiara Giorgetti, "The Transformation of International Organizations—Specialization, New Initiatives, and Working Methods—Some Observations on the Work of UNCITRAL Working Group III", *Journal of International Economic Law*, Vol. 26, No. 1, 2023, pp. 40–50.

Christian J. Tams, "Procedural Aspects of Investor-State Dispute Settlement: The Emergence of a European Approach?" *Journal of World Investment & Trade*, Vol. 15, No. 3-4, 2014, pp. 585-611.

Christoph Schreuer, "The Future of Investment Arbitration", in Mahnoush H. Arsanjani, Jacob Katz Cogan, Robert D. Sloane and Siegfried Wiessner (eds.), *Looking to the Future: Essays on International Law in Honor of W. Michael Reisman*, Brill-Nijhoff, 2010, pp. 787-804.

Constantine Partasides, "The Fourth Arbitrator? The Role of Secretaries to Tribunals in International Arbitration", *Arbitration International*, Vol. 18, No. 2, 2002, pp. 147-163.

Colin M. Brown, "A Multilateral Mechanism for the Settlement of Investment Disputes: Some Preliminary Sketches", *ICSID Review—Foreign Investment Law Journal*, Vol. 32, No. 3, 2017, pp. 673-690.

Colin M. Brown, "The Contribution of the European Union to the Rule of Law in the Field of International Investment Law Through the Creation of a Multilateral Investment Court", *European Law Journal*, 2022, pp. 1-13.

David A. Gantz, "The CETA Ratification Saga: The Demise of ISDS in EU Trade Agreements?" *Loyola University Chicago Law Journal*, Vol. 49, No. 2, 2007, pp. 361-385.

David Collins, "The Line of Equilibrium: Improving the Legitimacy of Investment Treaty Arbitration Through the Application of the WTO's General Exceptions", *Arbitration International*, Vol. 32, No. 4, 2016, pp. 575-587.

Daniel Behn and Malcolm Langford, "Trumping the Environment? An Empirical Perspective on the Legitimacy of Investment Treaty Arbitration", *The Journal of World Investment & Trade*, Vol. 18, No. 1, 2017, pp. 14-61.

Denise Manning-Cabrol, "The Imminent Death of the Calvo Clause and the Rebirth of the Calvo Principle: Equality of Foreign and National Investors", *Law and Policy in International Business*, Vol. 26, No. 4, 1995, pp. 1169-1200.

Elsa Sardinha, "The Impetus for the Creation of an Appellate Mechanism", *ICSID*

Review—Foreign Investment Law Journal, Vol. 32, No. 3, 2017, pp. 503-527.

Elsa Sardinha, "The New EU-Led Approach to Investor-State Arbitration: The Investment Tribunal System in the Comprehensive Economic Trade Agreement (CETA) and the EU-Vietnam Free Trade Agreement", *ICSID Review—Foreign Investment Law Journal*, Vol. 32, No. 3, 2017, pp. 625-672.

Elsa Sardinha, "Party-Appointed Arbitrators No More: The EU-Led Investment Tribunal System as an (Imperfect?) Response to Certain Legitimacy Concerns in Investor-State Arbitration", *The Law & Practice of International Courts and Tribunals*, Vol. 17, No. 1, 2018, pp. 117-134.

Federico Ortino, "ISDS and Its Transformations", *Journal of International Economical Law*, Vol. 26, No. 1, 2023, pp. 177-187.

Fernando Dias Simões, "Hold on to Your Hat! Issue Conflicts in the Investment Court System", *The Law & Practice of International Courts and Tribunals*, Vol. 17, No. 1, 2018, pp. 98-116.

Frank J. Garcia, Lindita Ciko, Apurv Gaurav and Kirrin Hough, "Reforming the International Investment Regime: Lessons from International Trade Law", *Journal of International Economic Law*, Vol. 18, No. 4, 2015, pp. 861-892.

Gary Born, "The 1933 Directives on Arbitration of the German Reich: Echoes of the Past?" *Journal of International Arbitration*, Vol. 39, No. 4, 2021, pp. 417-456.

George Kahale, III, "A Problem in Investor/State Arbitration", *Transnational Dispute Management*, Vol. 6, No. 1, 2009.

George Kahale III, "Is Investor-State Arbitration Broken?" *Transnational Dispute Management*, Vol. 7, No. 1, 2012.

George Kahale III, "Rethinking ISDS", *Brooklyn Journal of International Law*, Vol. 44, No. 1, 2018, pp. 11-50.

Georgios Dimitropoulos, "The Conditions for Reform: A Typology of 'Backlash' and Lessons for Reform in International Investment Law and Arbitration", *Law and Practice of International Courts and Tribunals*, Vol. 18, No. 3, 2020, pp. 416-435.

Greg Anderson, "How Did Investor-State Dispute Settlement Get a Bad Rap? Blame It on NAFTA, of Course", *The World Economy*, Vol. 40, 2017, pp. 2937-2965.

Giorgio Sacerdoti, "Is the Party-Appointed Arbitrator a 'Pernicious Institution'? A Reply to Professor Hans Smit", *Columbia FDI Perspectives*, No. 35, April 15, 2011.

Gus Van Harten, "Why Arbitrators Not Judges? Comments on the European Commission's Approach to Investor-State Arbitration in TTIP and CETA", *Osgoode Legal Studies Research Paper Series*, 2014.

Gus Van Harten, "Arbitrator Behavior in Asymmetrical Adjudication: An Empirical Study of Investment Treaty Arbitration", *Osgoode Hall Law Journal*, Vol. 50, No. 1, 2012, pp. 211-268.

Gus Van Harten, "Leaders in the Expansive and Restrictive Interpretation of Investment Treaties: A Descriptive Study of ISDS Awards to 2010", *European Journal of International Law*, Vol. 29, No. 2, 2018, pp. 507-549.

Hannes Lenk, "The EU Investment Court System and Its Resemblance to the WTO Appellate Body", in Szilárd Gáspár-Szilágyi, Daniel Behn, Malcolm Langford (eds.), *Adjudicating Trade and Investment Disputes Convergence or Divergence?*, Cambridge University Press, 2020, pp. 62-91.

Hans Smit, "The Pernicious Institution of the Party-Appointed Arbitrator", *Columbia FDI Perspectives*, No. 33, December 14, 2010.

Henrique Sachetim and Rafael Codeço. "The Investor-State Dispute Settlement System Amidst Crisis, Collapse, and Reform", *Arbitration Brief*, Vol. 6, 2019, pp. 20-59.

Ilya M. Lifshits and Anastasiya V. Shatalova, "ОБНОВЛЕНИЕ СИСТЕМЫ УРЕГУЛИРОВАНИЯ СПОРОВ МЕЖДУ ИНВЕСТОРАМИ И ГОСУДАРСТВАМИ: РЕФОРМА ИЛИ РЕВОЛЮЦИЯ? (Modernization of the Investor-State Dispute Settlement System: Reform or Revolution?)", *Moscow Journal of International Law*, No. 1, 2023, pp. 29-46.

J. Christopher Thomas and Harpreet Kaur Dhillon, "The Foundations of Investment

Treaty Arbitration: The ICSID Convention, Investment Treaties and the Review of Arbitration Awards", *ICSID Review—Foreign Investment Law Journal*, Vol. 32, No. 3, 2017, pp. 459-502.

Jan Paulsson, "Arbitration Without Privity", *ICSID Review—Foreign Investment Law Journal*, Vol. 10, No. 2, 1995, pp. 232-257.

Jan Paulsson, "Moral Hazard in International Dispute Resolution", *ICSID Review—Foreign Investment Law Journal*, Vol. 25, No. 2, 2010, pp. 339-355.

Jeffrey Kucik and Sergio Puig, "Towards an Effective Appellate Mechanism for ISDS Tribunals", *World Trade Review*, Vol. 22, No. 5, 2023, pp. 562-583.

Jin Woo Kim and Lucy M. Winnington-Ingram, "Investment Court System under EU Trade and Investment Agreements: Addressing Criticisms of ISDS and Creating New Challenges", *Global Trade and Customs Journal*, Vol. 16, No. 5, pp. 181-192.

Jean-Michel Marcoux, Andrea K Bjorklund, Elizabeth A Whitsitt and Lukas Vanhonnaeker, "Discourses of ISDS Reform: a Comparison of UNCITRAL Working Group III and ICSID Processes", *Journal of International Economic Law*, Vol. 27, No. 2, 2024, pp. 314-335.

Joan E. Donoghue, "International Adjudication: Peaks, Valleys, and Rolling Hills", *Proceedings of the ASIL Annual Meeting*, Vol. 112, 2018, pp. 15-22.

Joanna Lam and Günes Unüvar, "Transparency and Participatory Aspects of Investor-State Dispute Settlement in the EU 'New Wave' Trade Agreements", *Leiden Journal of International Law*, Vol. 32, No. 4, 2019, pp. 781-800.

John R. Crook, "Dual Hats and Arbitrator Diversity: Goals in Tension", *AJIL Unbound*, Vol. 113, 2019, pp. 284-289.

Johann Robert Basedow, "Why De-judicialize? Explaining State Preferences on Judicialization in World Trade Organization Dispute Settlement Body and Investor-to-State Dispute Settlement Reforms", *Regulation & Governance*, Vol. 16, No. 4, 2022, pp. 1362-1381.

John Gerard Ruggie, "International Regimes, Transactions, and Change: Embedded Liberalism in the Postwar Economic Order", *International Organization*,

Vol. 36, No. 2, 1982, pp. 379–415.

Joost Pauwelyn, "The Rule of Law without the Rule of Lawyers? Why Investment Arbitrators are from Mars, Trade Adjudicators from Venus", *American Journal of International Law*, Vol. 109, No. 4, 2015, pp. 761–805.

José E Alvarez, "Is the International Investment Regime a Form of Global Governance?" in *Arbitration: The Next Fifty Years*, ICCA Congress Series No. 16, 2012.

José E Alvarez, "ISDS Reform: The Long View", *ICSID Review—Foreign Investment Law Journal*, Vol. 36, No. 2, 2021, pp. 253–277.

Joseph H. H. Weiler, "European Hypocrisy: TTIP and ISDS", *European Journal of International Law*, Vol. 25, No. 4, 2014, pp. 963–967.

Julian Arato, Kathleen Claussen, Malcolm Langford, "The Investor-State Dispute Settlement Reform Process: Design, Dilemmas and Discontents", *Journal of International Dispute Settlement*, Vol. 14, No. 2, 2023, pp. 127–133.

Julien Chaisse and Yves Renouf, "Investor-State Dispute Settlement", in Jane Drake-Brockman and Patrick Messerlin (eds.), *Potential Benefits of an Australia-EU Free Trade Agreement: Key Issues and Options*, University of Adelaide Press, 2018, pp. 281–313.

Julian Donaubauer and Peter Nunnenkamp, "EU Investors versus EU States: International Arbitration of Investment Disputes", *Journal of Common Market Studies*, Vol. 56, No. 6, 2018, pp. 1376–1396.

Julian Scheu and Petyo Nikolov, "The Setting Aside and Enforcement of Intra-EU Investment Arbitration Awards after *Achmea*", *Arbitration International*, Vol. 36, No. 2, 2020, pp. 253–274.

Jürgen Kurtz, "The Australian Trade Policy Statement on Investor-State Dispute Settlement", *ASIL Insights*, Vol. 15, No. 22, August 2011.

José Manuel Álvarez Zárate and Gómez Katia Fach, "The Duties, Rights and Powers of International Arbitrators", *The Law & Practice of International Courts and Tribunals*, Vol. 17, No. 1, 2018, pp. 13–17.

Kate Miles, "Investor-State Dispute Settlement: Conflict, Convergence, and

Future Directions", M. Bungenberg*et al.* (eds.), *European Yearbook of International Economic Law 2016*, pp. 273–308.

Kathleen Claussen, "Tipping Point Challenges in International Economic Disputes", *The Law & Practice of International Courts and Tribunals*, Vol. 17, No. 1, 2018, pp. 61–77.

Katia Fach Gómez, "Diversity and the Principle of Independence and Impartiality in the Future Multilateral Investment Court", *The Law & Practice of International Courts and Tribunals*, Vol. 17, No. 1, 2018, pp. 78–97.

Ksenia Polonskaya, "Frivolous and Abuse of Process Claims in Investor-State Arbitration: Can Rules on Cost Allocation Become Solution?" *Journal of International Dispute Settlement*, Vol. 11, No. 4, 2020, pp. 589–613.

Ksenia Polonskaya, "Metanarratives as a Trap: Critique of Investor-State Arbitration Reform", *Journal of International Economic Law*, Vol. 23, No. 4, 2020, pp. 949–971.

Ksenia Polonskaya, "Selecting Candidates to the Bench of the World Court: (Inevitable) Politicization and Its Consequences", *Leiden Journal of International Law*, Vol. 33, No. 2, 2020, pp. 409–428.

Kyla Tienhaara, "Investor-State Dispute Settlement", in Peter Drahos (ed.), *Regulatory Theory: Foundations and Applications*, ANU Press, 2017, pp. 675–692.

Kyle Dylan Dickson-Smith and Bryan Mercurio, "Australia's Position on Investor-State Dispute Settlement: Fruit of a Poisonous Tree or a Few Rotten Apples?" *Sydney Law Review*, Vol. 40, No. 2, 2018, pp. 213–254.

Lauge N. Poulsen and Emma Aisbett, "Diplomats Want Treaties: Diplomatic Agendas and Perks in the Investment Regime", *Journal of International Dispute Settlement*, Vol. 7, No. 1, 2016, pp. 72–91.

Lise Johnson and Brooke Guven, "Securing Adequate Legal Defense in Proceedings under International Investment Agreements: A Scoping Study", Columbia Center on Sustainable Investment, November 2019.

Lucy Reed and Christine Sim, "Potential Investment Treaty Appellate Bodies:

Open Questions", *ICSID Review—Foreign Investment Law Journal*, Vol. 32, No. 3, 2017, pp. 691-695.

Malcolm Langford, Daniel Behn and Ole Kristian Fauchald, "Backlash and State Strategies in International Investment Law", in Tanja Aalberts and Thomas Gammeltoft-Hansen (eds.), *The Changing Practices of International Law*, Cambridge University Press, 2017, pp. 70-102.

Malcolm Langford, Daniel Behn and Runar Hilleren Lie, "The Revolving Door in International Investment Arbitration", *Journal of International Economic Law*, Vol. 20, No. 2, 2017, pp. 301-332.

Malcolm Langford, Michele Potestà, Gabrielle Kaufmann-Kohler and Daniel Behn, "Special Issue: UNCITRAL and Investment Arbitration Reform: Matching Concerns and Solutions", *Journal of World Investment & Trade*, Vol. 21, No. 2-3, 2020, pp. 167-187.

Manfred Elsigand Jappe Eckhardt, "The Creation of the Multilateral Trade Court: Design and Experiential Learning", *World Trade Review*, Vol. 14, No. S1, 2015, pp. 13-32.

Marc Bungenberg and Catharine Titi, "The Evolution of EU Investment Law and the Future of EU-China Investment Relations", in W. Shan and J. Su (eds.), *China and International Investment Law: Twenty Years of ICSID Membership*, 2014, pp. 207-371.

Marcin J. Menkes, "ISDS Reform: Financing of the Permanent Investment (Appeals) Body", *Journal of International Dispute Settlement*, Vol. 12, No. 3, 2021, pp. 462-476.

Marise Cremona, "Shaping EU Trade Policy Post-Lisbon: Opinion 2/15 of 16 May 2017", *European Constitutional Law Review*, Vol. 14, No. 1, 2018, pp. 231-259.

Mark Feldman, "Investment Arbitration Appellate Mechanism Options: Consistency, Accuracy, and Balance of Power", *ICSID Review—Foreign Investment Law Journal*, Vol. 32, No. 3, 2017, pp. 528-544.

Mark Huber and Greg Tereposky, "The WTO Appellate Body: Viability as a Model for an Investor-State Dispute Settlement Appellate Mechanism", *ICSID Review—Foreign Investment Law Journal*, Vol. 32, No. 3, 2017, pp. 545-594.

Martins Paparinskis, "International Investment Law and the European Union: A Reply to Catharine Titi", *The European Journal of International Law*, Vol. 26 No. 3, 2015, pp. 663-670.

Martins Paparinskis, "For or Against International Arbitration: A Perspective of International Law of Dispute Settlement", 9 June 2015, available at www. ejiltalk. org/for-or-against-international-arbitration-a-perspective-of-international-law-of-disputesettlement/.

Matthew Blome, "Contractual Waiver of Article 52 ICSID: A Solution to the Concerns with Annulment?", *Arbitration International*, Vol. 32, No. 4, 2016, pp. 601-628.

Meg Kinnear and Christine Sim, "Introduction to the Collection", *ICSID Review—Foreign Investment Law Journal*, Vol. 32, No. 3, Fall 2017, pp. 457-458.

Meg Kinnear, "ARSIWA, ISDS, and the Process of Developing an Investor-State Jurisprudence", ICSID Reports, Vol. 20, 2021, pp. 3-12.

Meg Kinnear, "The Role of ICSID in International Economic Law", *Journal of International Economic Law*, Vol. 26, No. 1, 2023, pp. 35-39.

N Jansen Calamita, "The Challenge of Establishing a Multilateral Investment Tribunal at ICSID", *ICSID Review—Foreign Investment Law Journal*, Vol. 32, No. 3, 2017, pp. 611-624.

N. Jansen Calamita, "The (In) Compatibility of Appellate Mechanisms with Existing Instruments of the Investment Treaty Regime", *Journal of World Investment & Trade*, Vol. 18, No. 4, 2017, pp. 585-627.

Paul E Trinel, "Counterclaims and Legitimacy in Investment Treaty Arbitration", *Arbitration International*, Vol. 38, No. 1-2, 2022, pp. 59-81.

Patrick Leonard, "Ratification of the ISDS Provisions in CETA—Current Court and Legislative Challenges—An Overview", *European Investment Law and Arbitration Review Online*, Vol. 7, No. 1, 2022, pp. 113-126.

Patrick W. Pearsall, "The Role of the State and the ISDS Trinity", *AJIL Un-*

bound, Vol. 112, 2018, pp. 249-254.

P. Eberhardt and C. Olivet, "Profiting from Injustice: How Law Firms, Arbitrators and Financiers are Fuelling an Investment Arbitration Boom", Corporate Europe Observatory and Transnational Institute, 2012.

Peter Egger, Alain Pirotte, Catharine Titi, "International Investment Agreements and Foreign Direct Investment: A Survey", *The World Economy*, Vol. 46, No. 6, 2023, 1523-1888.

Rachel L. Wellhausen, "Recent Trends in Investor-State Dispute Settlement", *Journal of International Dispute Settlement*, Vol. 7, No. 1, 2016, pp. 117-135.

Robert Basedow, "The EU's International Investment Policy Ten Years on: The Policy-Making Implications of Unintended Competence Transfers", *Journal of Common Market Studies*, Vol. 59, No. 3, 2021, pp. 643-660.

Roberto Echandi, "The Debate on Treaty-Based Investor-State Dispute Settlement: Empirical Evidence (1987-2017) and Policy Implications", *ICSID Review—Foreign Investment Law Journal*, Vol. 34, No. 1, 2019, pp. 32-61.

Rodrigo Polanco Lazo and Valentino Desilvestro, "Does an Arbitrator's Background Influence the Outcome of an Investor-State Arbitration?" *The Law & Practice of International Courts and Tribunals*, Vol. 17, No. 1, 2018, pp. 18-48.

Rodrigo Polanco Lazo, "The Changing Role of the State in Investor-State Disputes", in Shaheeza Lalani and Rodrigo Polanco Lazo (eds.), *The Role of the State in Investor-State Arbitration*, Brill Nijhoff, 2015, pp. 251-258.

Sarah Ben-Mouss, "A Tale of Two Trade Powers: Balancing Investor-State Dispute Settlement and Environmental Risk Between the European Union and United States in a Changing Political Climate", *Fordham Environmental Law Review*, Vol. 29, No. 1, 2017, pp. 95-124.

Sergio Puig, "Social Capital in the Arbitration Market", *European Journal of International Law*, Vol. 25, No. 2, 2014, pp. 387-424.

Sergio Puig and Anton Strezhnev, "Affiliation Bias in Arbitration: An Experimental Approach", *Journal of Legal Studies*, Vol. 46, No. 2, June 2017, pp. 371-398.

Sergio Puig and Anton Strezhnev, "The David Effect and ISDS", *European Journal of International Law*, Vol. 28, No. 3, August 2017, pp. 731-761.

Sergio Puigand Gregory Shaffer, "Imperfect Alternatives: Institutional Choice and the Reform of Investment Law", *American Journal of International Law*, Vol. 112, No. 3, 2018, pp. 361-409.

Stavros Brekoulakis, "Systemic Bias and the Institution of International Arbitration: A New Approach to Arbitral Decision-Making", *Journal of International Dispute Settlement*, Vol. 4, No. 3, 2013, pp. 553-585.

Stephan W. Schill and Geraldo Vidigal, "Designing Investment Dispute Settlement à la Carte: Insights from Comparative Institutional Design Analysis", *The Law & Practice of International Courts and Tribunals*, Vol. 18, No. 3, 2019, pp. 314-344.

Stephan W. Schill and Geraldo Vidigal, "Investment Dispute Settlement à la Carte: A Proposal for the Reform of Investor-State Dispute Settlement", in Manfred Elsig, Rodrigo Polanco and Peter Van Den Bossche (eds.), *International Economic Dispute Settlement: Demise or Transformation?* Oxford University Press, 2021, pp. 220-263.

Stephen M. Schwebel, "The Outlook for the Continued Vitality, or Lack Thereof, of Investor-State Arbitration", *Arbitration International*, Vol. 31, No. 1, 2016, pp. 1-15.

Stephen M. Schwebel, "In Defence of Bilateral Investment Treaties", in *Legitimacy: Myths, Realities, Challenges*, ICCA Congress Series, No. 18, 2014, pp. 1-11.

Sundaresh Menon, "A Tale of Two Systems: The Public and Private Faces of Investor-State Dispute Settlement", *ICSID Review—Foreign Investment Law Journal*, Vol. 37, No. 3, 2022, pp. 619-637.

Susan D. Franck, "The Legitimacy Crisis in Investment Treaty Arbitration: Privatizing Public International Law through Inconsistent Decisions", *Fordham Law Review*, Vol. 73, No. 4, 2005, pp. 1558-1582.

Thomas Buergenthal, "The Proliferation of Disputes, Dispute Settlement Procedures and Respect for the Rule of Law", *Arbitration International*, Vol. 22, No. 4, 2006, pp. 495–500.

Thomas Schultzand Cédric Dupont, "Investment Arbitration: Promoting the Rule of Law or Over-Empowering Investors? A Quantitative Empirical Study", *European Journal of International Law*, Vol. 25, No. 4, 2014, pp. 1147–1168.

Velimir Živković, "ISDS and Nazis or History Without Context: A Reply to Gary Born", *Journal of International Arbitration*, Vol. 39, No. 4, 2022, pp. 575–592.

Wolfgang Alschner, "The Return of the Home State and the Rise of 'Embedded' Investor-State Arbitration", in Shaheeza Lalani and Rodrigo Polanco Lazo (eds.), *The Role of The State in Investor-State Arbitration*, Brill Nijhoff, 2015, pp. 293–333.

Wolfgang Alschner, "Correctness of Investment Awards: Why Wrong Decisions Don't Die", *The Law & Practice of International Courts and Tribunals*, Vol. 18, No. 3, 2019, pp. 345–368.

Zachary Douglas, "Nothing if Not Critical for Investment Treaty Arbitration: Occidental, Eureko and Methanex", *Arbitration International*, Vol. 22, No. 1, 2006, pp. 27–52.

Reports

Policy Department DG External Policies, European Parliament

Christian Tietje, Emily Sipiorski and Grit Töpfer, "Responsibility in Investor-State Arbitration in the EU-Managing Financial Responsibility Linked to Investor-State Dispute Settlement Tribunals Established by EU's International Investment Agreements", Policy Department DG External Policies, European Parliament, PE 457. 126, December 2012.

Pieter Jan Kuijper, Ingolf Pernice, Steffen Hindelang, et al., "Investor-State Dispute Settlement (ISDS) Provisions in the EU's International Investment Agreements", Policy Department DG External Policies, European Parliament, PE 534. 979, September 2014.

Steffen Hindelang and Carl-Philipp Sassenrath, "The Investment Chapters of the

EU's International Trade and Investment Agreements in a Comparative Perspective", Policy Department DG External Policies, European Parliament, PE 534. 998 September 2015.

Steffen Hindelang and Teoman M. Hagemeyer, "In Pursuit of an International Investment Court. Recently Negotiated Investment Chapters in EU Comprehensive Free Trade Agreements in Comparative Perspective", Study, Policy Department DG External Policies, European Parliament, PE 603. 844, July 2017.

EPRS / European Parliamentary Research Service

Marta Latek, "Investor-State Dispute Settlement (ISDS): State of Play and Prospects for Reform", Briefing, European Parliamentary Research Service, 130710REV2, January 2014.

Marta Latek and Laura Puccio, "Investor-State Dispute Settlement (ISDS): State of Play and Prospects for Reform", Briefing, European Parliamentary Research Service, PE 545. 736, January 2015.

Laura Puccio, "Investment Rules in Trade Agreements: Developments and Issues in Light of the TTIP Debate", In-Depth Analysis, European Parliamentary Research Service, PE 568. 333, September 2015.

Laura Puccio, "CETA: Investment and the Right to Regulate", At a Glance, European Parliamentary Research Service, PE 599. 265, February 2017.

Wilhelm Schöllmann, "Comprehensive Economic and Trade Agreement (CETA) with Canada", Briefing, European Parliamentary Research Service, PE 595. 895, February 2017.

Laura Puccio and Roderick Harte, "From Arbitration to the Investment Court System (ICS) —The Evolution of CETA Rules", In-Depth Analysis, European Parliamentary Research Service, PE 607. 251, June 2017.

Roderick Harte, "Prospects for a Multilateral Investment Court", At a Glance, European Parliamentary Research Service, PE 607. 252, June 2017.

Mari Tuominen, "Multilateral Court for the Settlement of Investment Disputes", Briefing, European Parliamentary Research Service, PE 611. 016, November 2017.

Issam Hallak, "Multilateral Investment Court: An Overview of the Reform Proposals and Prospects", Briefing, European Parliamentary Research Service, PE 646. 147, January 2020.

Issam Hallak, "Multilateral Investment Court: Framework Options", Briefing, European Parliamentary Research Service, PE 690. 642, June 2021.

Issam Hallak, "Investor-State Protection Disputes Involving EU Member States-State of Play", In-Depth Analysis, European Parliamentary Research Service, PE 738. 216, November 2022.

European Parliament

European Parliament, Resolution of 6 April 2011 on the Future European International Investment Policy, P7_ TA (2011) 0141.

European Parliament, Resolution of 13 December 2011 on Trade and Investment Barriers, OJ C 168 E, 14. 6. 2013, p. 1.

European Parliament, Resolution of 7 July 2015 on the External Impact of EU Trade and Investment Policy on Public-Private Initiatives in Countries Outside the EU, OJ C 265, 11. 8. 2017, p. 17.

European Parliament, Resolution of 8 July 2015 on the Negotiations for the Transatlantic Trade and Investment Partnership (TTIP), P8_ TA (2015) 0252.

European Parliament, Resolution of 5 July 2016 on a New Forward-Looking and Innovative Future Strategy for Trade and Investment, P8_ TA (2016) 0299.

European Parliament, Resolution of 23 June 2022 on the Future of EU International Investment Policy (2021/2176 (INI)), P9_ TA (2022) 0268.

Council of the European Union

Council of the European Union, Conclusions on a Comprehensive European International Investment Policy, 15 October 2010.

European Commission

European Commission, "Towards a Comprehensive European International Investment Policy", COM (2010) 343 final, 7 July 2010.

European Commission, "Investment Protection and Investor-to-State Dispute Settlement in EU Agreements", Fact Sheet, November 2013.

European Commission, "An Investment Plan for Europe", Communication, COM

(2014) 903, 26 November 2014.

European Commission, "Concept Paper: Investment in TTIP and Beyond—The Path for Reform: Enhancing the Right to Regulate and Moving from Current Ad Hoc Arbitration Towards an Investment Court", 5 May 2015.

European Commission, "Trade for all—Towards a More Responsible Trade and Investment Policy", Communication, COM (2015) 497, 14 October 2015.

European Commission, "Reflection Paper on Harnessing Globalisation", May 2017.

European Commission, "Staff Working Document on Multilateral Reform of Investment Dispute Resolution", SWD (2017) 302, 13 September 2017.

European Commission, "Report on the Application of Regulation (EU) No 1219/2012 Establishing Transitional Arrangements for Bilateral Investment Agreements between Member States and Third Countries", COM (2020) 0134, 6 April 2020.

European Commission, "Possible Reform of Investor-State Dispute Settlement (ISDS), Appellate Mechanism and Enforcement Issues", Comments, October 2020.

European Commission, "Trade Policy Review—An Open, Sustainable and Assertive Trade Policy", Communication, COM (2021) 0066, 18 February 2021.

UNCTAD

UNCTAD, "Facts and Figures on Investor-State Dispute Settlement Cases", IIA Issue Note, No. 3, November 2024.

UNCTAD, "International Investment Agreements Trends: The Increasing Dichotomy between New and Old Treaties", IIA Issue Note, No. 2, October 2024.

UNCTAD, "World Investment Report 2024: Investment Facilitation and Digital Government", 20 June 2024.

UNCTAD, "World Investment Report 2023: Investing in Sustainable Energy for All", 5 July 2023.

UNCTAD, "World Investment Report 2022: International Tax Reforms and Sustainable Investment", 09 June 2022.

UNCTAD, "World Investment Report 2021—Investing in Sustainable Recovery", 21 June 2021.

UNCTAD Note, "Review of ISDS Decisions in 2019: Selected IIA Reform Issues", IIA Issues Note, No. 1, January 2021.

UNCTAD, "World Investment Report 2020—International Production Beyond the Pandemic", 16 June 2020.

UNCTAD, "World Investment Report 2019—Special Economic Zones", 12 June 2019.

UNCTAD, "World Investment Report 2018—Investment and New Industrial Policies", 6 June 2018.

UNCTAD, "World Investment Report 2017—Investment and the Digital Economy", 7 June 2017.

UNCTAD, "World Investment Report 2016—Investor Nationality: Policy Challenges", 2 June 2016.

UNCTAD, "Investment Policy Framework for Sustainable Development", UNCTAD/DIAE/PCB/2015/5, 23 December 2015.

UNCTAD, "World Investment Report 2015—Reforming International Investment Governance", 25 June 2015.

UNCTAD, "World Investment Report 2014—Investing in the SDGs: An Action Plan", 24 June 2014.

UNCTAD, "World Investment Report 2013—Global Value Chains: Investment and Trade for Development", 27 June 2013.

UNCTAD, "Reform of Investor-State Dispute Settlement: In Search of a Roadmap—Updated for the Launching of the World Investment Report (WIR), 26 June 2013", IIA Issue Note, No. 2, June 2013.

UNCTAD, "Recent Developments in Investor-State Dispute Settlement (ISDS), Updated for the Multilateral Dialogue on Investment, 28-29 May 2013", IIA Issue Note, No. 1, May 2013.

UNCTAD, "World Investment Report 2012—Towards a New Generation of Investment Policies", 5 July 2012.

UNCTAD, "Latest Developments in Investor-State Dispute Settlement", IIA Issue Note, No. 1, March 2011.

UNCITRAL

UN Commission on International Trade Law (UNCITRAL), Working Group III: Investor-State Dispute Settlement, webpage with all of the documents.

ICSID

ICSID, "Possible Improvements of the Framework for ICSID Arbitration", ICSID Discussion Paper, October 22, 2004, available at https://icsid.worldbank.org/ICSID/FrontServlet? requestType = ICSIDPublicationsRH&actionVal = ViewAnnouncePDF&AnnouncementType = archive&AnnounceNo = 14_ 1. pdf.

CIDS

Gabrielle Kaufmann-Kohler and Michele Potestà, "Can the Mauritius Convention Serve as a Model for the Reform of Investor-State Arbitration in Connection with the Introduction of a Permanent Investment Tribunal or an Appeal Mechanism? Analysis and Roadmap", CIDS Research Paper, 2016, available at https://uncitral.un.org/sites/uncitral.un.org/files/media-documents/uncitral/en/cids _ research_ paper_ mauritius. pdf.

OECD

Joachim Pohl, Kekeletso Mashigo and Alexis Nohen, "Dispute Settlement Provisions in International Investment Agreements: A Large Sample Survey", *OECD Working Papers on International Investment*, No. 2012/02, OECD Publishing, Paris.

David Gaukrodger and Kathryn Gordon, "Investor-State Dispute Settlement: A Scoping Paper for the Investment Policy Community", *OECD Working Papers on International Investment*, No. 2012/3, OECD Publishing, Paris.

David Gaukrodger, "Investment Treaties as Corporate Law: Shareholder Claims and Issues of Consistency", *OECD Working Papers on International Investment*, No. 2013/03, OECD Publishing, Paris.

David Gaukrodger, "Investment Treaties and Shareholder Claims for Reflective Loss: Insights from Advanced Systems of Corporate Law", *OECD Working Papers on International Investment*, No. 2014/02, OECD Publishing, Paris.

David Gaukrodger, "State-to-State Dispute Settlement and the Interpretation of

Investment Treaties", *OECD Working Papers on International Investment*, No. 2016/03, OECD Publishing, Paris.

David Gaukrodger, "Addressing the Balance of Interests in Investment Treaties: The Limitation of Fair and Equitable Treatment Provisions to the Minimum Standard of Treatment under Customary International Law", *OECD Working Papers on International Investment*, No. 2017/03, OECD Publishing, Paris.

David Gaukrodger, "Adjudicator Compensation Systems and Investor-State Dispute Settlement", *OECD Working Papers on International Investment*, No. 2017/05, OECD Publishing, Paris.

David Gaukrodger, "Appointing Authorities and the Selection of Arbitrators in Investor-State Dispute Settlement", OECD Consultation Paper, March 2018.

Joachim Pohl, "Societal Benefits and Costs of International Investment Agreements: A Critical Review of Aspects and Available Empirical Evidence", *OECD Working Papers on International Investment*, 2018/01, OECD Publishing, Paris.

US Congressional Research Service Reports

Brandon J. Murrill, "Issues in International Trade: A Legal Overview of Investor-State Dispute Settlement", US Congressional Research Service Report, R43988, 16 April 2015.

Martin A. Weiss and Shayerah I. Akhtar, "U. S. International Investment Agreements (IIAs)", US Congressional Research Service Report, IF10052, 01 April 2022.

EU Regulations

Regulation (EU) No 1219/2012 of the European Parliament and of the Council of 12 December 2012 establishing transitional arrangements for bilateral investment agreements between Member States and third countries, OJ L 351, 20. 12. 2012, p. 40.

Regulation (EU) No 912/2014 of the European Parliament and of the Council of 23 July 2014 establishing a framework for managing financial responsibility linked to investor-to-state dispute settlement tribunals established by international agreements to which the European Union is party, OJ L 257, 28. 8. 2014, p. 121.

Regulation (EU) 2020/852 of the European Parliament and of the Council of 18 June 2020 on the establishment of a framework to facilitate sustainable investment, OJ L 198, 22. 6. 2020, p. 13.